後期旧石器時代
石器群の構造変動と居住行動

富樫 孝志 著

雄山閣

序　文

　本書は、著者富樫孝志さんが平成 26 年度に東京大学大学院人文社会系研究科に提出した課程博士学位論文を基に加筆修正して上梓した研究書である。東大の博士課程に入学される前から富樫さんは、中堅の旧石器研究者としてすでに名を知られていたので、入学の相談を受けた時には正直驚いたが、さらに感心させられたのは、入学してからの修学姿勢にあった。当時そして今も、富樫さんは静岡県教育委員会に文化財担当職員として在職しており、しかも自宅を静岡県西部に構えていたにもかかわらず、私の大学院の旧石器ゼミには毎週欠かさず（新幹線を利用して）出席され、欧文論文の課題発表等をこなし、月 1 回週末の本郷石器研究会には現在もほぼ皆勤されている。長期休暇を利用して、私が調査していた道東の吉井沢遺跡の発掘にも参加してもらった。

　そうした地道で継続的な努力の成果が本書に結実した。本書を手にした旧石器研究者の方は、一読して一驚されるに違いない。本書で貫かれている方法論は、それまでの自らが依拠してきた研究法を根底から一新し、現代考古学の最新理論を駆使した緻密な資料分析とその説明・解釈になっているからである。富樫さんは静岡県に奉職して以来 20 年近く、一貫して静岡県西部・磐田原台地の旧石器研究をフィールドとしてきたが、それまでの磐田原旧石器研究の方法と蓄積を文字通りパラダイム・シフトした。さぞや葛藤があったに違いない。しかしながら、その結果は、素晴らしい旧石器時代地域研究のお手本をもたらした。武蔵野台地や相模野台地といった分厚い研究史を有する地域とは異なり、磐田原の既存研究のもとでは、編年の整備から開始せざるをえなかった。磐田原独特の分析単位である「エリア」の解体と再構成を手始めに、これまで見えていなかった遺跡の時間的な重層構造を解明し、ひとつひとつの資料単位と丁寧に格闘するという緻密な資料分析を積み重ね、その背景となった旧石器集団の石材利用戦略行動の変異とその意味を読み解いた。

　そしてその結論では、磐田原台地の旧石器時代史を行動論的に描くという目的を十分に果たすことに成功している。おそらく磐田原台地という適度の大きさの資料体であったという幸運も味方して、先行する武蔵野台地や相模野台地の既存研究では果たしえなかったその研究水準は、現在の日本旧石器研究が目指すべき地域研究のひとつの典型となるのではないか。

　旧石器研究者はもちろん、考古学研究に関心がある全ての読者に一読を強く勧めたい。

2015 年 12 月 10 日　本郷にて

東京大学大学院人文社会系研究科考古学研究室

教授　佐藤　宏之

後期旧石器時代における石器群の構造変動と居住行動に関する研究

目　次

序　文……………………………………………………………………………佐藤宏之　i

第1章　研究史と本書の目的

第1節　本書の研究戦略……………………………………………………………1
　　1　パラダイムシフトに向けて…………………………………………………1
　　2　研究の構成……………………………………………………………………2

第2節　日本における旧石器時代の行動論研究………………………………4

第3節　磐田原台地の概要………………………………………………………6

第4節　磐田原台地における旧石器時代研究史………………………………8

第5節　諸概念の整備……………………………………………………………10
　　1　要素還元主義的研究の限界…………………………………………………10
　　2　行動を制御するシステムとしての概念……………………………………12

第6節　石器分類体系の再編……………………………………………………24

第7節　磐田原台地の古環境復元………………………………………………26
　　1　植物相…………………………………………………………………………26
　　2　動物相…………………………………………………………………………27
　　3　石材環境………………………………………………………………………28
　　4　磐田原台地の地形発達史……………………………………………………30
　　5　磐田原台地周辺の旧地形復元………………………………………………32

第2章　主要石器群の再検討と問題点の抽出

第1節　寺谷遺跡における2つの集落…………………………………………37
　　1　寺谷遺跡における石器群単位の設定………………………………………38
　　2　寺谷遺跡における集落復元の再検討………………………………………39
　　3　寺谷遺跡の形成過程…………………………………………………………40

第2節　広野北遺跡の文化層分離………………………………………………45
　　1　「尖頭器文化」と「ナイフ形石器文化（K2）」の関係…………………46
　　2　「ナイフ形石器文化（K2）」と「ナイフ形石器文化（K3）」の文化層分離……………50
　　3　年代測定値の検討……………………………………………………………51

第3節　エリア区分の問題点……………………………………………………53

第4節　従来編年の問題点………………………………………………………54
　　1　匂坂中遺跡での時期決定法…………………………………………………55
　　2　高見丘Ⅲ遺跡における石器群解釈…………………………………………57

第3章　石器群の構造変動と居住行動

第1節　石器群の再構成 ……………………………………………………………………60
　1　「瀬戸内技法」から「瀬戸内概念」への転換 …………………………………………61
　2　重複ブロックの解体と再構成 …………………………………………………………62

第2節　台形様石器を含む石器群の構造と運用 ……………………………………………64

第3節　AT 下位石器群段階の構造と運用 …………………………………………………66
　1　石器群の構造 ……………………………………………………………………………66
　2　石器群の運用 ……………………………………………………………………………68

第4節　瀬戸内系石器群・角錐状石器群の構造と運用 ……………………………………70
　1　瀬戸内系石器群・角錐状石器群段階の二極構造の成立 ……………………………70
　2　瀬戸内系石器群・角錐状石器群の台地内適応 ………………………………………72
　3　瀬戸内系石器群の消滅 …………………………………………………………………77
　4　切出形石器の欠落 ………………………………………………………………………78
　5　瀬戸内系石器群・角錐状石器群段階の石器運用 ……………………………………80
　6　瀬戸内系石器群と角錐状石器群の諸関係 ……………………………………………92
　7　角錐状石器群の地点間移動 ……………………………………………………………96
　8　不定形剥片系石器群の運用 ……………………………………………………………96

第5節　縦長剥片系石器群段階の構造と運用 ………………………………………………99
　1　縦長剥片系石器群の概要 ………………………………………………………………99
　2　不定形剥片系石器群の認識 ……………………………………………………………102
　3　縦長剥片系石器群段階の石器運用 ……………………………………………………109

第6節　周縁・両面調整尖頭形石器の出現と二極構造の崩壊 …………………………130
　1　周縁調整尖頭形石器の発生 ……………………………………………………………132
　2　二極構造の矛盾と終焉 …………………………………………………………………137

第7節　構造変動のまとめ …………………………………………………………………139
　1　年代観 ……………………………………………………………………………………140
　2　酸素同位体ステージとの関係 …………………………………………………………141
　3　環境変動と石器群の構造変動 …………………………………………………………143

第4章　石器群の行動論的評価

第1節　瀬戸内系石器群・角錐状石器群の運用評価 ……………………………………146
　1　瀬戸内系石器群の石材運用 ……………………………………………………………146
　2　角錐状石器群の石材運用 ………………………………………………………………148
　3　不定形剥片系石器群の石材運用 ………………………………………………………149
　4　瀬戸内系石器群の管理的運用 …………………………………………………………149

5　角錐状石器群の管理的運用······149
　　6　不定形剥片系石器群の便宜的運用······149

　第2節　瀬戸内系石器群・角錐状石器群の戦略束······150
　　1　技術組織······150
　　2　石器製作システム······151
　　3　道具組織······159
　　4　リスク低減戦略······163
　　5　最適捕食行動······164

　第3節　縦長剥片系石器群・不定形剥片系石器群の戦略束······165
　　1　縦長剥片系石器群の石材運用の評価······166
　　2　縦長剥片系石器群の居住地選択······167
　　3　不定形剥片系石器群の石材運用の評価······168
　　4　縦長剥片系石器群の石器運用の実態······168
　　5　不定形剥片系石器群の石器運用······170
　　6　技術組織······172
　　7　石器製作システム······173
　　8　道具組織······188
　　9　リスク低減戦略······189
　　10　最適捕食行動······190

　第4節　両面体調整石器と尖頭器石器群の戦略束······194
　　1　石材運用······194
　　2　石器運用······196
　　3　技術組織······196
　　4　道具組織······197
　　5　石器製作システム······198
　　6　リスク低減戦略······199
　　7　最適捕食行動······199

　第5節　磐田原台地における居住行動のまとめ······200
　　1　瀬戸内系石器群・角錐状石器群段階の居住行動······200
　　2　縦長剥片系石器群・不定形剥片系石器群段階の居住行動······200

　第6節　磐田原型居住行動の形成······201

　第7節　黒曜石製石器に見る台地外行動とテリトリー······203

第5章　結論「磐田原型居住行動」······208

　参考文献······210
　あとがき······218

第1章　研究史と本書の目的

第1節　本書の研究戦略

　本書では、静岡県西部にある磐田原台地（磐田市、袋井市）を主要な対象とする。この台地上には、旧石器時代の遺跡が集中しており、周辺に同様の地域がないことから、広域の視点で見ると孤立した感があるが、それだけに研究対象としてはコンパクトで扱いやすい地域である。しかし、これまで在野の研究者が乏しかったため、資料の蓄積は続くものの、個別研究だけが細々と行われており、総合研究は皆無に等しい状況が続いている。

　本書では、2013年3月までに報告された資料から、旧石器時代に磐田原台地内外で展開された行動を復元することを目的とする。旧石器時代の行動論は近年、世界規模で研究成果が上がっている分野だが、研究方法の転換と理論基盤の整備が前提となるため、相当な準備作業が必要となる。本書でも諸概念の整備や古環境、旧地形の復元と言った準備作業に相当な紙面を費やすことになる。

1　パラダイムシフトに向けて

　磐田原台地では、1960年の池端前遺跡の調査（麻生・小田1966）以来、高見丘Ⅰ・Ⅱ遺跡の報告（竹内・渡邊2013）に至るまで資料が蓄積されてきた。発掘された遺跡のほとんどは報告書が刊行され、研究の基盤は整備されている。しかし、在野の研究者が少ないことや、広域研究で取り上げられることが少なかったため、編年研究（進藤1996、高尾2006）を除くと、筆者による個別研究（富樫1997など）が細々と行われてきた程度である。層位的条件が良くない当地の編年は、静岡県東部にある愛鷹山麓や南関東の編年との比較を通じて作られている。そのため、石器の新旧関係の検討に終始しており、石器の系統的消長の説明には至っていない。筆者による個別研究も総合化には程遠い。その原因が、従来型の要素還元的な帰納的研究にあることは明らかである。この研究方法に限界が来ていることは、1990年代に指摘（安斎1990）され、それ以降、理論に裏打ちされた演繹的研究への転換が図られてきた。どちらの研究方法をとるかは良否ではなく、選択の問題だが、後者を選択することで、旧石器時代研究に新しい局面が切り開かれたことは確かである。

　本書で研究対象とする磐田原台地の研究史は後述するが、資料の蓄積に伴って、個別資料を解釈する帰納的研究が一貫して行われてきた。この研究史は尊重されなければならないが、研究が進展しているとは言い難い状況が続いている。編年にしても、層位的条件が良くない以上、愛鷹山麓や南関東と言った他地域との比較が必須であるが、比較対象地域で従来型研究の限界が指摘されているため、これに連動して当地の研究が停滞するのは当然のことであろう。研究を一新する資料の新出が期待できない以上、研究方法を変える必要がある。

　そこで本書では、行動論の立場から磐田原台地の全資料を再評価し、新しい解釈を試みる。

第1章　研究史と本書の目的

2　研究の構成

本書での検討は多岐にわたるため、研究の構成を示し、本書の研究戦略を明らかにする。

（1）諸概念の整備

本書では、日本における旧石器時代研究の停滞は帰納的思考の限界に原因があり、帰納的思考が理論発達の障害になっていたとの観点から、準備作業の一環として、石器群や行動を解釈するための諸概念を整備する。概念を整理して理解するために、石器製作に関する概念と行動に関する概念に分けて個別に説明するが、本来、諸概念は個別に説明されるものではなく、相互に脈絡を持って人間の行動を制御するシステムを作り上げている複合体であることを前提とする。

（2）石器分類体系の再編

形態と想定機能に基づいた現行の石器分類は、様々な問題を露呈している（佐藤宏 2007b など）。したがって、新しい分類を設定する必要がある。唯一無二の分類法はない一方、分類法の乱立も好ましいことではない。本書では、従来型の石器分類法の問題点を指摘した上で、石器を行動上のコンテクストに位置付けた分類を採用することとし、二極構造論に基づく系統によって石器を分類する。特に内容が多様化し、実態が不明瞭になっている「ナイフ形石器」と「角錐状石器」については、器種を白紙に戻し再分類する。

上記の作業は、器種の生成と変遷、消滅を解釈する段階設定の準備である。

（3）自然環境の復元による生態系ニッチェの設定

磐田原台地を人類の行動が展開された生態系のニッチェとして設定するために、当時の環境を復元する。動植物相が現在と異なっていたことは当然であるが、沖積層が厚く堆積した台地周辺の地形も、現在とは相当異なっていたことは容易に想定できる。

動物相については、浜松市北部に分布する石灰岩地帯で産出した動物化石のデータを援用する。植物相については、磐田原台地で行われた自然科学分析のデータを援用する。石材環境については、地質調査のデータを援用する。旧地形の復元については、地質学研究の成果やボーリングデータと近年明らかになってきた海底地形から、台地周辺に堆積した沖積層を除去した旧地形と古天竜川の流路を復元する。

上記の作業は、旧石器時代の行動を復元するための重要な前提になる。

（4）主要石器群の再検討

寺谷遺跡における等質並存集落

寺谷遺跡（鈴木忠 1980）では、石器の接合関係や個体別資料の分布から、2つの等質な集落が並んでいたことが指摘されているが、本書では、全体が1つの単位であることを立証し、ここが石材搬入拠点、及びキャッシュであったという新しい解釈を提示する。

広野北遺跡における文化層設定の再検討

広野北遺跡（山下 1985）では、石器や礫の出土レベルが、間層をはさんで明確に上下に分かれるとの認識から、「ナイフ形石器文化（K2）」と「ナイフ形石器文化（K3）」の2つの文化層が設定された。しかし、大規模発掘調査を重ねてきた磐田原台地では、層位的に文化層を分離することは不可能と言うのが現在の認識である。その観点から、広野北遺跡だけが文化層を層位的に分離できるのか再検討する。ここでは、調査直後に刊行された概報と整理作業後に刊行された報告

書では、内容に不整合があることや、報告書の内容に複数の矛盾があること、遺物出土状況を復元した結果などから、報告書に書かれた通りの文化層分離は不可能であることを立証する。

また、「尖頭器文化」として報告された文化層は成立せず、「ナイフ形石器文化（K2）」と同時期に形成された尖頭器未完成品の搬入拠点、尖頭器の製作と搬出の拠点だったことを指摘する。

匂坂中遺跡における時期設定の再検討

匂坂中遺跡（鈴木忠 1994、鈴木忠・竹内 1996）では、「ナイフ形石器文化」の石器群を新旧二時期に分けている。本書では、旧段階（武蔵野ローム第Ⅴ層～第Ⅳ層下部）に帰属された石器群の多くは、新段階（武蔵野ローム第Ⅳ層中部～第Ⅲ層）の不定形剥片石器群であることを指摘する。

文化層の代用概念「エリア」の再検討

匂坂中遺跡や高見丘Ⅰ・Ⅱ遺跡（竹内・渡邊 2013）、高見丘Ⅲ・Ⅳ遺跡（富樫 1998）では、文化層に変わる概念として「エリア」が採用されている。これは、同時期と考えられる遺物群の分布域を示したものである。しかし、時期の異なるブロックが同一地点で重複していると考えられる事例（富樫 2012）があることから、「エリア」には再検討の余地が生じる。特に、横長剥片剥離技術を含む瀬戸内系の石器群と角錐状石器を含む石器群は、常に縦長剥片を主体とする石器群と重複してブロックを形成していること（富樫 2012）から、このような重複ブロックについては、石器群を時期別に分けて再整理する。

（5）構造変動に基づく新しい編年

従来型編年は、「見た目の変化」でしか石器群の変遷を説明できない。すなわち、現象を説明しているだけで、その背後にある変遷の原動力を説明できない。これに対して本書では、石器群の変遷を統括する構造を設定し、その変動によって石器群の変遷を解釈する方向で発想の転換を図る。本書では、石器群を貫く構造として二極構造（佐藤宏 1988）を採用する。

（6）各段階での行動の復元

編年を組み直した上で、段階ごとに行動を検討し、磐田原台地に入植した集団が、段階を追って台地内外の環境に適応していった過程を復元する。

台地入植当初は小規模な遺跡しか形成されていなかったことと、石器製作の実態から、資源の予測可能性が低かったと想定され、台地内の資源開発を模索していた段階と考えられる。その後、台地北端に石材集積地が形成され、ここが台地内行動の拠点となった。そして、ここから搬出された石材が各地に次位の拠点を作り、キャッシュを形成すると共に、台地上での資源開発行動の拠点となった。台地内全域が日帰り圏内に入る磐田原台地では、理論的には拠点１箇所の他には、ごく小規模の作業地点しか形成されないと考えられるが、実際には、谷で区切られた地形単位ごとに拠点が形成されていた。磐田原台地の行動最盛期には、このような地形単位がモザイク状に組み合わさって、細区画モデルによる最適捕食を実現していたと考えられる。

しかし、両面体調整石器、両面調整尖頭形石器の採用により、長らく続いた二極構造が不安定な構造になり、台地内行動に大きな変化は生じなかったものの、二極構造を崩壊に導く尖頭器採用の時期は長続きすることはなかった。

台地外行動の痕跡は乏しいが、長野県産黒曜石の存在から、天竜川をさかのぼって、長野県伊那谷遺跡群を形成した集団と接触したことがうかがえる。また、西側に隣接する三方原台地に小規模な遺跡があることから、台地外の資源開発行動もうかがうことができる。

第2節　日本における旧石器時代の行動論研究

　黒曜石の産地推定は、1980年代から体系的に行われてきた（東村1986など）。このような研究では、黒曜石の長距離移動に示される地域間の集団接触や、文化交流の解明といった目的が掲げられたが、産地推定の結果を活用した研究は僅少であった。当時、黒曜石採集は専門集団の派遣による直接採集（小野1975）と言う考えが支配的であったが、黒曜石採集集団が、居住地と黒曜石原産地を往復したと言う事実以上のことは解明できなかった。それは、黒曜石を運搬した集団の動態を捉えると言う視点が熟成されていなかったためと考えられる。

　1990年代に入ると、従来の編年研究の限界を克服するため、石器群変遷の原動力となったシステムの解明に焦点が当てられるようになり、そのシステムを担った集団の動態に言及する研究が芽生えた（角張1991）。この研究では、武蔵野ローム層第X層〜第IV層の石器群を対象として、関東地方の各台地と長野県の黒曜石原産地に居住した集団が、長野県産黒曜石を開発する過程で下記の行動をとったことが復元された。

　　第X層〜第VIII層段階

　　　基本組成からなる石器群を残す集団（単位集団）が、特定地域（信州、武蔵野、下総など）を居住範囲としながら、石刃を生産するために固有の原産地（信州は黒曜石、武蔵野は珪質岩、粘板岩、安山岩、下総は珪質岩、頁岩）をエリア内に持ちながら、各エリア内を移動していた。これを地域循環単位型と呼ぶ。

　　第VII層〜第VI層段階

　　　信州〜南関東を広域に移動する居住形態が成立し、石器組成が異なる遺跡が信州、武蔵野、下総といった地域内に残される「放射型」の遺跡構成が見られる。このことから、信州〜南関東を広域に移動しながら、各地域内に放射型に遺跡を残す「広域循環放射型」の行動が成立した。

　　第V層〜第IV層

　　　信州〜南関東の広域循環はVI層段階と変わらないが、地点ごとの組成変化が少なく、基本組成の石器群が増えることから、広域循環単位型の行動が成立した。IV層下部以降では、黒曜石が減り、在地石材が主体になることから、地域循環放射型の行動に変化した。

　上記の研究は、長野県の黒曜石が関東に搬入された背景に集団の移動があり、その移動形態の変遷が、石器群の変遷をもたらしたことを説明した先駆的行動論である。

　人間が環境に適応する過程をダイナミックに復元する行動論は、環境の復元が鍵になる。しかし、有機遺物が残らない日本では、古環境の復元は容易ではない。その中で、石材環境の復元は比較的容易なため、必然的に石材開発に伴う行動論研究が発達することになった。

　石材研究が進んだ関東地方では、関東一円の山間部で採集できる石材の運用によって、集団の行動が規定されていたと考えられる。そして、石材運用の違いによって、形態の異なる行動が展開されていたことが理論上想定されていた（佐藤宏1992など）。

　その後、行動論を本格的に展開させるための前提として、社会生態学的視点への転換が実践された（佐藤宏1995）。この研究では、後期旧石器時代前半期の千葉県下総台地に見られた石器製作技術について、石材採集〜石材運搬〜石材消費と言った一連の石材運用を担った集団の行動を明らかにし、各技術が採用された行動的意義を評価した。すなわち、搬入良質石材製の縦長剥片か

ら小型の縦長剥片を剥離する下総型石刃再生技法（新田1995）と、地元石材の円礫から小型不定形剥片を剥離する技術が、選択的に採用される技術組織を作っていたことが明らかにされた。また、東内野型尖頭器が石核としての機能も持っていたことが指摘され、いずれも石材欠乏地帯である下総台地の環境に適応するために編み出された技術であると評価された。特定の技術が開発された背景に、良質石材を管理した長距離移動と規格化された狩猟形態が存在したことを指摘した点で、従来型の技術論とは異なる視点、研究法が示されたと評価できる。

このような研究はその後、露頭レベルに至る緻密な石材分布調査と、採集した原石と石器に使われた石材の徹底的な照合によって、各石材の採集地点が特定されたことで大きく進展する（国武2002、2003、2005、2007、2008、2011、田村2006）。これら一連の研究では、南関東の武蔵野台地、大宮台地、そして、特に下総台地で使用されている石材の原産地を露頭単位で明らかにし、研究基盤が完璧なまでに整備された。そして、石材単位で採集地点を特定し、各石材の運用を明らかにし、石材運用に伴う行動の諸形態が次々に解明された。

一例をあげると、下総台地に居住した集団が石材採集、生業活動、多集団との接触を行った「ギャザリングゾーン」が12箇所設定された。遠方石材採集、運搬に関わるギャザリングゾーンは6箇所設定され、集団は各ゾーン内を往還するために、両面体調整石器の採用や、縦長剥片剥離技術の洗練化といった石材運用を開発したとされた。下総台地内では、各地点に残された石器の内容から、石材を運用した行動の結果として居住形態が明らかにされた。

上記の研究の大きな特徴は、日常生活領域と石材採集領域を区別し、両者の間に移動領域を設定したことである。従来の研究では、石材採集領域を特定できなかったため、日常生活領域はわかっても移動領域が不明であった。そこに日常生活、石材採集、移動の3つの領域を特定することで、初めて石材運用をめぐる行動が解明された。特に、単なる移動ルートを特定しただけではなく、移動に伴う石材運用を解明したことが行動論の特徴の1つである。

上記の研究は、資料が充実している関東地方で行われたもので、海外の先史考古学研究で実績が積まれた行動論研究が、ようやく日本で開花したと言って良い。

さて、静岡県の磐田原台地は石材構成が極めて単純で、石材採集地の特定も容易であること（富樫1997）、資料の蓄積も十分であることなどから、地域を特定した行動モデルの構築には恰好のフィールドである。台地上には旧石器時代遺跡が集中しているのに対して、台地外の周辺地域には断片的な資料しか知られていない。石材の点では、外来石材が僅少で、周辺地域との接触の痕跡が極めて乏しい。したがって、広域の視点で見ると孤立した地域と言うことができる。このような地域では、独自の行動が形成されていたことが予想される。気候は温帯に属するため、理論的には、フォレイジャーとコレクター（Binford 1980）が複合した温帯地域特有の行動、もしくは、これらの形態に当てはまらない独自の行動が想定される。いずれにしても、台地内外の環境に適応し、最適捕食（口蔵2000）を実現するために展開していた居住行動の解明が重要である。

検討の方法としては、出土した石器を丹念に観察し、情報を読み取る点では帰納法を採用する。研究の出発は1点の石器にある。このことは研究法のいかんを問わず変わることはない。しかし、情報を解釈する点では、事前に整備した諸概念を活用する演繹法を採用する。従来研究では、ダイナミックな行動は解釈不能だからである。

第1章　研究史と本書の目的

第3節　磐田原台地の概要

　磐田原台地は、静岡県磐田市と袋井市にまたがる更新世の台地で、10万年〜8万年前に土地が隆起して形成されたとされている（東海地方第四紀研究グループ1969）。平面形は、北から南に向かって開く二等辺三角形に似た形で、南北11km、東西は、最も広い所で5km程の大きさである（第1図）。標高は、北端が130m程で、南に向かって緩やかに標高が低くなり、標高2.5m付近で沖積平野の下に潜っていく。台地の西側には天竜川が流れ、台地の西端は、天竜川の浸食によってできた高さ数十mの崖になっている。崖の上からは、天竜川と浜松市方面の平野部を一望できる。一方、台地の東側は、緩やかな傾斜で平野に続いているが、複雑に入り組んだ地形になっており、動植物が繁茂する自然が残っている。台地の東側には湿地が広がっており、現在でもいくつもの池や沼が形成されている。

　現在の台地上には、なだらかな起伏に沿って茶畑が広がっているが、遺跡を発掘調査すると、様々な規模の開析谷が入り組んだ複雑な地形であったことがわかっている（鈴木忠1994、鈴木忠・竹内1996など）。

　このことから、現在見られるなだらかな地形は、縄文時代以降に起こった開析谷の埋没と近現代に茶畑を作る際の開墾によって、地形の起伏がならされた結果であって、旧石器時代には、現在よりも起伏に富んだ地形が広がっていたと考えられる。

　旧石器時代の遺跡は台地の西側に集中しており（第1図）、最新のデータでは80箇所以上が登録されている（日本旧石器学会2010）。遺跡が台地の西側に集中する原因は次のように考えられている（山﨑1993）。

　旧石器時代の遺跡を包含する地層は、「遠州の空っ風」と呼ばれる西から吹く冬季の季節風で形成された風成堆積層で、台地の西側では50cm程の厚さで堆積している。これに対して、台地の東側ではこの地層が発達しなかったため、遺跡が残らなかった。

　しかし、台地の東側では表面採集の記録すら僅少であることから、台地の東側には元々遺跡が形成されなかったと考えられる。その要因としては、台地の西側の方が、天竜川方面への展望が開けているということや、後述するように、台地東側は西側に比べて複雑な地形が広がっているため、行動上の制約があったことなどが考えられる。

　次に、磐田原台地の標準土層を確認する（第2図）。当地では近隣に火山がないため、火山灰が降り積もる環境にはない。台地の土層は、磐田原礫層と呼ばれる基盤礫層（武藤1987）の上に、地元で「遠州の空っ風」と呼ばれる冬季の強い西風によって、天竜川方面から吹き上げられた土砂が堆積した風成堆積物からなっている（武藤1987、山﨑1993）。

　表土の下に「黒ボク」と呼ばれる縄文時代に形成された黒色土があり、その下に堆積している黄褐色土と、「暗色帯」と呼ばれる暗褐色土が旧石器時代の包含層である。いずれも風成堆積物で、旧石器時代の包含層は、厚い場合でも50cm程度である。したがって、出土レベルによる文化層の分離は不可能と言うのが現在の認識である。また、火山灰分析では、暗色帯内に始良丹沢火山灰（以下、ATとする）のピークが認められる場合があるが、旧石器時代包含層が薄いため、ATのピークを境に時期区分することも、ほとんど不可能である。

第3節　磐田原台地の概要

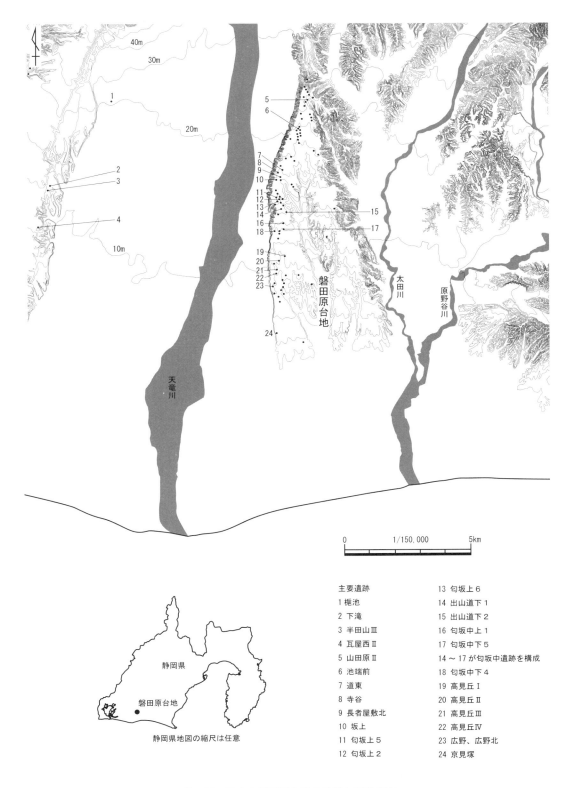

第1図　現在の磐田原台地の地形と遺跡分布

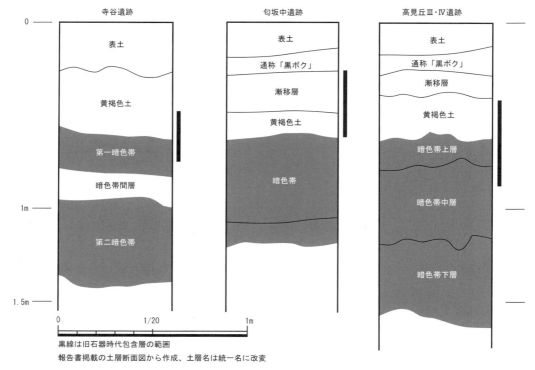

第2図　磐田原台地の標準土層

第4節　磐田原台地における旧石器時代研究史

　磐田原台地での旧石器時代遺跡の発掘調査は、1960年の池端前遺跡の発掘調査（麻生・小田 1966）が最初である。発掘調査以前から地主によって石器が採集されていたが、この調査によって、当地にも旧石器時代の遺跡が存在することが明らかになった。

　最初の画期になる発掘調査は、1977年～1978年に行われた寺谷遺跡の発掘調査（鈴木忠 1980）である。調査範囲は400㎡弱だが、徹底した石器の接合作業と個体別分類により、接合関係と個体別資料の分布が調査区内の2箇所にまとまることを明らかにした。そして、それぞれで出土した石器の内容が類似することや、2箇所の石器分布範囲内に礫群や配石が同じように含まれることから、等質な2つの集落が隣り合うようにして存在したと解釈した。寺谷遺跡の発掘調査は、当初から集落復元を目的としていたため、その目的を果たしたことになり、その成果は概説書（鈴木忠 1984）にも紹介された。

　1982年には、小学校建設に伴って広野北遺跡が発掘調査された（山下 1985）。この遺跡では、当地で初めて文化層が分離され、「細石器文化」、「尖頭器文化」、「ナイフ形石器文化（K2）」、「ナイフ形石器文化（K3）」の4つの文化層が報告された。「尖頭器文化」が報告されたのと、「ナイフ形石器文化」の文化層が層位的に2枚に分離されたのは、現在でもこの遺跡だけである。

　調査は寺谷遺跡と同様で、集落の復元に主眼が置かれている。文化層ごとに徹底した接合作業と個体別分類を行った上で、礫、石器の多角的な分析を合わせて集落構造の復元を試みている。寺谷遺跡の調査成果と合わせて、当時としては集落復元の最高峰と言って良いであろう。

1983 年～1984 年には、山田原Ⅱ遺跡（松井ほか 1994）が 12,000 ㎡にわたって発掘調査された。報告書は整理作業の途中で出されたもので、必ずしも十分な内容ではないが、磐田原台地では例を見ない濃密な石器分布と、点数は不正確ながら、「ナイフ形石器」160 点に対して石核 133 点が認められたとの記載から、石核比率の高さが際立っている。このことと、台地降下ルートが想定される台地北端と言う立地を合わせて考えると、台地内での重要な拠点になっていた可能性が十分に考えられる。この遺跡の評価については後に詳しく検討する。

　1989 年～1993 年には、匂坂中遺跡（鈴木忠 1994、鈴木忠・竹内 1996）が発掘調査された。8 万㎡に及ぶ調査範囲では、丘陵地だけでなく、丘陵地を刻んでいる開析谷の中まで全面的に調査し、遺跡地図の上では複数の遺跡が登録されていたのに対して、実際には台地上に、礫群や配石、ブロックが連綿と残されている実態を明らかにした。

　この発掘調査の最大の成果は、層位的条件が悪く、分層による文化層設定ができない磐田原台地で、文化層に代わる概念として「エリア」を設定したことである。エリアの設定方法とその問題点については後述するが、エリアの設定は、同時期と想定される遺構が分布する範囲を 1 本の線で区切る作業であるため、エリア境界付近にはグレーゾーンがあることを承知の上で、遺跡内を 1 本の線で区画している。また、同一時期の遺構群には、礫群や配石と言った時期決定の困難な遺構も含まれるため、通常の文化層設定とは異なる危険性や課題を含んでいる。しかし、エリアを設定しなければ、発掘資料を、遺跡と言う最大単位か、遺構、もしくは単独資料と言う最小単位といった大小両極端のレベルでしか分析できないことになる。寺谷遺跡、広野北遺跡の発掘調査で実践してきた集落の復元という目標を発展させるためには、遺跡と遺構との間に「同時期の遺構群」とも言うべき中間レベルでの分析単位が必要で、エリアはこの要請に応えるために発案された概念である。この発想は、後の発掘調査でも活かされており、磐田原台地における研究史の 2 番目の画期と言って良い。

　1994 年～1996 年には、高見丘Ⅲ・Ⅳ遺跡（富樫 1998）が 25,000 ㎡にわたって調査された。匂坂中遺跡と同様の調査方法を採用し、文化層を層位的に認定できないことを確認した上で、遺跡内を「エリア」によって区分した。

　2003 年～2005 年、2007 年には、長者屋敷北遺跡（佐口・大村 2009）が 16,100 ㎡にわたって発掘調査された。この調査では、「エリア」の設定は行われなかったが、濃密な石器の分布を検出し、瀬戸内系石器群を含む重要な資料が出土した。

　2005 年～2007 年には、高見丘Ⅰ・Ⅱ遺跡（竹内・渡邊 2013）が 44,000 ㎡にわたって発掘調査された。ここでも「エリア」を設定し、同時期と思われる遺構群の分布域を設定している。この発掘調査と高見丘Ⅲ・Ⅳ遺跡の発掘調査を合わせると、高見丘遺跡群の全容を明らかにできると言っても良い。また、高見丘Ⅰ～Ⅳ遺跡と匂坂中遺跡の発掘調査を合わせると調査面積は約 15 万㎡に及び、磐田原台地の丘陵上には、現代人による遺跡区分とは異なり、開析谷に仕切られた丘陵上に、ブロックや礫群、配石が連綿と続いていることが明らかになった。この成果によって、遺跡が分布する台地西側の丘陵上には、ブロックや礫群、配石が連続的に分布していることが想定できる。

　上記の他にも小規模な発掘調査は多く行われており、磐田市教育委員会、袋井市教育委員会、旧豊田町（現磐田市）教育委員会は、確実に報告書を刊行し、資料の公表に努めてきた。そのため、研究の基盤は十分に整備されていると言って良い。

このように資料の蓄積が続く磐田原台地であるが、旧石器時代の研究となると、貧困と言わざるを得ない。石器群を網羅的に扱った研究は、一部の編年研究（進藤1996、高尾2006）以外にはほとんど存在しない。時期を限った編年研究はいくつかの例がある（松井・高野1994、富樫2005）が、いずれも関東地方の編年を援用して石器群の新旧を決めるだけの内容でしかない。

筆者もいくつかの研究（富樫1997、2010bなど）を公表してきているが、いずれも個別の内容に留まっており、まとまった結論を出すに至っていない。この中で、時期の異なるブロックが同一地点で重複して形成されていることを指摘したこと（富樫2012）は、これまで分析単位を設定する上で支配的であった「エリア」の概念に再検討を迫るもので、行動論を展開する上でも重要な考えになってくるため、本書では重視する。

寺谷遺跡で報告された並存する2つの集落や、広野北遺跡での文化層分離なども報告以来30年以上たつが、一度も検証されていない。寺谷遺跡が報告された1980年と現在では、研究や解釈の方法がかなり異なるため、現代の視点による再検証が必要である。

広野北遺跡の文化層分離についても同様である。これまで、いくつもの大規模発掘調査を通じて、当地では層位的な文化層分離は不可能と言うのが共通理解になっている。その中で広野北遺跡だけが文化層を出土層によって分けているのは、極めて特殊な例と言うことになるが、これまで、報告内容が検証されたことはない。

このような研究の低迷は、地元研究者が極めて少ないこともあるが、1990年代に起こった旧石器時代研究のパラダイムシフトが、この地に及んでいないことが大きな原因と考えられる。現在でも旧来の要素還元主義的発想が定着しており、個別研究が蓄積されなければ総合研究ができない。しかし、個別研究の蓄積が進んでいないというジレンマに陥っているのである。

この現状を打破するには、発想の転換を図り、研究史上定着している寺谷遺跡の並存集落、広野北遺跡の文化層分離、匂坂中遺跡等で実践された「エリア」の概念などを現代の視点で再検討し、従来型の研究を一新する必要がある。

第5節　諸概念の整備

1　要素還元主義的研究の限界

人類の生活を自然に対する適応と考える観点は、主として生態人類学の分野で成立していた（渡辺1985、赤澤1983など）。この観点を取り入れた先史学の方法を紹介したこと（安斎1986a〜d）が、日本旧石器時代研究のパラダイムシフトの始まりであろう。それまでの日本旧石器時代研究は、文化を構成している個別要素を検討し、これらを総合することで1つの文化を理解するという、要素還元主義によって文化の階梯を設定し、構成要素の伝播と系統論によって地域文化の理解を試みてきた。この方針のもとでは、研究の細分化と多岐化が進む一方、総合研究が欠如するという特有の現象が生じた。しかし、これが指摘された時、研究の細分化と多岐化は、総合化が不可能な状態にまで進んでおり、ここに従来型研究の限界が露呈した。

1990年代に入ると、従来型研究の限界を打破する研究法が提唱された（安斎1990）。従来型研究の基軸になっていた伝播系統論には、各地域において環境への適応手段が異なるという視点が

なく、各地域の文化が等質であるという暗黙の前提があった。しかし、ダンスガードサイクル（Dansgaard *et al.* 1993）の発見により、短期的周期での気候変動が明らかになったことや、石材研究の進展により、自然環境の中でも石材環境の解明が進み、地域ごとに石材環境への適応、すなわち、石材の利用方法が異なっていたことが明らかになった。これによって、各地域文化の等質性が否定され、伝播系統論はその前提を失うことになった。

　そこで、伝播系統論のように石器の研究からダイレクトに文化を捉えるのではなく、まずは、人間がその生態を維持するためにとった環境への適応手段から生活や社会を復元し、次に移動や交換、交流といった次元を研究し、その後に文化の形成過程や変容過程を復元するという研究法が提示された。この研究法の特徴は、遺物の製作技術や遺跡の形成過程といった個別事象の研究から文化を復元するのではなく、製作技術や形成過程を歴史上の出来事として捉え、その出来事が生起し、変容し、消滅していく過程を叙述するところにある。したがって、この研究では石器も遺物と言うよりも、歴史上に起こった出来事として捉えることになる。また、要素還元主義が、個別事象を積み上げることで一般化を求める帰納的思考をとるのに対して、新しい研究法は、事前に設定した仮説を検証する演繹的思考をとるため、必然的に要素還元主義とは対照的な全体論（ホーリズム）の立場をとることになる。

　このようにして、旧石器時代研究は 1990 年代以降、大胆な発想転換によるパラダイムシフトが行われてきた。このような時流に対しては、研究史に新しい研究を上乗せすることで、学問の進化を図る立場から批判（稲田 1995 や織笠 2002 など）が出されたが、学問進化の発想が根本から異なっている上に、理論に対する本能的抵抗が出ているためか、論争は空転した。

　日本考古学の帰納的思考では、資料に基づいた確実な理論を構築できるが、時期や地域を限定した理論になりがちで、そこから一般理論への昇華が困難なため、必然的に通文化理論が発達しにくい基盤が作られてきた（佐々木 2012）。そこに構造変動論に代表される理論研究（安斎 1990、1994 など）に裏打ちされた新しい研究が提唱され、従来研究では不可能だった研究成果や新しい解釈を生み出すと同時に、従来研究の欠陥が明るみにされた（佐藤宏 2007a など）。

　したがって、これまでの研究史は十分に尊重されるべきだが、過度に固執する必要はない。自然科学のように、新しい発見があれば、それまでの学史は見直されても良い。そうでなければ、学問の進展は望めないであろう。

　上記が本書の視点であるが、当地における 30 年以上にわたる学史を否定するものではない。しかし、これまでの研究を継続するだけでは、近年の行動論や遺跡形成論といった緻密な研究に対応できないことは明らかであるし、劇的な新資料の出現でもない限り、従来の研究に進展の見込みがないこともはっきりしている。

　匂坂中遺跡や高見丘Ⅰ〜Ⅳ遺跡、山田原Ⅱ遺跡、長者屋敷北遺跡といった大規模調査では、旧地形を復元しながら、複数の集落を完掘していることは間違いない。また、自然科学分析（外山 1996、村上 1996 など）では、台地上の古環境、それも丘陵上と開析谷の微環境を復元するデータや石材の供給源に関するデータが得られている。研究の視点を変えれば、旧石器時代の古民族誌に近い研究も可能な条件が整備されていると言っても良い。

　したがって、本書では、旧石器時代古民族誌の一端として、磐田原台地内外で展開された居住行動の復元を目指すこととする。

2　行動を制御するシステムとしての概念

　環境に適応する手段としての技術や行動の解釈にあたっては、民族考古学の研究によって多くの概念が提出されている。これらの概念は個別に説明されることが多いが、現実にはいくつもの概念が不分離に結合して、人間の行動を制御するシステムを作り上げていると考えられるので、本来は個別に切り離して説明できるものではない。そうかと言って、諸概念が作るシステムは図式化して示せるほど単純な構成でもない。それは、技術や行動を決定する様々な選択肢が観念の中に統合されており、コンテクストによって多様な現れ方をするのが実情だからである。また、多様な人類行動に普遍的な理論もおそらくは存在しない。と言うのも、考古学のような実証科学には、本来純粋な理論は存在しないからである。

　このことを念頭に置いて、行動を決定する際の選択肢として諸概念を整備する。ここでは各概念を整理して理解するために、包括的概念としてリスク低減戦略と最適捕食理論を取り上げ、その後で個別概念として技術に関する概念と行動に関する概念を取り上げる。

（1）包括的概念 1：リスク低減戦略

　これはウィスナーが提唱した概念（Wiessner 1982）で、獲得資源が必要量を下回る危機を回避するための戦略である。この戦略の採用にあたっては、広範囲な協力体制を必要とするため、集団間の結束が必須となる。

　ウィスナーの提唱とは別にビンフォードは、ヌナミウトが遠征に出る際の道具立てには、目的の達成よりも、危機に瀕した場合の対策として、予備品を準備しておく戦略（Back up strategy）が根底にあり、この戦略のもとに道具が組織化されていることを報告した（Binford 1979）。このとから本書では、このリスク低減戦略は後述する最適捕食理論と共に、人間の行動を理解するために表裏一体となった包括的概念として重視する。

　ウィスナーは、リスク低減戦略の内容として下記に示す 4 つの戦略を示した。

①損失防止

　これは損失を最少化する戦略で、例として、集団相互に相手の領域での資源開発を制限することで、年間の取り分を確保することがあげられる。

②危機の転嫁

　これは余剰を蓄積しておいて、資源不足に陥った集団に余剰分を分け与える互恵制を保持することで、各集団の安定化を図る戦略である。略奪や強奪といった行為もこの戦略に含まれるが、旧石器時代研究で想定する必要はないであろう。

③備　蓄

　これは備蓄することで資源不足を予防する戦略である。ビンフォードによって、ヌナミウトの行動でも通例のように観察された（Binford 1978a）。

④共同負担による危機の分散

　これは、危機を広範囲にわたって構成員に分散して、各構成員の負担を軽減する戦略である。これによって、危機に関する情報が共有でき、危機を予測可能にする効果もある。これも互恵制が背景にあり、必要としている集団に資源を分け与え、自分が必要な時には資源を分けてもらうと言った方法で行われている。

第5節　諸概念の整備

　上記の戦略は、個別に採用されるとは限らず、狩猟採集民は複数のリスク低減戦略を組み合わせて使っており、同時に使ったり、季節や地域によって使い分けたりしているのが実態である。

　後述するが、磐田原台地に残された石器群にもこの戦略の痕跡をうかがうことができる。

（2）包括的概念２：最適捕食理論

　本書では、人間はリスクを低減するために、状況に応じて各種戦略を採用し、その結果、行動の最適化を図ることで環境に適応する方向で行動すると考える。したがって、最適捕食理論（口蔵2000）は、先述のリスク低減戦略と双璧をなす重要な概念と考える。

　最適捕食理論は理論的な仮説を設定し、現実に観察される生物の行動を解釈する演繹法をとるが、この時、理論的な仮説と実際の生物行動が合致しない場合があることは、常に念頭に置かれている。そして、仮説と実際の行動が合致しないことは、生物行動の多様性を追究する糸口になると考える。モデルはあくまでも一例、もしくは典型例であって、あらゆる事例に合致するものではないと言う思考法は、本書でも採用したい。

　最適捕食理論では既設のモデルがあるが、直接人類行動に援用できるとは限らないため、本書では筆者の解釈から、若干のアレンジをして援用を試みる。

①最適食餌幅

　複数種類の食料資源が均一に分布する環境内を遊動する場合、エネルギー収益量、すなわち、探索、獲得、調理等で消費したエネルギー量と、食料資源から得られるエネルギー量の差、これが最大になるように食料資源を選択するというモデルである。

　この時、食料資源を選択する基準は分布量や分布密度ではないことに注意したい。豊富にある食料資源でも、エネルギー収益量が小さい食料は選択されない。反対に、遭遇・獲得機会が少ない食料資源でも、エネルギー収益量の高い食料資源は積極的に選択される。このようにして、エネルギー収益量の高い方から優先的に食料資源が選択され、食料資源のランクが決まる。したがって、最適食餌幅を決定するのは、ランクの高い食料資源の豊富さにあると言える。ランクの高い食料資源を豊富に獲得できる場合は、ランクの低い食料資源は選択されないため、食餌幅は狭くなる。逆に、ランクの高い食料資源が少ない場合、探索に要するコストが上昇し、エネルギー収益量が低下するため、ランクの低い食料資源が選択に加わる。したがって、食餌幅は広くなる。

　本来、このモデルは食料資源の利用に限定されたものだが、生活資源一般に拡張して考えると、選択した資源を獲得しに出掛けていくコレクターの行動を考える際の参考になる。

②最適パッチ利用

　生活環境内に複数種類の食料資源が含まれている場所（パッチ）が分布している場合、エネルギー収益量が最大になるように、利用するパッチが選択されると言うモデルで、この場合にも、パッチのランクはエネルギー収益量の大きい順に決められる。ここでは、パッチ内滞在時間と次のパッチに移動するタイミング、次のパッチまでの移動コストが重要になる。

　このモデルでは、パッチ内に複数の食料資源が含まれているため、集団全体がパッチ内に居住することが有利になると思われる。したがって、このモデルは資源獲得のために集団自体が移動するフォレイジャーの行動を考える際の参考になると考えられる。

　磐田原台地と周辺の旧地形を復元すると、台地の東側と西側で環境が異なっていたことが考えられる。台地縁辺に深い谷が形成されていた西側に対して、起伏が少なく、湿地に近い状況が想

定される台地東側には、台地西側とは異なる資源が分布していたと考えられる。このことから、台地の東西で異なるパッチを想定できる。これらのパッチ利用の最適化を考える際、最適捕食理論が基盤になる。また、台地西端への遺跡偏在の原因を考える際にも、従来言われていたような、包含層の発達度の違いといった単純な要因ではなく、台地内資源利用の最適化が要因として考えられる。詳細は後に検討するが、石材獲得を望めない台地東側での行動には、石材採取の埋め込み戦略（Binford 1983）をとれない上に、複雑な地形と湿地帯が広がっていることから、行動が制限されていた可能性が高い。

（3）技術に関する概念1：二極構造論

二極構造論（佐藤宏 1988、1992）に対しては批判（稲田 1995）もあるが、一般論としては、物事を整理して理解する方法として有効であると考えられる。二極構造が歴史事実として存在したかどうかは、今の筆者には判断できないが、旧石器時代の人々が、状況に応じて様々な技術を発現して残した多様な石器群を整理するには、石器群を整理して理解する方法が求められる。それには、個別石器の研究から始めて石器群を分類していくのも1つの方法だが、旧石器時代の狩猟社会が長期的なスパンで変化する過程を把握するには、時期を超えて石器群を貫く「構造」を発見し、その構造の変動を探る方が有効である。現代の旧石器時代研究に求められているのは、石器群の消長や変遷を説明するためのコンテクストであり、そのコンテクストに基づいて石器群を再編成する作業であると考えられる。

二極構造は二項対立とも言われ、入門書（橋爪 1988）で解説されているように、レヴィ・ストロースが、未開民族の婚姻制度を貫く原理を解明したことに端を発している。レヴィ・ストロースは婚姻を、女性を交換する儀式と考え、音韻論の二項対立を援用して、結婚できる女性（wife）と結婚してはいけない女性（sister）の対立を軸として婚姻のルールを解釈した。すると、それまでの人類学では理解不能だった複雑な婚姻のルールが、数学的原理によって明快に説明できることが明らかになった。そして、婚姻ルールの背後には、各民族共通の「構造」が存在するとの結論に至った。この思考法は、現代社会でも複雑な物事を整理して理解する方法（木山 2009）として活用されている。本書では整理的思考法として二極構造論を用いる。

旧石器時代の石器群では、剥片剥離技術の両極として、縦長剥片剥離技術と不定形剥片剥離技術が存在し、剥片剥離技術がこの両極間を振幅することによって、石器群の内容が決まると考えられている（佐藤宏 1988、1992）。この見通しから、縦長剥片剥離技術と不定形剥片剥離技術による二極構造を想定して論を進める。二極構造は様々なレベルで想定できると思われるが、本書では、主として剥片剥離技術レベルで二極構造論を援用する。磐田原台地では、これまで二極構造の発想がなかったため、不定形剥片を主体とするブロックを理解する術がなかった。そのため、時期決定の指標がないブロックとして、一律に武蔵野ローム層第Ⅴ層〜第Ⅳ層下部に位置付けてきた（鈴木 1994、鈴木・竹内 1996）。そこに二極構造による整理的理解を導入することで、不定形剥片系石器群の存在が浮上し、編年的位置付けも大きく変わると考えられる。

（4）技術に関する概念2：管理化

重要な道具はメンテナンスされ、再利用を繰り返されるという管理の概念は、ビンフォード（Binford 1977、1979）やバンフォース（Bamforth 1986）によって報告されている。両者の考えには若干の違いが見られるため、ここで整理する。

ビンフォードはヌナミウトの遠征に同行して、遠征中に帯同した道具の中に、道中に残してくるものと拠点居住地に持ち帰り、次の使用に備えてメンテナンスするものがあることを指摘した。ヌナミウトの技術は、道具を管理し、リサイクルするシステムを作っており、遠征先に残されたものは、消耗品の副産物といったゴミや意図的なキャッシュであった。このようにヌナミウトの技術は、管理道具に関する技術（curated technology）と便宜道具（expedient manufacture）に関する技術の対比を軸に組織化されていると理解された。管理道具の場合、出現頻度は使用頻度ではなく、使用期間を表している。便宜道具の場合、出現頻度は使用頻度を表している。以上のことから、下記の現象を想定できる。

・特定目的の遺跡では、管理道具の製作や修理を行うことが少ないため、管理道具の数とゴミの量に相関関係はない。

・ベースキャンプや居住地では、管理道具の製作や修理を行うため、管理道具の数とその製作、メンテナンスに伴うゴミの量には正の相関関係がある。

ビンフォードは、ヌナミウトの行動に見られるように、資源獲得のために組織された集団が資源を居住地まで持ち帰るロジスティックな行動のもとでは、道中における道具の使用効果を上げるために、道具の管理とメンテナンスが重要になると考えた。このようにビンフォードは、道具の管理は居住形態により発生すると考えていることがうかがえる。

これに対してバンフォースは、下記に示す事例から、ビンフォードの主張とは異なるコンテクストから管理が発生する可能性を述べた。

1つ目は、バイソンの解体に使う剥片製ナイフの例である。この道具は事前に準備され、バイソンの解体中にも再利用されるが、他の目的に使われることはなく、他の場所に運搬されることもない。したがって、ナイフの製作目的は、その場での作業を効率化する点に絞られる。これに対して、石材不足が予想される場合には、ナイフの製作によるバイソン解体作業の効率化よりも、原石の節約に労力が払われる。したがって、管理される対象物は状況によって異なることになる。

2つ目はクン・ブッシュマンの事例である。彼らは移動時に、鉄製の斧やナイフを持ち運び、基部が消耗して着柄できなくなるまで使い尽くす。鉄は入手しにくい素材であるため、消費し尽くすと考えられる。これに対して、地元の材料で作ることができる狩猟具の場合は、メンテナンスの頻度が低い事例が見られる。

3つ目は、カリフォルニアのサンアントニオ丘陵に見られる古期と新期の2時期にわたる遺跡を比較した事例である。ここでは、新期の遺跡の方がロジスティックな行動が発達していることが認められた。ビンフォードの主張に従えば、ロジスティックな行動のもとでは石器管理の度合いが増すことになる。しかし、サンアントニオ丘陵の事例では、古期の遺跡では、丘陵中央部で石材不足に陥ったと見られ、石器のメンテナンスやリサイクルが見られるのに対して、新期の遺跡では、移動途中での地元産チャートの開発により、管理の度合いが低下した状況が見られる。このように、サンアントニオ丘陵では、石材の入手状況によって管理の度合が異なる状況が見られる。

4つ目は、カリフォルニア南部の平原にある12,000年前のバイソン解体遺跡の事例である。ここでは、80km圏内では採集できない良質石材製の石器は、加工と変形、移動が著しく、しかも多目的に使われたと想定される。これに対して、近隣で採集可能な石材製の石器は加工量が少なく、その場限りの使用と想定された。

以上の事例からバンフォースは、技術とは、石材の入手から道具の製作、使用、廃棄に至るまでの行動と時間の効率化を図るための手段であると考えた。そして、管理は石材が欠乏した時に採用される戦略で、石器のメンテナンスとリサイクルという2つの管理局面は、石材入手の難易度によって発生頻度や様相が異なると考えた。

ビンフォードとバンフォースの意見を総合すると、ロジスティックな行動のもとでは、遠征先の行動を効率化するために、管理的な道具と便宜的な道具の区別が発達すると考えられる。道具の材料が不足した場合には、材料不足による行動の制限を軽減するために、道具の管理が強化され、道具の使用効率を上げるというモデルが考えられる。

磐田原台地では、後述するように近隣の天竜川で石材が入手できると言っても、地形的制約から、簡単に天竜川に行くことはできず、石材入手機会は限定されていたと考えられる。そのため、遠方石材の入手に頼る場合と同じような行動が想定される。したがって、道具の管理化と言った戦略は、管理石器の集中地点（キャッシュ）の形成、便宜石器の集中地点（廃棄地点）の形成、長野県方面への長距離移動に際して採用したと考えられる、石材節約型の剥片剥離技術といった行動を復元する際の有効な概念になると考えられる。

（5）技術に関する概念3：技術組織と道具組織

本書では、従来の技術構造に対して技術組織、石器組成に対して道具組織という対比を明確にする。技術組織は技術諸要素が不可分に結びつき、コンテクストによって要素の組み合わせを選択して、多様な技術を発揮するためのシステムと説明できる。道具組織は、コンテクストに合わせて道具の運用の組み合わせを決め、最適行動を実現するためのシステムと説明できる。技術組織と道具組織は、技術要素の組み合わせによって、発揮される技術が異なり、それによって作られる道具も異なる。技術は単に道具を作るためではなく、作った道具の運用を見込んで発揮されると考えると、技術組織と道具組織の概念も不可分に結びついていることが理解できる。

技術組織と道具組織の概念は、ビンフォードによるヌナミウトの民族調査で報告された（Binford 1979）。ヌナミウトは、その季節に使う道具（active gear）と別の季節に使うためにキャッシュに蓄えておく道具（passive gear）を使い分けている。また、道具を使用する局面の点では、個人所有物（personal gear）と各遠征先に予め備え付けておく備え付け備品（site furniture）、拠点居住地内で使う日常品（household gear）、状況に応じて準備する臨時用品（situational gear）といった、道具の使い分けが組織化されていることが報告された。ヌナミウトには様々な道具の分類があるようで、理解が困難である。局面によって道具の分類が変わることがあり、同じ道具でも局面によって分類項目が変わることがある。また、何の関係もないように思える道具が同じ分類になっていることもある。したがって、道具組織の理解も困難だが、ビンフォードの記載（Binford 1979）から読み解いた概念図を第3図に示す。

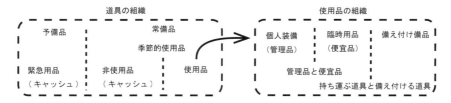

第3図　ヌナミウトの道具組織

ヌナミウトの道具組織は、二項対立で考えると理解しやすいかもしれない。道具の組織として、常備品と予備品の対立があり、後者はキャッシュに備蓄される。予備品にも後述する管理品と便宜品の二項対立が存在すると考えられるが、常時使う道具ではないため、二項対立は問題にしなくて良い。おそらくヌナミウトの観念でも、予備品の分類は意識されていないと思われる。

常備品は季節的使用品とも言えるもので、その季節に使う使用品と別の季節に使う非使用品の対立があり、後者はキャッシュに備蓄される。その季節に使う使用品には、持ち運ぶ道具と遠征先に備え付ける道具の対立があり、前者には管理品と便宜品の対立がある。

ビンフォードの記載から読み取れたヌナミウトの道具組織は、筆者の理解による限り以上のとおりで、多重の二項対立になっていることが理解される。当然ではあるが、この二項対立はヌナミウトが極地の環境に適応するために伝統的に、そして、無意識のうちに作り上げたもので、彼らがこのような二項対立を常時意識している訳ではないと思われる。

ビンフォードは、フォレイジャーの行動では資源を探索に行っても短期間で居住地に戻ってくるため、道具の組織化は発生しないが、ロジスティックな行動では、資源開発のために居住地を離れ、一時居留地に一定期間滞在する場合がある。この時、管理的道具と便宜的道具の使い分けやキャッシュの形成、備え付け備品などといった道具の組織化が発生し、これらの道具を状況に応じて作り分けるため、技術組織も発達すると指摘した。

ビンフォードによる上記の報告は、石器製作の仕組みを解明する従来の技術構造論や、遺跡に残された石器の組み合わせから遺跡の機能を解明する石器組成論に再考を迫るものである。従来の技術構造論では、コンテクストに応じて発揮される技術が異なるという発想がないため、単に石器の作り方の一側面がわかるにすぎない。また、ブロック内に多様な行動の痕跡が残されていることが明らかにされつつある現在、遺跡に残された石器の種類から遺跡の機能を考える石器組成論は、行動の単位を抽出できなければ、ほとんど意味がないと思われる。

上記のように、コンテクストに応じて発現する技術と使われる石器が異なっていたと考えなければ、遺跡に残された多様な石器群は理解できないと考えられる。

今回検討する磐田原台地も同様で、縦長剥片や縦長剥片を加工した「ナイフ形石器」といった単一の指標に頼った従来の理解では、ブロックの半数以上を占める不定形剥片を主体とするブロックや、縦長剥片が単体で搬入されている状況などは理解できない。ここでは、技術組織と道具組織の概念から、多様な技術群が存在しており、状況に応じた選択と、それによる多様な石器群の発現や工程別異所製作という発想が必要と考えられる。

(6) 技術に関する概念 4 ：信頼性と保守性

これはブリードが提唱した概念（Bleed 1986）で、本来はシステムエンジニアの概念であるが、最適なシステムを作るための方法や考え方が、人間の行動を制御するシステム形成の方法や考え方に共通していると考えられる。例えば、工場の生産ラインや輸送経路、輸送方法の決定にあたっては、コストを抑えて利益を上げる方向でシステムが考案される。その時、リスク低減や事故対策、復旧といったアセスメントも考慮される。石器作りも同様で、石材採集や消費にかかるコストを抑えて、石器の使用効果を上げる方向で技術が選択され、リスクを低減して最適捕食を実現するためのシステムが作られると考えられる。実際に信頼性と保守性の概念で評価できる民族行動が複数あることから、考古学への援用が可能である（佐藤宏 1995 など）。

第1章　研究史と本書の目的

第1表　信頼性システムと保守性システムの比較（Bleed 1986 から、斜字は筆者の補足）

局面 ＼ システム	信頼性システム	保守性システム
規模	巨大化、複雑化	シンプル、ポータブル
強度	ストレス耐性のある頑丈さと強度	頑丈さよりも早期機能回復
構成要素	信頼をおける部品を選択	修理、交換の簡便性
組み立て	専門家による組み立て	誰でも組み立て可能
交換部品	どの個所でも共通の部品	構成要素が箇所ごと独自の機能を持つため、専用の部品が必要
障害対策	バックアップ機能で機能保全	部品交換、修理で機能回復
許容能力	十分な余力を持って機能	能力限界まで機能発揮
部分的動作	不可能	可能
メンテナンス	専門家による計画的実施	必要に応じて実施
コスト（材料、時間、費用）	多い	少ない
採用基準	機能不全による損失大の場合	機能不全による損失少の場合
採用目的	一時的大量応需	少量持続的応需
危機管理	障害の予測と予防による管理必須	予測不能の危機でも早期回復可能

　作業にかかる時間を短縮してコストを下げ、システムの有効性を高めるためには、信頼性と保守性という2つの概念が求められる。信頼性とは、システムが正常に機能できる保障のことで、保守性とは、システムが正常に機能しなくなった場合に素早く、簡単に機能を回復できる性質のことである。両システムの特徴を比較した表を掲載する（第1表）。

　信頼性システムは、大量需要に応じると言った特定の目的を果たすために構築されるシステムである。構築に物的、時間的コストがかかるが、相応の利益や効果を得るために、専門性の高いシステムが組まれる。そのため、システムは巨大になり、複雑化する。システムの一部が不調になった場合、システム全体が機能不全に陥る可能性が高く、その際の物的、時間的損失が大きいため、システムにストレス耐性を持たせ、余力を持って機能できるように配慮される。また、障害を予測、予防するための管理が必須となる。

　保守性システムは、簡易な仕組みのため、利益や効果は少ないが、メンテナンスが簡単で、多少の不調があってもシステムは機能できる。修理は簡単で、早期回復が可能である。また、フルパワーで機能しても、長期にわたって機能を持続できることも特徴の1つである。

　信頼性と保守性のシステムは、必要に応じて使い分けるもので、状況によって使い分けの程度は異なり、また、両者の中間システムも存在する。したがって、両システムの採用にあたって重要なことは、信頼のある構成要素を組み合わせて保守性の高いシステムを作ることによって、最適なシステムを構築することであると考えられる。

　この概念で理解できる民族例として、下記があげられている。

①ブッシュマンの遊動に見られる保守性システム

　ブッシュマンは遊動性の高い生活を送っているため、道具立てには携帯性と軽量化が求められると考えられる。そのため、狩猟具の総重量を2〜3kgにとどめ、いつ、どこで獲物に出会っても使えるように常備している。また、時間が空いている時に予備の弓矢を作る。

②ヌナミウトの不定期狩猟に見られる保守性システム

　ヌナミウトは、カリブー狩りのない夏には3〜4本の矢を常備し、狩りの機会がいつ訪れても良いように備えている。このように不定期な狩猟では、上記のブッシュマンと同様に、保守性システムが採用されている。

第5節　諸概念の整備

③ヌナミウトのカリブー狩りに見られる信頼性システム

　ヌナミウトは、春と秋に大移動するカリブーを一括捕獲するために、群れが集まる場所を見渡せる所で待ち受ける。このチャンスを逃さないために、事前に時間をかけて入念に狩猟具を準備する。この時、狩猟具の総重量に制限はない。狩猟具は入念に作られ、破損しても修理して使う。予備も用意するうえに、狩猟具を補充するための材料も準備してバックアップ体制を整えている。このような戦略は、カリブーの一括捕獲と言った短期集中型の狩猟で採用される。

　上記のように、信頼性システムと保守性システムで理解できる民族例がある。いずれも狩猟対象と狩猟方法、原材料のシステマティックな関係のもとで最適な狩猟具を選択し、最大の成果を上げるための最適化戦略と考えることができる。

　上記の民族例からは下記のモデルを想定できる。

　獲物が分散していて遭遇や捕獲の予測が困難な場合や、集団の遊動性が高い場合、いつ、どこで獲物に出会っても対応できるように、保守性のある狩猟具を常備する。この時、遊動に適応するために、狩猟具には携帯性が求められ、軽量化、少量化が図られる。このような行動はフォレイジャーで採用されると想定される。

　一方、獲物との遭遇や捕獲の予測が可能であったり、特定の獲物を狙ったりする場合や季節的に大量捕獲できる獲物を狙う場合、特定の目的を達成するために、信頼性のある狩猟具が用意される。この時、狩猟効果を最大に上げるため、また、狩猟に失敗した際の損失が大きいため、周到な準備がされる。狩猟具は十分な数が用意され、破損した場合の修理体制や予備の狩猟具も完備する。このような戦略はコレクターの行動で採用されると想定される。

　磐田原台地では、広野北遺跡で認められる尖頭器の集中製作に信頼性システムの採用が想定できる。また、不定形剥片剥離技術を主体とする石器群は、その場限りの便宜石器が主体と考えられることから、保守性システムの採用が想定される。この他にも、寺谷遺跡や匂坂中遺跡などに見られる縦長剥片の集中剥離、縦長剥片素材の「ナイフ形石器」の集中製作にも信頼性システムの採用を想定できる可能性がある。

（7）技術に関する概念5：技術的親和、相似

　技術的親和は、素材獲得段階では技術的に異なる石器が、加工段階で同じ加工技術を使う現象である（佐藤宏1992）。例としては、不定形剥片を素材とする台形様石器と、縦長剥片を素材とする「ナイフ形石器」が、加工段階で同じ刃潰し加工を使うことがあげられる（佐藤宏1992）。

　相似は、本来は生物の形態を説明する用語で、同一環境に適応した生物が同じ形態をとる現象である（養老1986）。よく例示されるのは、哺乳類であるイルカが水中と言う環境に適応した結果、魚類と同じ形態になっていることがあげられる。この概念も石器の形態の解釈に援用できる。該当例をあげておくと、磐田原台地で角錐状石器として報告されている資料の中に、他の地域で角錐状石器と呼ばれている石器とは相当に異なるものがある。薄い剥片の周縁に刃潰し加工をしたもので、詳しくは後述するが、「ナイフ形石器」と角錐状石器が、刺突具として同じ機能を持ったために、共通した素材剥片に刃潰し加工と言う同じ加工を施した結果、刃部のない「ナイフ形石器」とも言える角錐状石器が出現した結果と考えられる。さらにこれが、数は少ないながらも明らかに存在する、刃部に微細な加工をした刃部のない「ナイフ形石器」に置換され、後の周縁調整尖頭形石器の出現につながると考えられる。

第1章　研究史と本書の目的

第2表　フォレイジャーとコレクターの比較（Binford 1980 から、斜字は筆者の補足）

局面＼モデル	フォレイジャー	コレクター
出現環境	年間を通じて資源が均等に分布する場合	資源が不均等に分布する場合 分布が変動する場合
採用理由	特定資源付近の居住で必要な資源が得られる場合	特定資源付近に居住地を構えると他の資源獲得が不利になる場合
遊動形態	資源のある場所に居住地が移動（Mapping-on）	資源開発のために専門集団を派遣（logistic）
資源に関する情報	移動先の選定にあたって事前の情報が必要	情報収集のために集団を派遣
備蓄	不要	食料獲得期間が限られる場合は必要
居住地移動の機会	利用可能資源が減少した場合	備蓄を補充できない場合
残留遺物	少ない→複数回利用しないと遺跡として認識困難	*場所ごとに多様な遺物が残る*
集団規模と移動回数	資源分布が広範囲で複数個所に集中 →集団規模拡大、移動回数減 資源が拡散分布→集団規模縮小、移動回数増	*集団規模は変化少ない* *移動回数は最小限*
形成遺跡	拠点（Residential base）、特定作業地点（location）	拠点（Residential base）、一時居留地（Field camp） 作業場（Stasion）、キャッシュ（cache）

(8) 行動に関する概念1：短期的行動戦略としてのフォレイジャーとコレクター

　行動に関する概念としては、年周期程度の短期的戦略と世代を超えるスパンの長期的戦略に分けることができる。前者には、ビンフォードが示したフォレイジャーとコレクターモデル（Binford 1980）とクーンのプロビジョニングモデル（Kuhn 1992）がある。両者のモデルは、着眼点の違いから内容の相違が見られるため、双方を比較検討し、本書での援用に備える。まずは、フォレイジャーとコレクターの比較を示す（第2表）。消費者が資源の方に移動する前者と、消費者の方に資源を取り寄せる後者で、行動の内容が対照的である。このような行動の違いが発生する要因は下記のように考えられている。

　有効温度（Effective temperature：太陽放射量による植物生育の最適温度）が高いと植物が良く育ち、食料資源が増える。生活の遊動性は、有効温度が高い赤道付近で高く、有効温度が低くなる温帯では遊動性が低くなる。そして、有効温度がさらに下がる極地付近では、再び遊動性が高くなる。このことから遊動生活は、食料の豊富さとは別の要因で発生すると考えられる。

　赤道付近では、年間を通じて比較的安定した食料獲得が可能なため、フォレイジャーが有利であるのに対して、極地付近では食料入手が困難な冬越えが課題になる。その解決手段として、食料獲得期間を超えて食料を獲得するためのキャッシュがある。キャッシュを作ると、キャッシュを巡回するために、居住地の移動計画が必要になり、移動範囲にも制限が加わるが、このような場合には、コレクターが有利と考えられる。

　フォレイジャーのように、居住地を移動させて資源を確保するか、コレクターのように、移動を最低限にして遠征や備蓄で資源を確保するか、どちらを採用するかは、重要資源の分布によって決まってくると考えられる。

　フォレイジャーが赤道付近で観察されたのに対して、コレクターは極地付近で観察された（Binford 1980）もので、両モデルは両極端な環境の下で発生したものである。今回扱う磐田原台地は、年間気温が下がっていた旧石器時代でも温帯に属していたと考えられるため、両方のモデルの中庸か複合、あるいは、どちらでもない独自のモデルが想定される。独自のモデルとは、温帯地域独自に発生するモデルか、磐田原台地と言う局地的な環境に適応した結果としての独自のモデルのいずれかが想定される。このことを念頭に置いて行動の復元を検討する。

クーンは、資源開発計画と行動計画の双方を最適化するための戦略と、そのために用意される道具の性格（デザイン）を提示した（Kuhn 1992）。

資源の開発計画を立てるためには、事前に資源の分布と多様性、資源の必要性、時間的緊急性、入手の可能性、別資源による代用の可能性、遊動範囲の季節的変動といったことが考慮される。行動計画を立てるためには、遊動の頻度やタイミング、移動先の選択といったことも考慮される。このようにして、資源と遊動の変動の程度や予測難易度、到達難易度のバランスから最適な行動が編み出されるというモデルを提示した。このモデルを図式化すると第4図のようになる。そして、下記のように解釈される。

複数の資源が分散している場合、集団が一箇所にとどまっていると、資源の季節的変動、特に動物資源については、移動の把握が困難になり、資源獲得の予測が困難になる。したがって、資源の入手機会が減少する危機が想定される。この場合は居住地を資源のある方に移動させる、言い換えれば消費者が資源のある方に移動することで、資源獲得機会の増大を図る戦略がとられると予想される（第4図下段左図）。

この戦略は最適捕食理論で言う最適食餌幅のモデルに近く、ビンフォードのフォレイジャーモデルに合致すると思われる。この戦略でとられる石器の運用については、ビンフォードとクーンは異なる見解を示している。クーンは下記のような石器の運用が想定できるとしている。

・移動頻度と移動距離が増えるため、予期しない狩猟に備えるため、石器を事前に準備する。
・集団の遊動性が高くなるため、石器は軽量化され、携帯性が増す。
・石器を多機能化させて、石器の種類を減らし、運搬コストを下げる
・石器の形態を標準化させることで、モジュール化を図り、代替性を高くする。
・再加工や再利用によってライフサイクルの延長を図る。
・保守性と信頼性の両方が求められる。

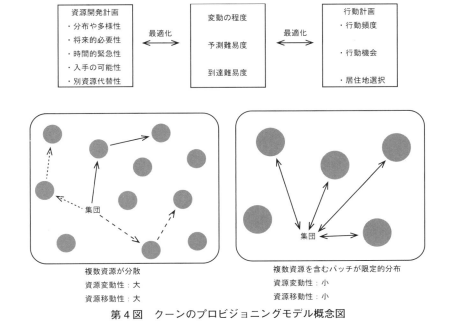

第4図　クーンのプロビジョニングモデル概念図

第1章 研究史と本書の目的

　石器の再加工や再利用によってライフサイクルの延長を図る戦略は、石器の管理化であるが、ビンフォードは、道具の管理はフォレイジャーよりもロジスティックな行動をとるコレクターで発生するとしている（Binford 1980）。したがって、石器管理の発生について、クーンとビンフォードで意見が異なることになる。

　フォレイジャーの典型として知られるブッシュマンでは、移動頻度が高いため、持ち運ぶ道具は最小限の数量で、移動後に残される遺物も少ないことが報告されている（Yellen 1977、田中1990）が、道具の管理方法については言及がない。

　ウィスナーの報告（Wiessner 1983）では、ブッシュマンが時間をかけて入念に作った狩猟具にはスタイルが発達し、そのような道具は長期間にわたって使われるとの記載から考えると、一部の狩猟具は管理されていたことが考えられる。その一方、同じ報告（Wiessner 1983）の中で、自分が作った槍先と、他人が作った槍先では形態が違うにもかかわらず、両者を識別できなかったり、識別はできてもその理由を説明できなかったりする事例もあることから、道具の管理はできていても個人所有観念は発達していなかったことがうかがえる。

　さて、資源の分布が限定されている場合は、資源の獲得を予測しやすく、資源の入手機会も多くなるため、集団は拠点居住地を設け、そこから資源獲得の遠征隊を派遣するロジスティックな行動をとると想定される（第4図下段右図）。これは最適捕食理論の最適パッチ利用モデルに近く、ビンフォードのコレクターモデルに合致するが、クーンは、この行動のもとでは石器の運用について下記の戦略がとられるとしている。

　・一箇所の居住期間が長くなるため、石材が居住地に搬入、備蓄される。
　・未加工の石材を備蓄することで、石材の汎用性（flexibility）を増大させる。
　・石材の汎用性が高くなると、多様な石器製作の可能性が増大するため、用途に応じた専門性
　　の高い石器を作ることができる。

　ロジスティックな行動の下でキャッシュが形成される点は、クーンとビンフォードのモデルが一致する。このような行動の下で多様な道具が製作されるかどうかは、ビンフォードは言及していないが、ヌナミウトが遠征に際して用意する道具は、遠征の距離や期間などに応じて、様々な道具が用意されていると読み取れることから、ロジスティックな行動のもとでは、多様な道具が製作されると想定できる。

　磐田原台地では、石材が目前の天竜川にあるとはいえ、地形的制約から台地を降りるルートが限定されていたと考えられるため、石材採集機会も限定され、石材集積箇所も偏在していたと想定される。したがって、ロジスティックな集団が組織され、食料獲得などの目的で台地を降りる行動に石材採集が埋め込まれ、これによって台地上に石器のキャッシュが作られると想定される。磐田原台地の場合、全域が日帰り圏内に入ると考えられるため、原石を搬入する拠点以外には、作業場のような小規模な遺跡（location）しか形成されないと考えられるが、実際には多くの遺跡が形成されている。したがって、石材を最初に搬入する一次キャッシュと、そこから持ち出した石材を備蓄する二次キャッシュの存在が想定でき、キャッシュの二重構造が想定される。さらに台地上では水場が限定されるため、水場のすぐ脇に住むとは考えられない（Binford 1983）としても、拠点居住地は水場の近隣に限定されると思われる。したがって、拠点居住地は水場の間を移動することになると想定される。

（9）行動に関する概念２：長期的行動戦略としてのテリトリー

　これもビンフォードによって報告（Binford 1982）されたもので、拠点居住地を中心にした日帰り圏内（半径６マイル：9.656km）にフォレイジング圏が形成され、この中にはロケーションと呼ばれる地点が形成される。その外側には一泊二日程度で往復できるロジスティック圏が形成される。ヌナミウトでは、狩猟の場合は４週間程度、罠を仕掛ける場合は３週間程度この圏内に遠征する。この時は食料や防具などを持って行く。さらにその外側には、通常は利用しないが、資源に関する情報を持っている拡張圏がある。ヌナミウトにとっては、ここまでが親類が住んでいる範囲で、通婚圏はこの拡張圏まで広がっている。また、別の集団にとっては、こちらの日常居住範囲がロジスティック圏になる場合もある。さらに拠点居住地が動くと、これらのテリトリーの性格も変わるため、居住地がどこになるかで、土地の利用価値は変わってくることになる。

　磐田原台地は、後述の旧地形の復元から南北20km、東西は最大で７kmと推定される。この程度の広さなら全域が日帰り圏内になると思われる。ビンフォードのモデルなら、全体がフォレイジング圏になるが、台地の北半を中心にキャッシュの形成が見られることから、台地内ではフォレイジングな行動とロジスティックな行動の両方が展開されていたと想定される。同時に、磐田原台地の周辺で断片的に確認されている小規模遺跡の存在を考えると、台地外はロジスティック圏になっていたと想定される。さらに、ごくわずかながら長野県産黒曜石が搬入されており、これが長野県方面の集団との接触によってもたらされたと考えられる（富樫1999）。このことから、石材や異集団に関する情報を持った非日常圏として、長野県の伊那谷遺跡群の存在を評価できる。

（10）行動に関する概念３：ブロックの重複形成

　ここで言うブロックの重複形成とは、短期間における回帰行動の結果、同一地点にブロックが形成されることではない。一箇所にブロックが形成された後、相当な長期間をおいた後、同一地点に時期の異なる石器群のブロックが形成される現象である。筆者が磐田原台地の石器群で実例を指摘したことがあり（富樫2012）、行動を復元する上で必須の概念である。遺跡あさり（scavenge;Binford 1983）やパリンプセスト（阿子島1995）に似た概念であるが、両概念を適用できるほどにブロックの分析が進んでいないのが現状である。

（11）その他留意すべき概念：特定目的遺跡と残留遺物

　これは、ヌナミウトによるハンティングスタンドの利用を23時間観察した結果から想定されることである（Binford 1978b, c）。ハンティングスタンドは、本来は獲物を監視する場所だが、監視に使った双眼鏡は持ち帰ったため、現場には残らない。残ったものは本来の目的とは関係のないものであった。また、獲物の監視は観察時間の23時間中の24％にすぎなかった。あとは食事、睡眠、工作、おしゃべりやゲームなど７種類の行動が見られた。そして、炉跡、台石、工作のゴミ、食べカス、砥石、刃物など色々なものが残された。その結果、残すものと持ち去るものの区別が、居住地とは異なることが観察された。また、必要なものでも、後の使用や他人の使用のために残していくものがあることも観察された。

　上記のことから、特定目的遺跡では機能と残留遺物が整合しないことと、居住地と特定目的遺跡では遺物が残されるコンテクストが異なるため、残留遺物が異なることがうかがえる。

　遺物と遺跡の性格が一致しないということは、考古学にとっては絶望的な報告であるが、遺物から遺跡の機能や性格を特定しようと言う視点は単純に過ぎると言う警鐘としておきたい。

第6節　石器分類体系の再編

　旧石器時代の石器については、石器の機能を特定できないため、本来は機能別分類は不可能である。また、旧石器時代の石器には機能と形態の不一致、機能転換、変形による機能と形態の変化（Frison 1968）と言った現象が指摘されている。したがって、客観的な分類としては、技術形態分類（赤澤・小田・山中 1980）が考えられるが、日本に定着することはなかった。そして、機能分類と形態分類が錯綜した分類体系を作ってきた。

　例えば、「ナイフ形石器」については、刺突具と考えられていたところに、剥片の縁辺が残っていることから「ナイフ」とした方が良いとの考えから、「ナイフ形石器」という呼称が付けられた。このことは提唱者自身によって語られている（芹沢 1986）。したがって、「ナイフ形石器」は、当初から機能と形態が同居した分類になっていたことになる。その後、剥片の縁辺に60度以上の角度で加工を施し、縁辺の一部を未加工で残した石器をすべて「ナイフ形石器」に分類し続けたため、縦長剥片の一端を切断するように加工した、刺突具とは考えられない石器まで「ナイフ形石器」に分類されることになり、「ナイフ形石器」の内容が多様化し続けた。そして、ついには「ナイフ形石器」とは一体何かが問われることになった（安斎 2007、2008、石器文化研究会 2011）。その結果、「ナイフ形石器」に多様な石器が含まれているため、実態が不明になっている現状が明らかにされた。

　本書では、実態が不明確になっている「ナイフ形石器」を使わず、概ね60度以上の縁辺加工によって背部を形成した尖頭形石器を背部加工尖頭形石器（佐藤宏 2007b）と言うことにする。

　さて、従来の石器分類は、統一基準による普遍的分類を目指したため、分類基準になる属性が最も明確に現れている石器を典型例、または標準として、あらゆる石器をどれかの器種に当てはめようとしてきた。そして、分類不可能な石器は「使用痕のある剥片」や「二次加工のある剥片」といった「その他の石器」として扱ってきた。しかし、多様な行動によって製作される石器の中で典型例とされる石器は、少数で特殊な存在であって、器種の代表とは言い難い。むしろ、資料の多くを占める一般的な存在の石器を正当に認識するための分類が必要であろう。

　近年、人間の行動を復元する視点から、従来の定点観測的な石器認識ではなく、石器のライフサイクル、あるいは器種としての消長を追跡する視点からの石器分類が提唱されている（佐藤宏 2007b、田村 2011 など）。そこには唯一無二の分類法はなく、研究方針に基づいた分類法が設定可能であることが示されている。そうかと言って分類法の乱立は厳に慎むべきだが、本書でも行動論を展開するための石器分類を設定する。

　分類の原則は階層分類（佐藤宏 2007b）で、ここでは打製石器の下位の階層で器種を分類する。本書の石器分類で重要なことは、剥片剥離技術の二極構造の中で、一般剥片剥離技術を基盤とする石器群の認識である。このような石器は、器種と言うよりも概念に近い分類として、台形様石器（佐藤宏 1988）や端部整形石器（田村 2001）が設定された。いずれも形態による分類ではなく、石器の運用や系譜上の分類であるため、石器分類に対する視点や発想を変えないと理解が困難である。磐田原台地でも台形様石器と思われる石器は、単独資料に近いものだが、匂坂中遺跡（鈴木忠 1994）と道東遺跡（木村 1992）で出土している。

第6節　石器分類体系の再編

　磐田原台地のAT下位の石器群については、一部で可能性を認める程度にしか認識できないが、台形様石器を認めるなら、その構造上の位置を置換した後出石器を抽出する必要がある。

　関東地方では、台形様石器の一部に切出形石器に酷似した形態が出現し、それが台形様石器消滅後も構造上の位置を継承して切出形石器に発展したと考えられている（佐藤宏1992）。

　詳しくは後述するが、台形様石器はいずれも一般剥片を使い、60度以上の急角度剥離と平坦剥離の両方を施しており、折れ面を未加工のまま残したものも見られる。剥片の打面と反対側の端部を調整しているため、台形に近い平面形になっているものもあるが、一般剥片を素材にしている以上、特定の形態が求められている石器ではない。多様な形態をとる一般剥片に急角度剥離、平坦剥離、折り取りといった多様な調整を行っていると言うことは、製作上の自由度が高く、特定の形態を形成することよりも、一部の縁辺を除去することに主眼が置かれていたと考えられる。剥片剥離技術の二極構造上、一般剥片剥離技術を基盤とする石器群は、このような製作自由度の高い石器、管理的な石器よりも便宜的な石器の製作を目的にしていたと考えられる。

　このように考えると、一般剥片の一部を切断した石器を台形様石器の構造上の位置を置換した石器に当てはめることができる。このような石器は、これまで「ナイフ形石器」に分類されてきた。しかし、刺突機能を想定できないため、本来は別器種に認定した方が良いものであったが、器種名を与えることができないため、「ナイフ形石器」に入れていたものである。

　刺突具とは考えられない以上、「ナイフ形石器」とは別系統の石器と考えるべきである。そこでまずは、剥片の一部を切り取った石器を切断石器として「ナイフ形石器」から分離し、背部加工尖頭形石器とは別器種とする。次に下位の階層で、縦長剥片の一端を切り取った石器を端部切断石器、不定形剥片の一端を切り取った石器を縁辺切断石器として設定する。これは素材剥片の違いから、二極構造上の位置が異なるから別系統と考える。そして、縁辺切断石器が台形様石器の構造上の位置を置換した石器と想定しておく。

　「角錐状石器」についても、角錐とは立体形の名称であるため、下位階層では三角錐や四角錐と言った分類が想定されるが、そのような分類に意味がない以上、「角錐状石器」という名称も本来は意味不明である。そこで、本書では角錐状石器を総称として用い、下位階層では、角錐状尖頭、複刃厚形削器、厚形石錐を設定する（森先2007、2010）。なお、磐田原台地では厚形石錐に該当するものはない。以上から本書では第5図の石器分類を設定する。

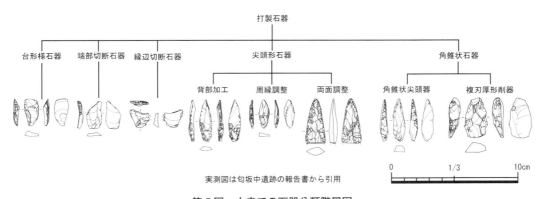

実測図は匂坂中遺跡の報告書から引用

第5図　本書での石器分類階層図

第7節　磐田原台地の古環境復元

1　植物相

　列島規模での植生は各種概説書に紹介されており、本書が扱う時期に該当する酸素同位体ステージ（以下、OISとする）2の時期では、始良火山の噴火により気候が寒冷・乾燥化し、植生が一変したとされている（杉山2010）。その後の最寒冷期、関東地方以西の太平洋岸では、チョウセンゴヨウ、カラマツ、トウヒ属バラモミ節と言った針葉樹とコナラ属などの落葉広葉樹が混在する温帯針・広混交林を主体として、スギ、コウヤマキ、クリなども存在したとされている。しかし、磐田原台地だけでなく静岡県全体は、現在でも比較的温暖な地域であるため、磐田原台地の旧石器時代植生は、列島規模を概観した植生とは多少異なっていた可能性がある。したがって、本書では磐田原台地の局地的な植生を知る必要がある。

　匂坂中遺跡で植物珪酸体分析（外山1996）と珪藻分析（村上1996）、高見丘Ⅰ・Ⅱ遺跡で炭化材の樹種同定、植物珪酸体分析、珪藻分析（古環境研究所2013）が行われており、その結果をまとめると下記のようになる。

（1）植物珪酸体分析

　AT検出レベル（暗色帯中部）では、検出された珪酸体の50％以上がメダケであることから、若干温暖な気候が想定されている。これは、列島規模ではササ属が優勢で寒冷な気候が想定される状況（近藤・佐瀬1986）とは異なっている。やはり、現在と同様、周辺地域に比べて温暖な気候だったことがうかがえる。

　AT検出レベルよりも上では、メダケが増加することから、温暖化の傾向がうかがえる。このことからも上記と同様に、この地域が、周囲に比べて温暖な気候であったことがうかがえる。ここで注意しておきたいことは、植物珪酸体分析では、AT検出レベルとそれより上位で分析結果が異なることから、出土レベルの違いによって、石器群にも時期差があると考えられるかもしれない。しかし、現状では、出土レベルの違いで石器群の時期を分けることはできないと言うのが共通認識である。したがって、植物珪酸体分析の結果が層によって異なっているからと言って、時期による気候変動を示しているとは限らない。

（2）珪藻分析

　珪藻は、丘陵上では検出されなかったことから、ブロックや礫群などが残されている丘陵上では、乾燥した環境を想定できる。これに対して、丘陵を仕切るように発達した浅い谷からは、湿地帯に見られる珪藻や有殻アメーバの殻、淡水生の珪藻が検出されたことから、浅い谷には常時の流水は考えられないが、通常は湿地帯で、降雨時には流水があったと推定されている（村上1996、古環境研究所2013）。

（3）炭化材樹種同定

　トウヒ属カラマツ、マツ属複維管束亜属、針葉樹、クマシデ、クリ－コナラ属、コナラ属コナラ節、広葉樹、トガサワラ、クマシデ属イヌシデ節、ブナ科が同定された。このように、冷温帯から亜寒帯性、あるいは高山性の樹種が主体で、マツ属複維管束亜属といった温帯性常緑針葉

樹も見られる。また、トガサワラは温帯上部に分布する常緑針葉樹で、現在は紀伊半島や四国の深山と言った一部地域に見られる（以上、古環境研究所 2013）。

　上記の植生はいずれも、現在の磐田原台地とその周辺では見られない植物である。このように、炭化材樹種同定の結果は、OIS2 の時期における列島規模の植生とほぼ一致するが、広葉樹やトガサワラと言った常緑樹も見られることから、やはり、周辺地域より温暖な気候であったことがうかがえる。

　参考までにマツ属複維管束亜属 2 点からは、放射性炭素年代で下記のデータが得られている（古環境研究所 2013）。

　　25,080 ± 90 B.P.

　　25,360 ± 180 B.P.

以上から、亜寒帯性の針葉樹に温帯性常緑樹が混じる疎林が広がっていた環境を復元できる。

2　動物相

　旧石器時代における列島規模の動物相については、最新のデータが示されている（河村・亀井・樽野 1989、河村 2010）が、ここでも磐田原台地周辺での局地的な動物相を復元する。

　浜松市北部に分布する石灰岩地帯に堆積している只木層や岩水寺層からは、旧石器時代、縄文時代の人骨と共に、更新世の動物化石が産出している（鎮西 1966、高井・長谷川 1966）。また、浜松市引佐町の谷下裂罅堆積物からも、更新世の脊椎動物化石が産出している（河村・松橋 1989、野島 2002）。谷下裂罅堆積物は上部堆積物と下部堆積物に分けられ、上部堆積物の時期は、栃木県に分布する上部葛生層と同時期で、OIS2 もしくは OIS4 と報告されている。参考までに、上部葛生層は更新世後期とされている（長谷川・奥村・立川 2009）。ただ、谷下裂罅堆積物の上部堆積物からは、イノシシ（*Sus leucomystax*）の犬歯が 1 点報告されていることに注意したい。

　もう 1 つ注意しておきたいことは、只木層とされた地層である。更新世の動物化石と共に「三ケ日原人」と称された人骨が産出した層で、報告（鎮西 1966）では「洪積世後期」とされているが、別の報告（渡辺・遠藤・尾本 1962）では、人骨と同じ包含層内で、しかも人骨に隣接して「土器片 1（押型文）」が出土したと明記されている。当時は「縄文早期土器片は後の混入」（鈴木尚 1962）とされ、問題にはされなかったが、後年、この人骨を直接年代測定し、最終的には完新世初頭と判断された（Matsu'ura,Kondo 2001）。また、さらに別の報告（高井 1962）では動物化石の中に「イノシシ（*Sus leucomystax*）」が報告されている。以上を考え合わせると、絶滅種を含んだ更新世の動物化石を多産したとは言え、縄文時代の人骨、土器、イノシシの化石を含んでいることから、この層が本来の只木層であったのか、あるいは只木層だとしたら、その年代が問われることに注意しておきたい。

　同じく人骨を産出した岩水寺層は、後年の人骨年代測定（Kondo,Matsu'ura 2005）でも旧石器時代の人骨と判定されたように、更新世の地層と考えて良い。

　ところで、旧石器時代のイノシシについては、神奈川県吉岡遺跡群 C 区、相模野ローム層 B2L 層の礫群中でニホンイノシシ（*Sus scrofa leucomystax*）の歯が発見された例がある（パリノサーベイ・金子 1999）。また、岡山県新見市の NT 洞穴では、40 万〜50 万年前の堆積物からライデッカーイノシシ（*Sus lydekkari*）が産出しており、現生イノシシに近い種であることが報告された

（Fujita,Kawamura 2000）ことから、旧石器時代に、現生イノシシかそれに近い種が生息していた可能性は考えて良いかもしれない。

さて、上記であげた浜松市北部の石灰岩地帯からは下記の動物化石が産出している。

只木層：オオカミ、ヒョウ、オオツノシカ、ニホンジカ、イノシシ（*Sus leucomystax*）、アオモリゾウ

岩水寺層：ヒョウ、クズウアナグマ、シカ（ニホンジカ？）

谷下裂罅堆積物：ニホンザル、オオカミ、タヌキ、ヒグマ、イタチ、ニホンムカシアナグマ、クズウテン、ニホンムカシジカ、オオツノシカ、ナウマンゾウ、トラ

全体を通してみると森林に生息する種と草原に生息する種の割合が拮抗している。この割合から、森林の丘陵を背景とした草原台地といった環境が復元される（野島 2002）。

植物相からは、磐田原台地には疎林が広がっていたと推定できたことから、この台地にも、上記のような動物が生息していたと考えて良いであろう。

なお、参考までに、谷下裂罅堆積物で産出したシカの化石から 18,040 ± 990 B.P. の年代が得られている（河村・松橋 1989）。

3　石材環境

石器に使われている石材は、シルト岩、細粒凝灰岩、硬質砂岩、チャートが主体で、特にシルト岩、細粒凝灰岩、硬質砂岩が多く、原色は黒色〜黒灰色だが、風化すると白くなる特徴がある。他にはオパール、メノウ、流紋岩、松脂岩、黒曜石、安山岩などが見られる（鈴木忠・竹内 1996）。

主要石材の堆積岩は、台地の西側を流れる天竜川で採集でき、その原産地は、台地の北に分布する古生代〜中生代堆積岩（第6図）とされている（伊藤通 1996）。

ごくわずかに搬入されている黒曜石は長野県産が主体で、さらにごくわずかに、伊豆半島の黒曜石も含まれている（富樫 1998、竹内・渡邊 2013）。安山岩の産地は特定されていないが、岐阜県下呂市に産地がある通称「下呂石」に似たものがある。オパールとメノウの原産地は特定されていない。松脂岩は、天竜川では採集された例がない（鈴木忠・竹内 1996、富樫 1997）。

ここで、周辺地域を含めた石材に関する地質環境を示す（第6図）。天竜川は古生代〜中生代の堆積岩地帯を流れず、その西側にある花崗岩、変成岩地帯を流れているため、天竜川が直接堆積岩を運んでくることはない。この堆積岩を運んでくるのは、この堆積岩地帯を流れる気田川で、これが天竜川に合流しているため、天竜川に堆積岩が流れ込んでいる。筆者による踏査でも、古生代〜中生代堆積岩は天竜川と気田川の合流地点よりも下流では採集できるが、これより上流ではほとんど採集できなかった（富樫 1997）。

台地の東側を流れる太田川は、上記の堆積岩地帯から流れてくるため、堆積岩を採集できる。この川は花崗岩、変成岩地帯を流れないため、河床礫は古生代〜中生代堆積岩が主体だが、石器石材として適当なものは河床礫中 10％に満たない（富樫 1997）。

少量ながら使用されている流紋岩は、愛知県設楽郡に分布する第三紀火山岩地帯が原産地である（伊藤通 1996）。これも大千瀬川が運んでくるもので、天竜川との合流地点より下流で採集できる。石材としての質は、先述の堆積岩に比べるとやや劣る。

ごくわずかに搬入されている黒曜石は、長野県諏訪湖の東にある第四紀火山岩が原産地である。

第7節　磐田原台地の古環境復元

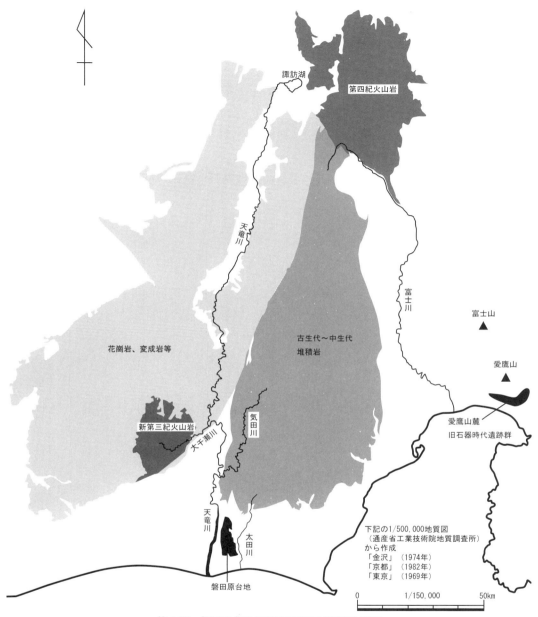

第6図　磐田原台地周辺の石器石材関連地質図

天竜川をさかのぼって行けば、この黒曜石原産地に至るが、その歩行距離は150kmを超える。また、気田川との合流地点よりも上流は花崗岩、変成岩地帯になるため、石器石材はほとんど採集できない。したがって、黒曜石原産地に至るには数十kmにわたる石材欠乏地帯を通過することになる。

このように、磐田原台地で主要石材になっている堆積岩は、近隣を流れる天竜川や太田川で採集できるが、石器石材として適当な質のものは、河床礫中1％程度に限られる。なお、磐田原台地の基盤になっている礫層にも、かつて天竜川が運んできた堆積岩が含まれているが、いずれも風化が進んでいて、石器製作には使えない。

第1章　研究史と本書の目的

4　磐田原台地の地形発達史

　地形の概要は明らかにされており（加藤1979）、下記のように解説されている。

　磐田原台地は、天竜川が作った平野面が台地面として残った河成段丘で、北端の標高130mから南に向かって、約1.1％の勾配で下っているとされている。台地面は平坦ではなく、多数の南北方向の谷によって刻み込まれ、凹凸が多い。南北方向の谷が多いため、東西方向に台地を横断すると上り下りが激しいが、南北方向では、比較的緩やかな傾斜が続いている。台地面を詳細に見ると、高低差1〜2m程の浅い谷が多数あり、谷を下方にたどっていくと次第に深くなり、大きな谷につながっていく。このような浅い谷は、雨水が削り込んだものと考えられ、これらがいくつも合流して次第に大きな川になっていくと考えられる。

　磐田原台地の地形はこのようの説明されているが、その形成史を考えるには、土地の隆起や

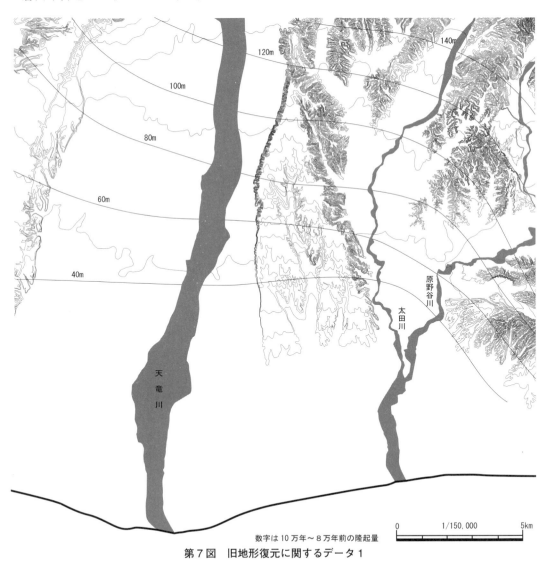

第7図　旧地形復元に関するデータ1

沈降と言った地形変動も考慮する必要があるため、その後の研究成果（国立防災科学技術センター 1973、東海地方第四紀研究グループ 1969、国土地理院 1977、加藤 1980、鈴木香 1993、核燃料リサイクル開発機構 1999）も含めて改めて検討する。

　12万年前〜13万年前の海進期、古天竜川の土砂運搬が活発化し、礫層が堆積し、磐田原台地の基盤となる磐田原礫層が堆積した（加藤 1979、鈴木香 1993）。これが磐田原礫層を下末吉面に比定する根拠になっている（東海地方第四紀研究グループ 1969）。

　10万年前〜8万年前、現在判明している所では、静岡県中部〜愛知県東部の渥美半島付近で土地が隆起した（国土地理院 1977）。隆起量は山間部が多く、海岸付近が少ない（第7図）。この間、天竜川、太田川、原野谷川と言った河川流域は、隆起よりも下刻作用の方が大きかったため、下刻谷が発達し、下刻作用の及ばない台地面が丘陵として残った。そして、下刻作用の強かった天竜川沿いには、急崖が形成され、下刻作用の弱かった太田川沿いは、西端に比べると、やや緩やかな傾斜が形成された。台地西端が急崖であるのに対して、台地東側は比較的緩やかな傾斜になると言う、現地形の基本は、この時形成されたと考えられている。

　磐田原礫層の上には、細粒堆積物からなる複数の地層が堆積しており、これらの地層の上部に旧石器時代の遺物が含まれている。旧石器時代の遺物包含層は、礫を含まないことや、旧地表面の植物が土壌化した暗色帯を含んでいることから、水成堆積物の可能性は低いと考えられている。また、天竜川河床の砂と鉱物組成が酷似していることや、旧石器時代の遺物包含層は、台地西側では比較的厚く堆積しているのに対して、台地東側に行く程薄くなっていくことから、現在「遠州の空っ風」と呼ばれる西からの季節風によって、天竜川方面から巻き上げられた砂が堆積したものと考えられている。そして、台地東西における堆積状況の違いが、旧石器時代の遺跡が台地西側に集中している原因と言われている（加藤 1980、山﨑 1993）。

　台地東西での地層の厚さの違いは、台地東西での地形の違いにも表れている。台地西側では等高線が緩やかなのに対して、台地東側では等高線が入り組んだ複雑な地形になっている（第7図）。その原因は、台地西側では、表層と磐田原礫層の間の地層が厚いのに対して、台地東側では、表層と磐田原礫層の間の地層が薄いため、台地東側では、旧地形が現在の等高線に現れているからと考えられる。このことから、厳密には台地東西で、地形面の時期が異なる可能性があるが、磐田原礫層の上に堆積した地層の、台地東西での連続性と地層の対比が明らかになっていないため、現状ではこれ以上の検討はできない（加藤 1980）。ただ、台地西側の旧地形も、台地東側と同様に浅い谷と微高地が入り組んだ複雑な地形であったことは、これまでの発掘調査で明らかにされている。また、台地上には複数の湧水地点が知られており、その湧水が浅い谷を形成し、これらが合流して大きな谷が形成されたと考えられている（加藤 1980）。そして発掘調査によって、この浅い谷に面した丘陵上に遺跡が立地することが確認されている。なお、台地東側で旧石器時代の遺跡が少ない原因について、台地東側では浅い谷が少ないことが指摘されている（加藤 1980）。しかし、加藤氏自身が作成した浅い谷の分布図（加藤 1979）には、台地東側にも多くの浅い谷が記載されていることから、図と説明が合っていない。

　磐田原台地の上面は、現在も平均0mm／年〜1.2mm／年の速度で隆起が続いている（国土地理院 1977）。これに対して、台地上の表層浸食も同様の速度で続いている（核燃料リサイクル開発機構 1999）。そのため、結果的に台地面の標高は安定している（国立防災科学技術センター 1973）。

5　磐田原台地周辺の旧地形復元

　磐田原台地の周辺、現在の平野部には沖積層が厚く堆積している。特に台地西側の天竜川平野は、天竜川が運んできた土砂によって、台地東側では太田川が運んできた土砂によって、それぞれ非常に厚い沖積層が形成されている。したがって、沖積層がなかった旧石器時代には、現在とかなり異なる地形が広がっていたことは明らかである。台地上だけではなく、台地周辺も含めた行動論を検討するには、沖積層を除去した旧地形を復元することが重要になる。

　そこで、これまでに公表されている地質学やボーリング調査などのデータから、沖積層を取り除いた旧地形の復元を試みる。その前に、現在の地形と遺跡の分布を確認しておく。現在の地形図は、第1図と第9図に示したとおりである。

　磐田原台地は南北の長さが11km、東西の幅は台地北端で2km、台地南端で5kmの細長い二等辺三角形に近い形である。台地西縁は天竜川によって台地が削り取られ、高さ数十mの崖が続いている。台地東縁は、太田川の浸食が顕著でなかったと見られ、西縁に比べれば地形の傾斜はなだらかだが、地表水による浸食が進んだと思われ、等高線が入り組んだ複雑な地形になっている。台地の中央には、台地を分断するように南北方向の谷が入っている。現在の台地南端は、沖積層の下に潜り込んでいる。

　旧石器時代の遺跡は台地の西半に集中しており、台地西縁に沿って分布している。これに対して台地の東半では、遺跡が非常に少ない。その原因は、旧石器時代の包含層が発達していないことから、本来存在していた遺跡が失われたためと考えられている（加藤1980、山﨑1993）。しかし、台地東半にも西半同様に遺跡が分布していたなら、これまでに相当な表面採集の記録があって良いはずだが、それもないことから、台地の東半にはもともと遺跡が形成されず、旧石器時代の日常行動範囲は台地の西半に限られていたと考えた方が良いであろう。

　次に、沖積層を除去した地形を復元するために、段階を追って作業を進める。

　磐田原台地周辺に堆積している沖積層は、天竜川河口付近では100m以上に及ぶとの研究成果（池田1964、Kobayashi 1963）があるため、沖積層を除去した旧地形の復元は容易ではない。そこで、地質学の研究成果（池田1964、Kobayashi 1963、門村1971、静岡県1984、芝野ほか1988など）とボーリング調査のデータなどを活用し、できる限りの旧地形の復元を試みる。ボーリング調査のデータは静岡県の公共工事に伴うもので、静岡県のホームページにリンクしている「静岡県統合基盤地図情報システム」（2016年3月現在）で公開されている。

（1）台地西側（天竜川平野）の旧地形復元

　天竜川平野の縦断面図はいくつか公開されている（池田1964、門村1971）。ここでは最も詳細に復元されている資料（門村1971）から縦断面図を作成した（第8図、断面位置は第9図）。

　天竜川平野の地下には、かつて地表に露出して風化を受けた面があり、埋没扇状地面と考えられている（門村1971、芝野ほか1988）。この扇状地面は、浜北面と連続することが判明していることから、その形成時期は後氷期海進時と推定されている（門村1971）。この埋没扇状地面を形成する砂礫層の形成時期は明確ではないが、これより深い所では埋没面が見つかっていないことから、この砂礫層の下面が沖積層の基底と考えられている（門村1971）。本書では、この沖積層基底面を旧石器時代の地表面と想定して、これよりも上の地層を除去した地形を復元する。

第7節　磐田原台地の古環境復元

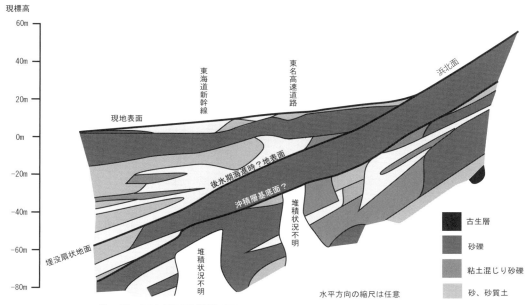

第8図　天竜川平野縦断面図（門村1971から作成、断面位置は第9図参照）

　天竜川平野の北部、天竜川が平野部に流入する部分では、埋没扇状地が地表面に現れており、この面が浜北面と呼ばれている（第8図、第9図）。この辺りでは沖積層が薄いため、旧石器時代と現在で地形の変化が少ないと想定し、この浜北面から南に向かって沖積層の厚さを推定し、旧石器時代の地表面の標高を推定する。

　浜北面の南、浜松市貴布根（第9図-1）では、標高-3mで更新層が検出されている。浜松市笠井町（第9図-2）では標高-5mで更新層が検出されている（以上、池田1964）。さらに南下した浜松市市野（第9図-3、4）では、静岡県のボーリング調査で標高-12m〜13mで更新層が検出されている。ここまでは、現地表面からあまり深くないレベルで更新層が確認されていることと、更新世確認面のレベル差が小さいことから、この辺りでは比較的緩い傾斜が続いていたと思われる。これに対して、浜松市中野（第9図-5）では、標高-45mで更新層が検出されていることから、第9図-3、4から南に向かって旧地表面が急傾斜になっていると想定される。この傾斜はそのまま南に続いているようで、浜松市青屋（第9図-6）では標高-65mで更新層が検出されている（池田1964）。

　さらに南下すると現在の海岸線に至るが、天竜川の河口付近、磐田市袖浦（第9図-7）では標高-100mまで掘削しても更新層には到達しなかったとのデータがある（池田1964）。これ以外にも、海岸線付近で静岡県によるボーリング調査が行われているが、更新層を確認した例はない。したがって、天竜川平野南端での沖積層の厚さはわからないことになる。そこで、ここでは第9図-7での更新層上面を標高-100mと仮定しておく。

　以上から、いくつかの仮定を含んだ推定ではあるが、天竜川平野の沖積層を除去した旧地形は、平野の北半では比較的緩やかな南斜面であったが、南半になると急激に傾斜がきつくなる地形であったと考えられる。台地西縁は垂直に近い急崖になっているが、沖積層下でも垂直な崖が延々と続いていることが明らかになっている（静岡県1984）。

第1章 研究史と本書の目的

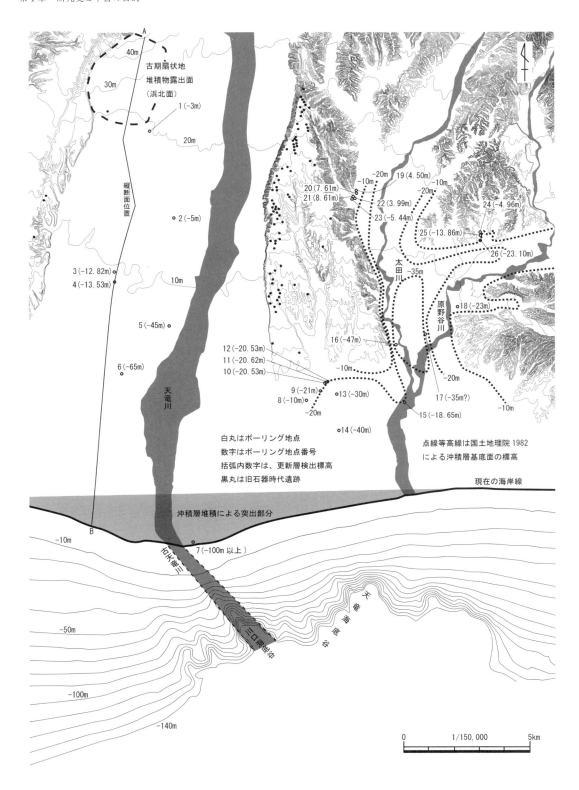

第9図 旧地形復元に関するデータ2

第7節　磐田原台地の古環境復元

（2）台地南側の旧地形復元

磐田原台地南側の旧地形復元は、沖積層下に潜り込んだ台地面を追跡することになる。これについては、2つの手がかりがある。1つ目は、台地の傾斜と現在の海底の傾斜がほぼ同じ傾斜になっていること（池田1964、芝野ほか1988）。2つ目は、静岡県によるボーリング調査で、下記の地点で更新層を確認していことである。

第9図－8：標高－10m

第9図－9〜12、15：標高－20m 程度

第9図－13：標高－30m

第9図－14：標高－40m

海岸付近では更新層を確認した例はないが、台地面の傾斜がそのまま現在の海底傾斜面に続いてと考えると、現在の海岸線のあたりでは、標高－70m 付近に台地面が来るため、台地南側でも海岸付近では、標高－70m 付近に台地面があると想定する。

ただし、静岡県による地質調査（静岡県1984）では、現在の台地南端が沖積層下に没した後、現在の海岸線に向かって、急傾斜になっているとのデータがある。しかし、この調査では、台地南端を地表下－40m までは追跡しているが、その先のデータがないため、現在の海岸線付近での台地上面の標高は不明である。

したがって、ここでは現在の海岸線付近の台地上面の標高を－70m と推定しておく。

（3）台地東側の旧地形復元

台地の東側では、ボーリングデータが偏在しているため、軟弱地盤の調査結果（国土地理院1982）を参考にする。これには、沖積層の厚さを等厚線で示した図が示されており、ここから沖積層基底面（更新層上面）の等高線を復元することができる（第9図の点線の等高線）。

第9図－16、17では、更新層を確認したとは明記されていない（池田1964）が、更新層と思われる硬く締まった礫層が確認されており、この確認面の標高が、沖積層基底面の標高（国土地理院1982）と近いため、この礫層検出面をを更新層上面と想定しておく。

（4）海底地形と沖積層堆積による突出部分

天竜川の河口を中心に海岸線が海側に突出している（第9図）。これは天竜川が運んだ土砂が堆積して海岸線が突出していると考えられる（芝野ほか1988）。そのため、旧石器時代にはこの突出はなかったものと考える。

天竜川の河口沖、遠州灘の海底地形は、地震予知や海底の地形変動などの研究によって詳細が明らかにされている（岩渕ほか1991、海上保安部水路部1992、2003）。

天竜川の河口付近で流路が東向きになっていることに注目したい（第9図）。遠州灘の海底には複数の海底谷が知られており、天竜川から海に流出した土砂が、これらの海底谷を伝わって天竜海底谷に流れ込み、四国沖の南海トラフまで流れていることが知られている。これらの海底谷の中で、川口海底谷が現在の天竜川の延長上にあることから、本書では川口海底谷を古天竜川の痕跡と考えておく。

以上、海岸付近での更新層上面の標高など、いくつかの仮定を含んでいるが、現在公表されているデータを活用して旧石器時代の地形を復元したのが第10図である。丘陵部や山地は現在と変わらない地形と考えられるが、現在の平野部、特に天竜川平野はかなりの傾斜地になっている。

35

第1章　研究史と本書の目的

そして、磐田原台地の西端は、現在と同様の高さ数十mの崖がずっと続いていることがわかる。また、台地の南側は現在の台地面の傾斜がそのまま続いている。

　台地の東側も太田川が切り込んだ谷があるが、天竜川に比べると流量が少ないためか、台地の西側に比べると地形の傾斜は緩やかである。

　本来であれば、海底に堆積した沖積層と思われる土砂も除去した地形を復元しなければならないが、現状では不可能である。

　以上の検討を基盤として次章以降、磐田原台地で出土した石器群の再検討から始める。

第10図　旧石器時代の地形復元図（標高は現標高）

第2章　主要石器群の再検討と問題点の抽出

第1節　寺谷遺跡における2つの集落

　寺谷遺跡（鈴木忠1980）の調査では、調査面積は400㎡弱と決して広くはないが、濃密な石器の分布を検出した（第11図）。整理作業ではこれらを区分、統合して、ブロック、ブロック群、ユニットと言ったレベルの異なる単位を設定した。その過程は報告書に克明に記載されているが、改めて概観する。

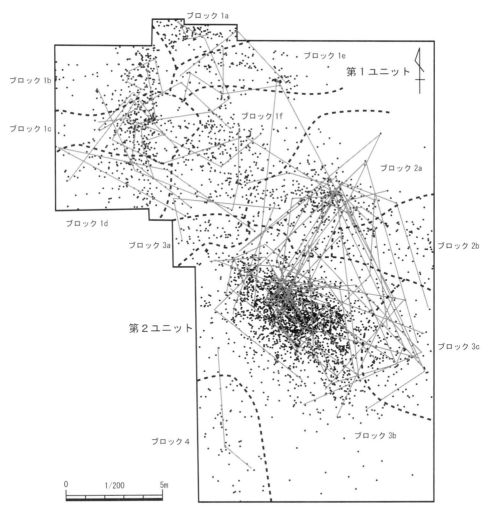

第11図　寺谷遺跡の遺物分布図

第2章　主要石器群の再検討と問題点の抽出

1　寺谷遺跡における石器群単位の設定

　寺谷遺跡で検出したブロックは濃密のため、いくつの単位に分けられるかが課題となった。そこでまず、調査区内に50cm四方のグリッドを設定し、その中での石器の出土点数から、石器の等量線図を作成した。次に等量線図を基に、石器の分布密度から4箇所の石器集中域を抽出し、これをブロック1〜4とした。次に25cm四方のグリッドを設定し、各グリッドでの石器分布密度から、各ブロックを下記の通り細分した。

　　ブロック1：ブロック1a〜ブロック1f
　　ブロック2：ブロック2a、ブロック2b
　　ブロック3：ブロック3a〜ブロック3c
　　ブロック4：細分せず

　この後、石器の個体別分類により、単独個体を除く126個体を認識し、接合作業を行った。接合関係では、調査区の中央付近で濃密な接合関係が認められ、同時に調査区の北西部分に、弱いながらもまとまった接合関係が認められた（第11図接合線）。

　個体別資料の分布では、主要な個体の分布を詳細に検討し、ブロック間での個体の共有関係に接合関係を加味し、ブロック間の「近縁性」を検討した、そして、接合資料と同様に、調査区の中央付近にまとまる一群と調査区の北西部分にまとまる一群が認められたことから、ブロックを下記の通り統合した。

　　第1ユニット：ブロック1
　　第2ユニット：ブロック2、ブロック3、ブロック4

　このように、ブロックの細分と統合によって、2つの単位を抽出し、これが旧石器時代の集落に対応するとして、2つの集落が並存していたと考えた。そして、磐田原台地内で移動と回帰を繰り返す中で、寺谷遺跡に2箇所の回帰場所が作られ、そこに石器や礫群、配石が累積して寺谷遺跡が形成されたと結論付けた。

　個体別分類と接合作業による旧石器時代遺跡の資料整理、研究の方法を確立させた点で、寺谷遺跡の学史的評価は今後も変わることはない。その一方で、ブロックの形成過程や石器の工程別異所製作（野口1995など）が明らかになっている現在、行動論の視点から遺跡の形成過程や遺跡の性格が検討されるようになっている。一遺跡での定点観測的な検討から、遺跡をまたいだ追跡観測的な検討への移行と言って良い。このような研究の新展開によって、寺谷遺跡が報告された1980年と現在では、資料解釈の方法がかなり変わってきている。

　磐田原台地におけるその後の発掘調査でも、寺谷遺跡に匹敵する石器の分布密度を示した遺跡は少ない。その点で、今なお磐田原台地での主要遺跡の1つであることは間違いない。したがって、磐田原台地における旧石器時代の行動論を展開するためには、寺谷遺跡の行動論的検討と解釈は不可避である。現代の観点から寺谷遺跡の集落論を再検討した場合、従来とは異なる解釈、新しい解釈が生まれることは間違いないであろう。

　本節では、石器製作工程の展開から寺谷遺跡の形成過程を改めて復元し、行動論的視点から寺谷遺跡の解釈を試みる。そして、寺谷遺跡の拠点的性格を検討する後章での展開につなげる。

38

2　寺谷遺跡における集落復元の再検討

　寺谷遺跡では、接合関係や個体別資料の分布から、2箇所のまとまりとして第1ユニットと第2ユニットを抽出している。このことは視覚的にも確認できる（第11図）。しかし、両ユニットは相互に独立している訳ではない。接合資料、個体別資料ともに両ユニットで共有しているものがある（第11図接合線）。ここで重要になってくるのが、両ユニットの境界付近にあるブロック1fである。ブロック区分の問題については後述することにして、ここでのブロック区分は報告書の記載に従っておく。

　点数が10点以上の個体別資料のうち、ブロック1fにある個体と分布ブロックを列記する。黒字がユニット1、薄字がユニット2のブロックである。

　個体N2：1b　1c　1d　1f

　個体N3：1b　1c　1d　1f

　個体N13：1b　1c　1d　1f

　個体N15：1b　1c　1d　1f

　個体N17：1b　1c　1d　1e　1f

　個体N19：1a　1b　1c　1e　1f　2b

　個体N23：1a　1e　1f

　個体N35：1b　1c　1d　1f　2a

　個体N36：1c　1d　1f　2a　3a

　個体N37：1a　1b　1c　1d　1f

　個体N38：1c　1f　2a

　個体N48：1a　1c　1d　1f　2a　3a　3b

　個体N49：1f　2a　3b　4

　個体S31：1f　2a　2b　3b　3c

　個体S39：1f　2a　3b　3c

　個体S40：1b　1f　2a　2b　3b

　個体S48：1f　2a　2b　3b　3c

　個体S62：1f　2a　2b　3b　3c　4

　個体S64：1e　1f　3a　3b

　このように、ブロック1fに分布する個体はユニット1とユニット2の両方にまたがるように分布していることから、ブロック1fはユニット1とユニット2を連結するブロックになっていると想定される。報告書でも、石器群の二分を試みる中で、ブロック1fが各ブロックと共有する個体が多いことから、その扱いに苦慮したことがうかがえる。最終的には、ブロック1fがブロック1b、1c、1d、1eとの間に複数の接合関係が認められることから、ユニット1に帰属させている。しかしこの時、ブロック1fが、ユニット2のブロック2a、3aとの間に複数の接合関係があることにはほとんど言及されていない。ブロック1fがなければ、寺谷遺跡のブロック群は、ユニット1とユニット2に見事に分かれる訳だが、両者の間にブロック1fが存在し、ユニット1とユニット2を連結しているのが実態と思われる。

第 2 章　主要石器群の再検討と問題点の抽出

　このように、ユニット 1 とユニット 2 の区分の妥当性についiについては、再検討の余地があると思われる。同時に報告書では、ユニット 1 とユニット 2 は等質な内容としているが、明らかに規模が違うことから、両ユニットには、石器群としてのレベル差が想定される。このことからも、寺谷遺跡でのユニット区分は再検討の余地があると思われる。

3　寺谷遺跡の形成過程

　寺谷遺跡の評価を再検討するには、報告書の内容を見直すことも必要だが、報告書の記載にとらわれずに、客観的な視点で再検討することとして、ゼロベースから事実を再構築する。そして、ブロックの構築順を復元して、寺谷遺跡の形成過程を検討する。

（1）原石搬入地点の特定

　遺跡に搬入されるものは原石、石核、剥片、完成品の組み合わせであると想定される。石器製作工程の点では、原石の搬入が最初であり、原石の搬入地点は、規模の大きな遺跡に限定されることが指摘されている（野口 1995）。これを遺跡内のブロック構成に応用すると、特に石器の数が多いブロックが、原石の搬入地点になっていることが指摘されている（富樫 2008）。そこで、寺谷遺跡での原石搬入地点を検討して、最初に形成されたブロックを特定する。

　寺谷遺跡では、下記のように剥片剥離過程を類型化している。

　A　類：原石搬入〜剥片剥離〜石核廃棄の全工程が認められる。

　Ba 類：原石搬入〜剥片剥離〜石核搬出の工程が認められる。

　Bb 類：石核搬入〜剥片剥離〜石核搬出の工程が認められる。

　Bc 類：石核搬入〜剥片剥離〜石核廃棄の工程が認められる。

　原石の搬入地点を特定するには、上記類型の中で、原石の状態で搬入された可能性がある A 類と Ba 類の出土地点を特定することになる（第 12 図）。類型 A、類型 Ba 共に調査区の中央付近と北西付近に集中している。このことは、調査区内に 2 つの集落が存在したと言う報告書の記載を裏付けることになる。そこで、各個体の内容を検討する。

　調査区中央付近の特に石器の濃密な部分には、A 類 4 個体、Ba 類 2 個体が分布している。これらのうち、A 類 4 個体の状態を列記する。

　個体 S62：原石、もしくは分割礫に近い状態まで接合（第 12 図）

　個体 S31：分割礫に近い状態まで接合（第 12 図）

　個体 S41：分割礫に近い状態まで接合

　個体 S49：分割礫に近い状態まで接合

　また、報告書で Bb 類に分類された個体 S24 も分割礫に近い状態にまで接合されており、調査区中央付近の石器濃密域に分布している。上記から、調査区中央の石器が濃密な部分には原石、もしくは分割礫の状態で搬入された個体が複数あることがわかる。

　調査区の北西付近には A 類 3 個体、Ba 類 1 個体が分布している。これらの状態を列記する。

　個体 N3（A 類）：分割礫の状態で出土（第 12 図）

　個体 N7（A 類）：整形した石核の状態まで接合（自然面除去〜打面形成は寺谷遺跡外）。

　個体 N29（Ba 類）：点数は 42 点と多いが、剥片同士の接合が 3 例あるのみ。原石搬入を示唆する資料はない。

第1節 寺谷遺跡における2つの集落

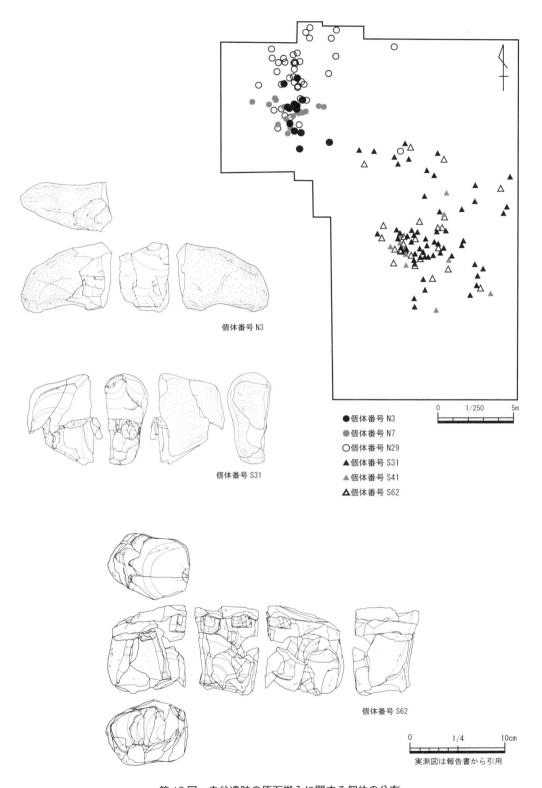

第12図 寺谷遺跡の原石搬入に関する個体の分布

このように、調査区北西付近の石器集中部では、原石、もしくは分割礫の状態で搬入された個体は1個体だけで、その他のA類、Ba類とされた資料は、剥片剥離は行っているものの、寺谷遺跡以外の場所で製作した石核を搬入している可能性が高い。

上記の検討から、報告書でユニット1とユニット2とした部分では、石器製作工程が異なっており、ユニット2の方が、原石、もしくは分割礫を搬入している点で石器製作工程が先行していると考えられる。そして、ユニット1は、原石搬入地点で整形した石核を搬入して、工程の続きを行っていると考えられる。

したがって、原石を搬入して最初にブロック形成が始まったのは、調査区中央付近の石器が濃密な部分と考えられる。そうすると、調査区内に2つの等質な集落が存在したと言う、報告書の解釈とは別の解釈が可能となる。調査区中央付近の石器の濃密な部分、報告書でユニット2とされた部分が、石器製作工程で最も先行していることになる。

ただし、ここまでの検討では、調査区中央の濃密なブロックが最初に形成されたことを指摘しただけである。したがって、時間差や石器製作の工程差を持ちながらも、2つの等質な集落が形成された可能性は、まだ残されている。この可能性の妥当性を再検討するには、原石の搬入に続く石器製作工程を追跡しながら、寺谷遺跡の形成過程をさらに検討することになる。それは石核搬入地点の特定である。

(2) 石核搬入地点の特定

原石搬入後の石器製作工程は、石核の搬入と剥片剥離である。この工程が行われた場所を特定するには、調整済の石核を搬入した場所を特定することになる。従来の研究では、石器点数が破格に多い大規模遺跡に次ぐ、中規模遺跡が石核搬入地点に対応するとされている（野口1995）。この考えをブロックに適用すると、特に石器の点数の多い大規模ブロックに次ぐ、中規模のブロックが、調整済石核の搬入地点にあたるとの展望が示されている（富樫2008）。

調査区中央付近の石器の濃密な部分で出土した石核と、その周辺で出土した石核を比較するために、石核の出土位置を示す（第13図）。1〜3はユニット1とされた部分で出土した石核、4〜9はユニット2とされた部分で出土した石核である。

石核の出土点数を比較すると、ユニット1では19点、ユニット2では40点で、ユニット2の方が、圧倒的に石核が多いことを指摘できる。ユニット1は、元々石核の搬入数が少なかったか、石核の搬入数が多かったとしたら、搬出した石核が多かったことになる。接合資料の数を比較すると、ユニット1の方が接合資料の数が少ないことから、ユニット1では、ユニット2に比べると剥片剥離が活発ではなかったと考えられ、元々石核の搬入数も少なかったと思われる。

剥片剥離の進行状況を見ると、ユニット1で出土した石核（1〜3）は剥片剥離が進行した状態で出土している。これに対してユニット2で出土した石核（4〜9）は、自然面の部分が多く残り、石核の厚みも残っていることを指摘できる。石核を含む接合資料でも、一例（第12図個体番号S62）を示したように、原石、もしくは分割礫に近い状態に戻るものは、ユニット2に集中している。したがって、ユニット1と2で石核の状態を比較すると、ユニット1の方が剥片剥離が進んだ状態と言うことができる。ユニット1では、原石や分割礫を搬入した痕跡が乏しいことも考えると、ここで行われた剥片剥離は、搬入した石核から行われたと考えられる。石核を搬入した当初は剥片剥離の初期段階だったかもしれないが、ここに残された石核は、剥片剥離が進行した状態であ

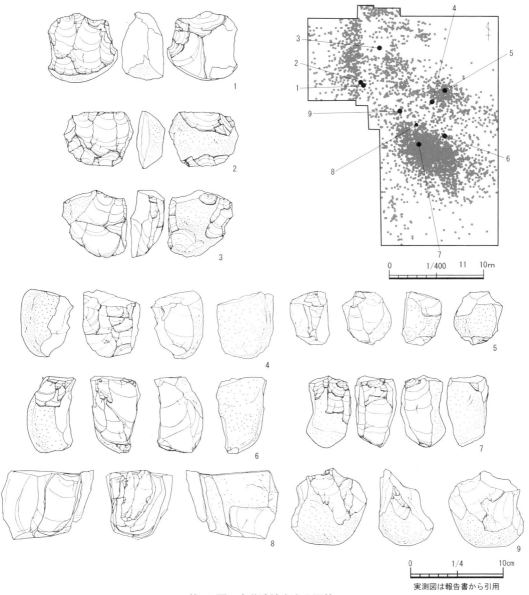

第13図　寺谷遺跡出土の石核

る。剥片剥離途中で搬出した石核の存在も想定すると、ユニット1の形成過程は次のように考えられる。

　調整済の石核を搬入して剥片を剥離し、石核を残すか、搬出して次の地点に移動するといった行動が累積した結果、ユニット1が形成された。したがって、ユニット1は、石器製作工程の中間部分が累積していると考えられる。

　一方、ユニット2は、先に指摘したように原石や分割礫を搬入する地点であった。搬入された石核は、剥片剥離の初期段階のまま残されたものや、剥片剥離が進行した状態で残されたものもある。当然ながら、剥片剥離途中で搬出された石核も想定される。

第 2 章　主要石器群の再検討と問題点の抽出

　上記のことから、ユニット 2 では原石、分割礫、剥片剥離初期段階の石核、剥片剥離途中の石核と言った様々な搬入形態が想定される。したがって、ユニット 2 は原石、分割礫の搬入・補給地点であると共に、移動の途中でも立ち寄って利用した地点でもあったと考えられる。

　以上のように、ユニット 1 とユニット 2 では、形成過程が異なっていたと考えられ、常にユニット 2 が先行して形成されていた可能性が高い。

　これまでの検討から、寺谷遺跡には、ユニット 1 とユニット 2 にまとめられたブロックが構成する 2 つの集落が存在したのではなく、ブロックの構築順から、調査区中央付近のブロック 3b として報告された濃密なブロックと、その周辺に散在するブロックの 2 つに分けるのが妥当と考えられる。なお、寺谷遺跡内には、石器を搬入しただけの小規模なブロックの存在も想定されるが、広くない調査区内で、これほどの密度で石器が出土している状態では、ブロック区分に限界があり、小規模ブロックが存在したとしても、抽出は極めて困難である。

　上記のように、調査区中央付近のブロック 3b と報告されたあたりに、原石が搬入された時点で寺谷遺跡の形成が始まり、その周辺に石核の搬入地点が形成されて、ブロックが拡張していったという形成過程を復元した。したがって、行動論的視点で調査区内を 2 つの単位に分けるのであれば、原石搬入地点になった拠点ブロックと、石核搬入によって石器製作工程を継続した周辺ブロックに分けるのが妥当と考えられる。あるいは、ブロックの構成を考えるなら、拠点ブロックとその周辺に形成された付属ブロックの組み合わせと言う、全体で 1 つの単位になっていたと考えることもできる。

　以上の検討で、寺谷遺跡に 2 つの等質な集落が並存していたと言う報告書の記載は、行動論的視点からの再検討で、別の解釈が可能になった。しかし、ここでの検討の目的は、1980 年に報告された内容を 30 年以上たった現代の視点で批判することではない。寺谷遺跡の調査で実践された個体別分類と接合作業による旧石器時代遺跡の分析は、基本的な資料操作方法として現代まで引き継がれており、この方法は今後も変わらないと思われる。このような旧石器時代遺跡研究の基本方針を確立したという、寺谷遺跡調査の学史上の評価は今も、そして、今後も不変であると思われる。ただ、現代では資料解釈の方法が異なっている点には留意したい。新出資料を現代の視点で評価することは当然のことだが、過去の報告を現代の視点で再検討することも、研究環境の整備のためには不可欠のことである。

　寺谷遺跡の報告を再検討したことで、今後の検討のために問題を提起しておく。それはブロック区分の方法である。寺谷遺跡のように石器分布密度の濃い場合、その中をどこまで細分するかという問題が常に付きまとう。今回の再検討では、原石の搬入地点と石核の搬入地点と言うおおまかな区分にとどめ、ブロック区分までは踏み込まなかった。回帰行動の累積によって形成された石器群を、行動の単位で分割することが本来のブロック区分であり、視覚的な石器の集中範囲をブロックと認定することには、行動論上の意味は見出し難いと考えられる。寺谷遺跡のような濃密な石器分布を示す遺跡では、行動の単位が累積し、入り混じっているのが実態であることを考えれば、その中を一線で区切って認定したブロックが、行動分析の単位にならないことは容易に理解できる。むしろ、個体別資料や接合関係を明示して行動論上の資料操作を可能にしておく方が、意義があると考えられる。今回、寺谷遺跡の再検討が可能だったのは、個体別資料や接合資料の内容が報告書に明記してあったからに他ならない。

44

第2節　広野北遺跡の文化層分離

広野北遺跡では、「細石器文化」「尖頭器文化」「ナイフ形石器文化（K2）」「ナイフ形石器文化（K3）」の4つの文化層が報告されている。「K」はKnifeの頭文字で、「2」は旧石器時代の遺物が出土した2b層、「3」は2b層の下に堆積した3層のことで、これも旧石器時代の遺物包含層である。

寺谷遺跡に次いで報告された広野北遺跡は、やはり集落の復元を主眼として調査されており、報告では集落の復元に成功している。これまで、旧石器時代遺跡の調査が蓄積された磐田原台地で、文化層を設定したのは広野北遺跡だけである。「細石器文化」の存在は現在でも疑いがないため、本書では検討の対象から外すが、「尖頭器文化」を設定した遺跡は、台地内では例がなく、「ナイフ形石器文化」を2層に分けたのも広野北遺跡だけである。なお、第5図に示したように、本書では、尖頭器と呼ばれてきた器種を尖頭形石器と呼ぶことにしたが、この節では、広野北遺跡での呼称に合わせて尖頭器と呼ぶことにする。

現代の視点から考えると、まずは「尖頭器文化」が成立するのかという疑問が浮上する。報告では、尖頭器の集中製作地点が検出されたことから「尖頭器文化」を設定している。この文化層は最新の編年研究（高尾2006）でも、細石器が出現する直前で、一時期を形成する石器群として位置付けられている。もっともこれは報告書の記載をそのまま引用しているのであって、「尖頭器文化」として報告された石器群を再検討したものではない。筆者も、報告書の内容をそのまま引用して「尖頭器文化」を「ナイフ形石器文化終末期」の一時期を構成する石器群として位置付け、尖頭器の出現によって、石器製作体系が移行したと評価したことがある（富樫2005）。もっとも、今はこのようには考えないが。

さて、「尖頭器文化」と言う用語がほとんど使われなくなっている現在、広野北遺跡での「尖頭器文化」の存否は再検討を要する。

次には、磐田原台地の旧石器時代遺跡で「ナイフ形石器文化」を2層に分離できるのかという問題がある。広野北遺跡の報告後、磐田原台地では、匂坂中遺跡、山田原Ⅱ遺跡、高見丘Ⅰ～Ⅳ遺跡、長者屋敷北遺跡と言った大規模な発掘調査を始め、多くの発掘調査が報告されたが、「ナイフ形石器文化」を複数の文化層に分離できた遺跡は皆無である。磐田原台地の旧石器時代遺跡では、旧石器時代の包含層が薄い中で、石器がレベル差をもって出土するものの、層位的分離は不可能と言うのが、現在の認識である。そのような視点から、広野北遺跡の報告で「ナイフ形石器文化」層が明確に2層に分離できたと言う記載に対しては、やはり疑問を感じざるを得ない。最新の編年研究（高尾2006）では、「ナイフ形石器文化（K3）」をAT下位に位置付け、「ナイフ形石器文化（K2）」をAT上位に位置付けているが、これも報告書の記載を引用しているのであって、各石器群の内容や出土状況を再検討したものではない。

しかし、「ナイフ形石器文化（K2）」と「ナイフ形石器文化（K3）」の分離については、重大な疑義があるため、再検討の結果を先行して公表した（富樫2015）。要点は後述するが、報告書では、両文化層は間層を挟んで明確に分離できると明記されているが、石器や礫の出土状況を復元すると、そのような状況は認めることができない。むしろ、旧石器時代の包含層の様々なレベルで遺物が出土すると言う、当地での一般的な出土状況を示すに過ぎなかったのである。つまり、両文化層を分離する根拠は見出せないのである。

第2章　主要石器群の再検討と問題点の抽出

1　「尖頭器文化」と「ナイフ形石器文化（K2）」の関係

　広野北遺跡が報告された 1985 年の時点では、尖頭器の製作跡を検出したことを根拠に「尖頭器文化」を想定することは自然な発想だったと思われる。しかし、「尖頭器文化」と言う用語がほとんど使われなくなった現在でも、依然として広野北遺跡の「尖頭器文化」は編年研究に登場する（高尾 2006 など）。報告内容が第一義的に尊重されることは当然だが、認識の経年変化に基づく再検討もまた必要である。

　そこで、まずは「尖頭器文化」の存否を検討する。「尖頭器文化」の概念が疑問視されていながら（佐藤宏 1992）、筆者自身、「尖頭器文化論」なる拙稿（富樫 1995）を著し、無批判にこの用語を使用してきた反省を込めて、広野北遺跡の「尖頭器文化」が成立するのか検討する。

(1)「尖頭器文化」出土の尖頭器

　事実の確認から始めることにし、「尖頭器文化」と「ナイフ形石器文化（K2）」で報告された石器の分布を示す（第 14 図）。「尖頭器文化」の石器群は、視覚的に 2 箇所に分かれてブロックを形成しているように見えるため、北群と南群に分けて報告されている。このうち北群からは「ナイフ形石器」が 3 点出土しているのに対して、南群からは「ナイフ形石器」は出土していない。このことから、北群は「尖頭器文化」の中でも「ナイフ形石器文化（K2）」に近い時期で、南群は北群よりも新しい時期と報告されている。したがって、「尖頭器文化」の中でも新旧の 2 時期を認めていることになる。

　次に出土石器の内容を検討する。北群と南群で出土した石器は下記のとおりである。

　　北群：尖頭器 47、「ナイフ形石器」3、スクレイパー 4、剥片・砕片 915、石核 13
　礫石器 9　合計 991 点

　　南群：尖頭器 15、「ナイフ形石器」0、スクレイパー 2、剥片・砕片 1,697、石核 2、彫器 1
　礫石器 2　合計 1,719 点

　　※剥片・砕片には、加工痕のある剥片、使用痕のある剥片として報告されたものも含んでいる。

　北群、南群のいずれも尖頭器に偏った内容になっていることは報告書通りである。これに対して、尖頭器以外の器種は貧弱である。加工痕のある剥片や使用痕のある剥片の多くは、尖頭器製作の際に剥離された剥片を使用しており、その他の剥片、砕片も、ほとんどは尖頭器製作に伴うもので、これも報告書通りである。尖頭器と調整剥片の接合資料も複数認められることから、北群、南群のいずれも尖頭器の製作場所であったことは間違いないと考えられる。ここまでは報告書の記載を認めて良い。しかし、報告書では尖頭器の製作工程に言及していないため、尖頭器製作工程の点から石器群の内容を検討する。

　出土した尖頭器を観察すると、原礫面を残した尖頭器は極めて少なく、接合資料でも、原石から製作したことを示すものは認められない。「両面調整尖頭器」は、素材の痕跡を残さない程に加工が進んでいるが、尖頭器の大きさから考えると、素材は原礫や分割礫、もしくは、かなり大型の剥片を使っていると思われる。しかし、素材の痕跡が乏しいことから、両面調整尖頭器の場合は、未完成品の状態で搬入していると考えられる（富樫 2005）。また、「尖頭器文化」で出土した尖頭器は、第 15 図－1、2 のような、完成品と思われるものもあるが、第 15 図－3〜7 に示したように、欠損品や未完成品が多いことから、完成品の多くは搬出されたと考えられる。

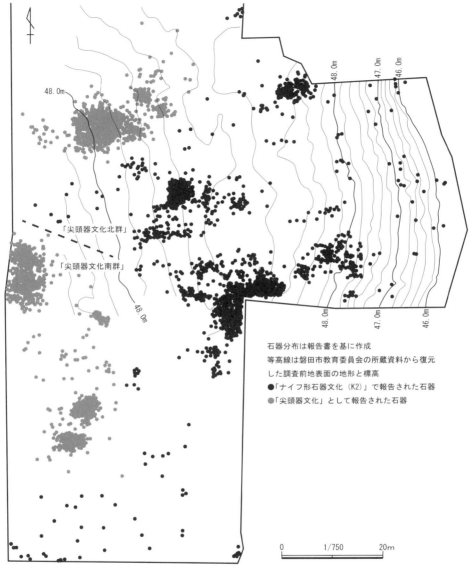

第 14 図　広野北遺跡「尖頭器文化」「ナイフ形石器文化（K2）」の石器分布

このように、「尖頭器文化」で報告された石器群は、多くが尖頭器製作に関係するもので、尖頭器以外の石器を製作した痕跡は極めて乏しいと言うことができる。

(2)「ナイフ形石器文化（K2）」出土の尖頭器

「ナイフ形石器文化（K2）」のブロックは、「尖頭器文化」とされたブロック群の東側に分布している（第14図）。ここで出土した尖頭器は、第15図－8～15に示したように、「尖頭器文化」で出土した尖頭器よりも加工の進んだものが多い。完成品、もしくは完成品が欠損したものと言っても良い。

「ナイフ形石器（K2）」では、21点の尖頭器が出土しており、そのうち7点が個体別資料に分類されている。これらのうち6点の尖頭器は、2つの個体、個体番号 K2-2G11 と個体番号 K2-

第 2 章　主要石器群の再検討と問題点の抽出

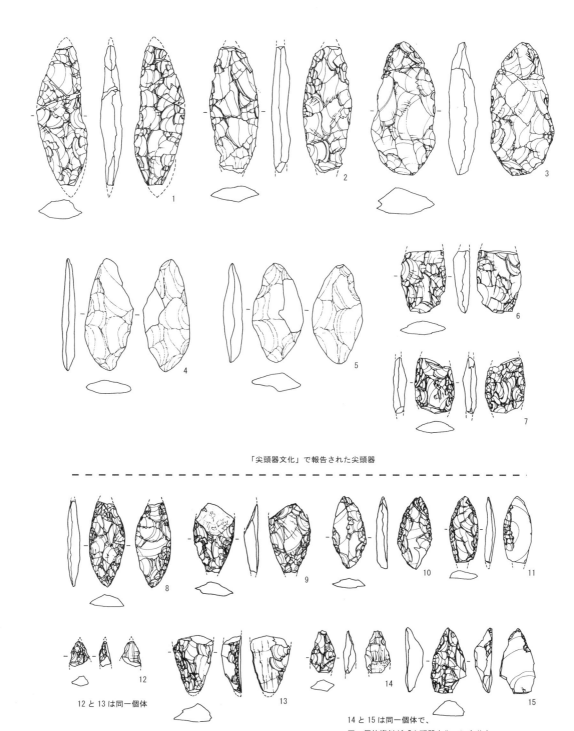

「尖頭器文化」で報告された尖頭器

「ナイフ形石器文化（K 2）」で報告された尖頭器
第 15 図　広野北遺跡出土の尖頭器

実測図は報告書から引用

2G16 に分けられている。第15図－12 と 13 の個体（K2-2G11）は、他に同一個体の尖頭器が 1 点と石核 1 点、剥片などが 59 点、合計 63 点の石器から構成されている。構成石器の数から考えて、この個体に分類された 3 点の尖頭器は、「ナイフ形石器文化（K2）」の中で製作された可能性がある。なお、この個体に分類された 3 点の尖頭器はいずれも欠損品で、同一尖頭器の可能性があることから、本来この個体に分類される尖頭器は 1 点なのかもしれない。

　第15図－14 と 15 は、他に尖頭器 1 点と石核 1 点、剥片 3 点、合計 7 点の同一個体資料がある。構成石器の数から考えて、「ナイフ形石器文化（K2）」で製作されたとは考えにくい。第15図－8～11 の尖頭器は、個体分類されていない。これは主要石材が一様に白く風化しているため、個体別分類が困難と言う事情があるが、個体分類されていないことは、単独個体と言う可能性と、そもそも個体分類が不可能と言う可能性の両方がある。いずれにしても、個体分類されていない尖頭器は、「ナイフ形石器文化（K2）」の中で製作されたという証拠をあげることはできない。

　上記のことから、「ナイフ形石器文化（K2）」で報告された 21 点の尖頭器の中で、「ナイフ形石器（K2）」の中で製作された可能性があるのは、第15図－12、13 と、これと同一個体になっている 1 点を加えた 3 点だけで、その他 18 点の尖頭器は、「ナイフ形石器文化（K2）」のブロックで製作されたものではなく、外部で製作したものを搬入したと考えた方が良い。そうすると、これら 18 点の尖頭器の製作場所が問題になるが、現在のところ、磐田原台地上で尖頭器の製作が認められるのは、広野北遺跡の「尖頭器文化」とされた石器群だけである。未知の製作場所があるのかもしれないが、これまで匂坂中遺跡、山田原Ⅱ遺跡、高見丘Ⅰ～Ⅳ遺跡、長者屋敷北遺跡などで、合計 10 万㎡を超える大規模発掘が行われてきたが、尖頭器の製作場所は 1 箇所も発見されていない。したがって、「ナイフ形石器文化（K2）」で出土した尖頭器 21 点のうち、「ナイフ形石器文化（K2）」内での製作された可能性がある 3 点を除いた 18 点の尖頭器の製作場所は、「尖頭器文化」で報告されたブロック以外には存在しないことになる。先に指摘したように「尖頭器文化」で製作された尖頭器のうち、完成品の多くは搬出されたと考えられることから、「ナイフ形石器（K2）」で出土した尖頭器の製作場所は、「尖頭器文化」のブロックに求めるのが妥当である。

　また、個体番号 K2-2G12 は、「尖頭器文化」のブロック 4a と「ナイフ形石器文化（K2）」のブロック 5、10 の間にまたがって分布している。また、個体番号 K2-2G14 も「尖頭器文化」のブロック 4a、石器散在域 a と「ナイフ形石器文化（K2）」のブロック 5 の間にまたがって分布している。これが報告された 1985 年当時、個体別資料の共有は、同時期と判断する根拠であったはずである。広野北遺跡で展開された集落復元も、このことが前提になっている。したがって、「尖頭器文化」と「ナイフ形石器文化（K2）」には、「文化」が異なるほどの時間差が存在しないことを、報告書から読み取ることも可能である。

　さらに、「尖頭器文化」の石器組成は尖頭器に特化した単純な組成である。尖頭器の調整剥片の中に、使用痕と思われる剥離が入ったものがあり、便宜石器として使ったと考えられるが、特定狩猟具に特化した石器組成で、通常の生活が成り立ったとは考えにくい。

　以上の検討から、「尖頭器文化」と「ナイフ形石器文化（K2）」を別の文化層として、時期差を認めることは妥当ではない。むしろ、同時期の石器群として、前者を尖頭器の集中製作地と尖頭器の搬出拠点、後者を尖頭器の搬出先と考えた方が合理的である。したがって、広野北遺跡での「尖頭器文化」は一時期を構成する石器群としては成立しないと考えられる。

第2章　主要石器群の再検討と問題点の抽出

2 「ナイフ形石器文化（K2）」と「ナイフ形石器文化（K3）」の文化層分離

　広野北遺跡で報告された「ナイフ形石器文化（K2）」と「ナイフ形石器文化（K3）」の分離については、重大な疑義があるとして、再検討の結果を公表した（富樫 2015）。ここでは要点を記す。

　広野北遺跡の旧石器時代包含層は 2 枚あり、上層を「2b 層」、下層を「3 層」としている。「ナイフ形石器文化（K2）」と「ナイフ形石器文化（K3）」を分離した根拠は、報告書（山下 1985）の 30 ページに下記のように記されている。

　　「3 層から出土した遺物群は、（中略）垂直分布では第 2b 層の一群とは明瞭な間層を狭んで分
　　離されるものである。（中略）数多く発見することができた礫群の中心標高で垂直分布を検討
　　すると、第 2b 層下半と第 3 層下半に各々分布の中心が来ることが一目瞭然である。」

　一読して明らかなように、「ナイフ形石器文化（K2）」と「ナイフ形石器文化（K3）」は出土レベルが異なっており、両文化層の間には間層があるため、明瞭に分離できると書かれている。しかし、このような出土状況は、その後に行われた数々の大規模発掘調査では皆無である。近接地で行われた広野遺跡の発掘調査（清水 1996a）でも、濃厚なブロックを検出したが、地層の発達は良くなく、各時期の遺物が混在している状況であった。このような状況から、今では、磐田原台地の層位的条件は決して良いものではなく、層位的に時期や文化層を分けることは不可能というのが共通理解になっている。

　そこで、広野北遺跡の現地調査直後に刊行された概報（山下 1983）と報告書（山下 1985）を詳細に検討すると、下記のことが明らかになる。
　①概報では、2b 層〜3 層にかけて連続して遺物が出土したことになっている。
　②概報では 3 層出土だった石器が、報告書では 2b 層出土になっている。
　③「瀬戸内技法」に関連する石器が 2b 層と 3 層の両方で報告されているが、2b 層中の「ナイ
　　フ形石器文化（K2）」と 3 層中の「ナイフ形石器文化（K3）」に時期差を認めている。
　④「ナイフ形石器文化（K2）」と「ナイフ形石器文化（K3）」で複数の共有個体があり、接合関
　　係もある。広野北遺跡が報告された 1985 年当時、個体共有と接合関係は同時期と判断する
　　根拠だったはずである。
　⑤「ナイフ形石器文化（K2）」で報告された礫群と「ナイフ形石器文化（K3）」で報告された礫
　　群のうち、出土位置が近接しているもの同士で出土状況図を作成すると、出土レベルが連続
　　するものや、同一平面で出土したと思われるものが複数存在する。

　上記のような数々の疑問を解決するために、現存する資料からブロック、礫群、配石の出土状況を復元したところ、2b 層〜3 層の様々なレベルで連続して出土しており、間層が認められるような状況ではなかったことが明らかになった。これは磐田原台地では通常の出土状況で、広野北遺跡もその一例に過ぎなかったのである。したがって、報告されたような文化層分離は不可能で、「ナイフ形石器文化（K2）」と「ナイフ形石器文化（K3）」の分離は白紙に戻し、全面的に再検討する必要がある。

3　年代測定値の検討

　広野北遺跡では複数の年代測定を行っているため、年代の検討が可能である。放射性炭素年代測定を3点行い、礫群構成礫の熱ルミネッセンス年代測定を7点行っている。熱ルミネッセンス年代については、他の遺跡で比較資料がないため、ここでは放射性炭素年代測定値について検討する。放射性炭素年代測定は近年、高精度な暦年較正が行われるようになってきた（工藤2014など）。高精度化は今後も進み、暦年較正の方法も随時更新されていくと思われる。したがって、現在の方法で測定し直して、年代を検討するのが望ましいが、当時の測定資料が残っていなければ、再測定は不可能である。次善の策として、現在得られている測定値を暦年較正することが考えられる。暦年較正プログラムはいくつか公表されており、インターネット上でも較正が可能だが、較正方法に浅学の筆者が安易に使うことは躊躇される。ここでは絶対年代ではなく、相対年代の比較が目的であるため、測定値で検討する。

　まずは、広野北遺跡で得られた年代値を示す（第3表）。すべて「ナイフ形石器文化（K3）」で報告された礫群に伴う炭化物である。筆者のよる検討（富樫2015）の結果、礫群3、5は2b層～3

第3表　広野北遺跡の年代測定値

資料名	年代（B.P.）
K3 文化層礫群 5	$22,100 \pm \frac{800}{700}$
K3 文化層礫群 3	$22,300 \pm \frac{800}{700}$
K3 文化層礫群 8	$25,300 \pm \frac{3,500}{2,000}$

第4表　向田A遺跡のニセローム層中
炭化物の年代測定値

資料名	年代（B.P.）
ブロック 13	$24,710 \pm 90$
ニセローム層中炭化物	$24,840 \pm 150$
炭化物集中域 07	$24,910 \pm 110$
炭化物集中域 05	$25,010 \pm 120$
炭化物集中域 06	$25,090 \pm 120$
炭化物集中域 03	$25,160 \pm 120$
炭化物集中域 05	$25,170 \pm 120$
炭化物集中域 07	$25,180 \pm 120$
炭化物集中域 07	$25,190 \pm 110$
炉跡 03 内炭化材	$25,210 \pm 110$
炭化物集中域 03	$25,370 \pm 120$
炭化物集中域 03	$25,390 \pm 110$
炭化物集中域 03	$25,420 \pm 120$
炭化物集中域 06	$25,430 \pm 120$
炭化物集中域 06	$25,440 \pm 110$
炉跡 02 内炭化材	$25,600 \pm 120$
炭化物集中域 07	$25,690 \pm 130$

第5表　広野北遺跡の熱ルミネッセンス年代

資料名	年代（B.P.）
K2 文化層礫群 41	17,750
K2 文化層礫群 41	18,090
K2 文化層礫群 37	22,810
K2 文化層礫群 37	23,910
K3 文化層礫群 3	24,840
K3 文化層礫群 3	26,840
K3 文化層礫群 11	29,640

第6表　高見丘Ⅰ～Ⅳ遺跡の年代測定値

資料名	年代（B.P.）
Ⅲ遺跡ブロック 11, 12 周辺	$12,570 \pm 180$
Ⅲ遺跡浅谷	$12,870 \pm 60$
Ⅲ遺跡礫群 104	$12,900 \pm 60$
Ⅲ遺跡炭化物集中域	$12,950 \pm 70$
Ⅳ遺跡ブロック 5 周辺（暗色帯直上）	$13,060 \pm 60$
Ⅲ遺跡土坑 3	$13,160 \pm 100$
Ⅱ遺跡土坑 3	$13,850 \pm 45$
Ⅳ遺跡ブロック 5 周辺（暗色帯上半）	$17,020 \pm 60$
Ⅱ遺跡礫群 509	$17,480 \pm 70$
Ⅰ遺跡包含層	$18,000 \pm 70$
Ⅲ遺跡炭化物集中域	$18,520 \pm 70$
Ⅲ遺跡礫群 76	$22,090 \pm 470$
Ⅲ遺跡炭化物集中域	$22,680 \pm 520$
Ⅱ遺跡礫群 13 の西側	$25,080 \pm 90$
Ⅱ遺跡礫群 13	$25,360 \pm 180$
Ⅲ遺跡炭化物集中域	$25,460 \pm 670$

層にまたがって出土しており、礫群8は3層内で出土している。広野北遺跡の報告書では、AT
の年代として、岡山県蒜山高原で得られた、23,400 ± 500 B.P. を掲載し、K3文化層礫群3、5の
年代測定値を「AT火山灰直上」と評価し、K3文化層礫群8の年代測定値を「AT火山灰の下」
と評価している。

　次に、静岡県内でのATの年代値を検討する。愛鷹山麓に堆積した休場ローム層中のニセローム層にATが含まれていることが知られており、駿東郡長泉町の向田A遺跡（富樫2007）で、この層で採集した炭化物18点の年代測定値が報告されている（第4表）。この表を見ると、すべて2万5千年前後の年代を示している。これをATの降灰年代と考えると、K3文化層礫群3、5の年代測定値はAT降灰後、K3文化層礫群8の測定値はAT降灰期と評価できる。

　参考までに、礫群礫の熱ルミネッセンス年代を掲載する（第5表）。これを見ると、「ナイフ形石器文化（K3）」の礫群11で29,640 B.P. という測定値が報告されているが、放射性炭素年代とは測定方法が異なるため、年代値のみでの比較はできない。ただ、この表からは下記の点を読み取ることができる。

・「ナイフ形石器文化（K2）」、「ナイフ形石器文化（K3）」の順に年代が古くなる傾向がある。
・幅広い年代値を示している。
・「ナイフ形石器文化（K2）」礫群37は2b層下半出土、「ナイフ形石器文化（K3）」礫群3、11
　は2b層と3層の境界付近出土で、出土層は近接している（富樫2015）が、年代値は大きく異
　なる。

　上記のことから、様々な年代の遺物が近接したレベルで出土していることがうかがえる。このことから、文化層が古くなるにつれて年代が古くなるとしても、必ずしも出土レベルが下位になるとは限らない。したがって、出土レベルの違いによる時期区分は不可能と考えざるを得ない。

　他の遺跡で得られた年代測定値（第6表）とも比較する。これは高見丘I～IV遺跡で得られた年代で、1万5千年近い幅の中で様々な年代が得られている。高見丘I～IV遺跡で、AT下位として報告されたものはない。向田A遺跡で報告されたATを含む地層の年代（第4表）と比較しても、AT下位と言える年代はない。したがって、年代だけでAT下位の文化層を設定することは不可能に近いと言うことになる。

　出土レベルの違いが、必ずしも年代の違いを示さないとしても、旧石器時代包含層が黄褐色土と暗褐色土（暗色帯）の2枚が認められる中、下の包含層（暗色帯）で細石器がまとまって出土した事例や、「ナイフ形石器」の出土レベルから間層と言える空隙をはさんで、その上層で細石器が出土した事例は報告されていない。したがって、地層が攪乱されるような外的作用はなかったと考えると、少なくとも暗色帯下部で出土したブロックについては、出土状況やブロックの内容等によっては、他の資料よりも時期が古いことを認めて良いかもしれない。

　今のところ、「ナイフ形石器文化(K3)」のブロック1が、近隣で出土した礫群との間に間層と言って良い間隙をはさんで、暗色帯の下部で出土していること（富樫2015）から、他の資料よりも時期が古い可能性がある。同じく暗色帯下部で出土した「ナイフ形石器文化（K3）」のブロック4、ブロック8も、石器群の内容によっては時期が古い可能性、すなわち、AT下位、武蔵野ローム層で言えば第VI層段階に位置付けられる可能性は考えて良いかもしれない。この3つのブロックの内容については、後に検討する。

第3節　エリア区分の問題点

　磐田原台地では、時期の異なる石器群が同一平面で出土する、あるいは同時期の石器群が複数のレベルで出土することが通例のため、出土層による文化層の設定ができないことは、すでに述べた。しかし、文化層に代わる単位を設定しなければ、発掘資料が、遺跡と言う最大単位か、遺構、もしくは単独資料と言う最小単位といった、大小両極端のレベルでしか分析できないことになる。寺谷遺跡、広野北遺跡の発掘調査で実践してきた、集落の復元という目標を達成するためには、遺跡と遺構との間に「同時期の遺構群」とも言うべき中間レベルでの分析単位が必要である。この要請に応えるために匂坂中遺跡では、エリアと言う概念が提唱された（鈴木忠 1994）。これは、石器と礫の接合資料の分布や個体別資料の分布を徹底的に行ったところ、数十ｍ～100ｍを超えるような長距離の接合、個体共有は稀で、ほとんどの接合関係、個体別資料の共有関係は近距離で収まることから、時期が近い資料はある程度の範囲にまとまるとの想定から編み出された概念である。その設定方法は下記のとおりである。

①ブロックごとに時期を決定する。

②同一時期のブロック群を設定する一方、時期の異なるブロックを除外する。

③遺物分布の空白部分と接合、個体別資料の分布を目安として、遺跡内を区分する。これが「エリア」になる。

④エリア内を小領域に区分できる場合はサブエリアを設定する。

　エリアの設定は、遺跡内を１本の線で区画する作業であるが、境界付近では隣接するエリアの遺物が混在するグレーゾーンとも言える部分が想定される。また、接合資料や個体別資料がエリアをまたいで分布する場合も想定される。それでも全資料の所属エリアを決定するために、下記のようなルールが設けられた。

①個体別資料の所属時期は、接合、非接合にかかわらず、すべて同時期とする。

②接合資料、個体別資料の分布がエリアをまたぐ場合は、下記の取り扱いとする。

・資料がより多く分布するエリアを所属エリアとする。

・等数の場合は石核を含むエリアに所属させる。

・等数の場合、石器の型式学的特徴から所属エリアを判断することも可能とする。

・以上の条件に合致しない場合は、全体的な状況から所属エリアを判断する。

③同一エリア内の遺物は原則として同一時期として扱うこととし、明らかに時期が異なる遺物は個別に除外する。

　このように、エリアの設定にあたっては、意図的、あるいは恣意的と言われかねない資料操作を行うことになるが、文化層に代わるものとして、当地では必須の概念である。

　エリアはその後、高見丘Ⅲ・Ⅳ遺跡（富樫 1998）と高見丘Ⅰ・Ⅱ遺跡（竹内・渡邊 2013）で採用されている。エリアは同時期遺構群が分布する範囲と言う設定であるため、エリア内に時期の異なる遺構は存在しないと言う前提がある。実際には、同一エリア内に時期の異なる石器が混ざることは珍しくないが、その場合は、混入と判断してエリアから外す資料操作をする。単独の資料ならば、エリアから除外して済むことだが、時期の異なる資料が、１ブロック内に複数存在したり、接合資料が存在したりする場合は、単に混入として除外するのではなく、混入した原因を追究し

なければ、除外された資料は、単に包含層中から出土したという評価しかできなくなるし、ブロックの一括性が疑われることになる。筆者は1ブロック内に、明らかに時期の異なる石器が複数混在している状況に注目し、混在の実態と原因を検討し、異時期ブロックの同一場所形成と言う解釈を提示したことがある（富樫2012）。以下で、その内容を要約しておく。

　磐田原台地における瀬戸内系石器群、角錐状石器群の出土状況を検討すると、瀬戸内系石器群、角錐状石器群だけで構成されるブロックは存在せず、必ず縦長剥片を主体とする石器群と混在して出土している。したがって、同一ブロックの石器群を同一時期と考えると、同時期遺構群であるはずのエリア内で、武蔵野ローム層第Ⅴ層～第Ⅳ層下部の石器群と、第Ⅳ層中部～上部の石器群が同時期になると言う矛盾が複数箇所で発生する。これは広域で発掘調査を行った匂坂中遺跡で顕著に認められる。この原因は、同一ブロックの石器群を同時期と考えたところにあり、瀬戸内系石器群、角錐状石器群のブロックと縦長剥片を主体とするブロックが、異なる時期に同一場所で形成されたことによって、時期の異なるブロックが重複していると考えた方が合理的である。

　異時期ブロックの重複形成と言う考えが正しければ、瀬戸内系石器群、角錐状石器群を含むブロックが縦長剥片を含むブロックと混在している限り、エリアは設定できないことになる。石器や礫の接合関係を見れば、時期の近い遺構が近接して分布していると言う前提を崩すことはできないが、同一エリア内が、必ずしも同時期の遺構だけで構成されているのではなく、異時期の遺構も重複している可能性は考えなければならない。遺跡内を平面パズルのように区分してエリアを設定するのではなく、エリアを設定するにしても異時期のエリアが立体的に重複していると考える方が、地層堆積状況の良くない当地の実態に合っていると思われる。

第4節　従来編年の問題点

　磐田原台地では、発掘調査の進展に伴って着実に報告書が刊行されているため、検討資料が増加の一途をたどっている。これに伴って石器群の編年研究も行われている（進藤1996、高尾2006ほか）。そこで、改めて従来編年の観点を確認しておく。

　磐田原台地における編年の考え方は、匂坂中遺跡の報告によく表れている。当地では分層による編年が不可能のため、下記を時期決定の指標にしていることが読み取れる。

・細石器の有無
・尖頭器（周縁調整尖頭形石器、両面調整尖頭形石器）の有無
・縦長剥片剥離技術の有無
・瀬戸内系の石器と、これに類似した資料の有無
・角錐状石器の有無

　これによって、「ナイフ形石器」を指標とする時期を、「K2期」と「K3期」の2時期に分けている。「K2期」は、瀬戸内系石器群が出現する時期で、武蔵野ローム層の第Ⅴ層～第Ⅳ層下部段階とされている。「K3期」は「砂川期」～「月見野期」で、武蔵野ローム第Ⅳ層中層段階とされている。石器群の内容は、縦長剥片を使った「二側縁加工のナイフ形石器」や「尖頭器」を含む石器群とされている。なお、「K2期」と「K3期」の新旧が、広野北遺跡とは逆になっているので、注意されたい。

報告書では、「K2期」に属するブロックが80基、石器点数3,022点、「K3期」の時期に属するブロックが71基、石器点数4,162点となっており、「K2期」と「K3期」が拮抗する数になっている。ここで、磐田原台地で武蔵野ローム層の第Ⅴ層〜第Ⅳ層下部のブロックが、これほどに多いのかと言う素朴な疑問が浮かぶ。比較のために、匂坂中遺跡以外の遺跡での、武蔵野ローム層第Ⅴ層〜第Ⅳ層下部に位置付けられる石器群を含むブロックを示すと、下記のとおりである。

　広野北遺跡

　　34基のブロック中、1基で瀬戸内系石器が出土

　広野遺跡（清水1996a）

　　調査面積は狭いながらも、翼状剥片石核や翼状剥片と思われる石器、「国府型ナイフ形石器」と思われる石器を含んだブロックが1基検出されている。

　長者屋敷北遺跡

　　8基のブロックを検出し、うち1基で横長剥片石核が出土している。

　京見塚遺跡（山﨑1992）

　　「国府型ナイフ形石器」と「角錐状石器」が出土している。特に「角錐状石器」は13点とまとまった数が出土している。

　このように、武蔵野ローム層第Ⅴ層〜第Ⅳ層下部と考えられる石器群を含むブロックは、非常に少ない。これに対して、匂坂中遺跡では、武蔵野ローム層第Ⅴ層〜第Ⅳ層下部とされたブロックが非常に多くなっている。ここに、従来型編年観の問題が潜んでいるため、匂坂中遺跡で採用している編年観を検討する。

1　匂坂中遺跡での時期決定法

　匂坂中遺跡の石器群は、下記の手続きで時期区分された。

　・盤状石核から規格的な横長剥片を剥離する「瀬戸内技法」を連想させる技術が見られるブロックを抽出する。

　・「角錐状石器」を含み、不定形剥片を剥離しているブロックを抽出する。

　上記のブロックとそれを含むエリアを「K2期」とする。これは相模野第Ⅲ期（武蔵野ローム層の第Ⅴ層〜第Ⅳ層下部の時期）にあたるとされている。

　・「砂川型の石刃技法」、「茂呂型の二側縁加工のナイフ形石器」、彫器を含むブロックを抽出する。

　・「砂川型の石刃技法」ではないが、縦長剥片剥離技術をもつブロックを抽出する。

　・石核の表裏両面から求心状に不定形剥片を剥離する技術を持ち、「尖頭器」を含むブロックを抽出する。

　上記のブロックとそれを含むエリアを「K3期」とする。これは相模野第Ⅳ期（武蔵野ローム層の第Ⅳ層中部〜上部の時期）にあたるとされている。

　報告書にも記載があるが、南関東の編年との対比を念頭に置いてあり、「瀬戸内技法」を連想させる横長剥片剥離技術、「角錐状石器」、「砂川型の石刃技法」、「茂呂型ナイフ形石器」、「尖頭器」といった指標に注目して時期を決定していることがわかる。

　これに対して、「指標的な要素を欠く」とされたブロックを「K2期」に帰属させている点にも注目したい。「瀬戸内技法」を連想させる横長剥片剥離技術、角錐状石器、「砂川型の石刃技法」、

第 2 章　主要石器群の再検討と問題点の抽出

「茂呂型ナイフ形石器」、「尖頭器」を含まないブロックはすべて「K2 期」に帰属させている。これによって「K2 期」の石器群と「K3 期」の石器群がほぼ同数と言う、他の遺跡では例を見ない結果をもたらしている。同じ時期区分は高見丘Ⅰ・Ⅱ遺跡（竹内・渡邊 2013）の報告でも行われており、同様の結果を生んでいる。

「指標的な要素を欠く」ブロックがこれほど多いと言うことは、それが無視できない一般的な存在と言うことでもある。この一般的な存在を評価できないところに、従来編年観の大きな問題がある。すなわち、特徴的な石器があるブロック（第 16 図上段）は時期決定ができて、特徴的な石器のないブロック（第 16 図下段）は時期決定できないのである。しかし、石器群の実態は、第 16 図上段のように特徴的な石器群はむしろ少数である。少数と言うことは、特殊な存在と言うこともできる。従来の編年観は、少数派の特殊な存在に注目して時期を決定しているため、多数派の一般的な存在の石器群を認識する方法がない点に問題がある。また、「指標的な要素」となる石器がそこで作られたのか、搬入されたのかといった違いは、時期決定以上に、行動論上で重要な意味を持つが、従来型編年では、単に時期決定の手がかりにしかなっていない。

そこで本書では、従来型編年観を改革し、石器群を再編成し、新旧の順番を決める編年ではなく、二極構造の変動に基づく石器群の消長過程をたどりながら、新しい編年を組み立てる。

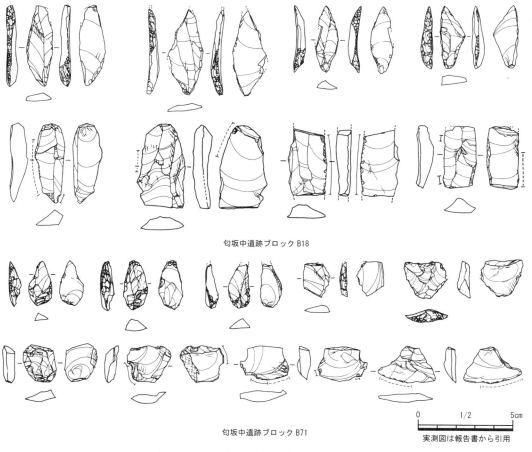

匂坂中遺跡ブロック B18

匂坂中遺跡ブロック B71

実測図は報告書から引用

第 16 図　匂坂中遺跡における 2 つの石器群

2 高見丘Ⅲ遺跡における石器群解釈

　ここでは、従来編年から新しい編年への脱却を図るために、筆者が提出した試論を取り上げる。これは高見丘Ⅲ遺跡（富樫1998）で出土した石器群の解釈を試みたもので、同一の石器群を対象にして異なる解釈を提示している（富樫2005、2010b）。

　高見丘Ⅲ遺跡は、東名高速道路の遠州豊田パーキングエリアの建設に伴って、1995年度～1997年度に、現地調査から報告書の刊行まで筆者らが行った遺跡である。

　高見丘Ⅲ遺跡の調査方法は、匂坂中遺跡に習い「エリア」を設定しており、調査区内に3つのエリアを設定している（第17図）。この中で、エリア1とエリア3の石器群が好対照をなしているため、この両エリアで出土した石器を取り上げる。

　最初にエリア1の出土石器を示す（第18図上段）。1～5は、エリア1のブロック4で出土した一括資料の一部で、1～3は縦長剥片を素材とした背部加工尖頭形石器、4は端部切断石器、5はブロック内で縦長剥片を連続剥離したことを示す接合資料である。このブロックで出土した石器は、縦長剥片剥離技術を主体とする石器群で、ここに図示した以外にも、縦長剥片の連続剥離を示す接合資料が複数得られている。

　次に、エリア3で出土した石器を示す（第18図下段）。エリア3で出土した背部加工尖頭形石

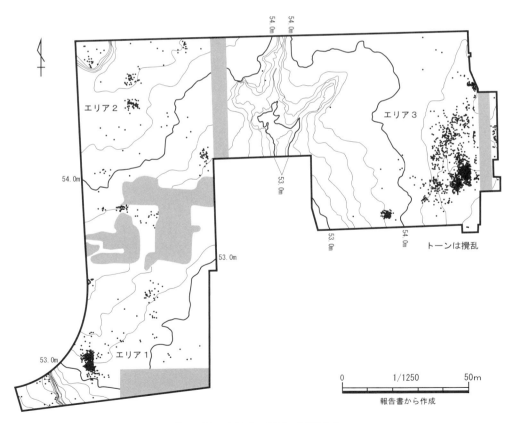

第17図　高見丘Ⅲ遺跡の石器分布

第 2 章　主要石器群の再検討と問題点の抽出

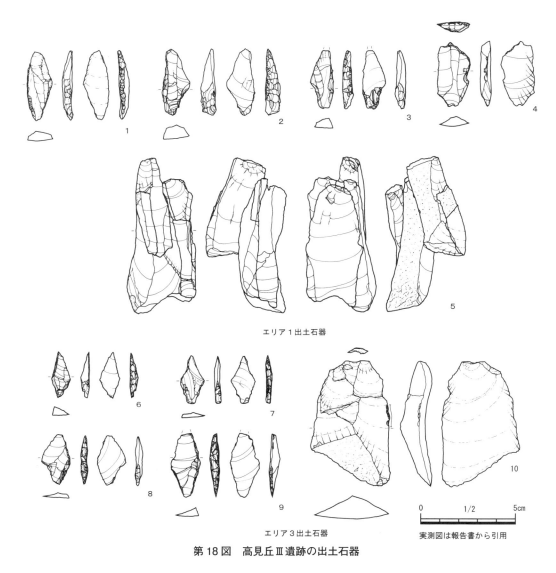

第 18 図　高見丘Ⅲ遺跡の出土石器

器（6～9）は、エリア 1 の背部加工尖頭形石器よりも、やや小さなものが見られる（富樫 2003a、2010b）。素材になっている剥片も縦長ではなく、一見縦長に見える不定形剥片（7）や幅広の剥片（8）が見られる。剥片（10）も縦長剥片ではなく、幅広の剥片が目立つようになっている。これに対応して剥片剥離技術も、縦長剥片剥離技術よりも打面を転移しながら不定形剥片を剥離する技術が主体になっている（富樫 2010b）。

　エリア 1 とエリア 3 で出土した石器群を比較すると、エリア 3 で出土した背部加工尖頭形石器や剥片が小型になっていることと、縦長剥片剥離技術が乏しくなり、不定形剥片剥離技術が台頭していることを指摘できる。当初、筆者はこの現象を、背部加工尖頭形石器の小型化と縦長剥片剥離技術の退化と解釈して、エリア 3 をエリア 1 よりも新しい段階に位置付け、さらに「ナイフ形石器文化」の終末期と考えた（富樫 2005）。

　2010 年、両エリアの石器群に対して、筆者は別の解釈を示した（富樫 2010b）。エリア 1 で縦長

剥片を連続剥離する技術が見られたことに対し、天竜川の川原で常に石材補給をできる石材環境のもとで、石材の消費効率は良くないが、規格性のある縦長剥片を連続剥離する技術を選択した結果であると解釈した。

　これに対して、エリア3の石器群では、縦長剥片を連続剥離する技術が乏しく、打面を転移しながら不定形剥片を剥離する技術が主体であった。縦長剥片も出土しているが、多くが搬入品であることから、縦長剥片剥離技術は主体ではないと考えられる。このような石器群の発生は、剥片の規格性を求めずに、石材の消費効率の良い剥片剥離技術を選択した結果であると考えた。そして、その背景には、同エリアで出土した長野県産黒曜石を主体とするブロックの存在から、長野県方面への長距離移動に適応する技術的要請があったと解釈した（富樫2010b）。

　このように、筆者は同じ石器群に対して異なる解釈を示した。前者（富樫2005）は、従来の編年観に基づくオーソドックスな解釈、後者（富樫2010b）では、従来編年観から意図的に離れて別の解釈法を探り、磐田原台地における石器群の理解に新しい可能性を模索したものであった。

　磐田原台地では層位的条件が良くないため、同一平面で複数時期の石器群が同時に出土することがよくあるが、礫群やブロックと言った遺構の単位は把握できるため、撹乱を受けている訳ではない。また、石器、礫の接合や石器の個体別資料の分布などから、異時期ブロックの重複形成（富樫2012）を考慮しても、やはり、時期の近接した遺構は位置関係も近接する傾向に変わりはないと考えられる。そこで、近接した遺構同士をまとめて、文化層に代わる概念として「エリア」を設定することが提唱された（鈴木忠1994）。しかし、エリアの時期を決定するにあたって、「指標的な要素」を含まないブロックが余りにも多いため、従来編年観に頼った時期決定では、エリアの時期を決定し難い事態に直面した。そこで、「指標的な要素」を含まないブロックを武蔵野ローム層第Ⅴ層〜第Ⅳ層下部に位置付けることで解決を図ってきたのである。

　このような現状に対して筆者は、2010年に発想の転換を図る試論として拙稿を提出したのである。当地の集団が、縦長剥片や「茂呂型ナイフ形石器」、「尖頭器」しか作らなかったはずはない。本来、様々な技術を持ち合わせていて、状況によって各技術を使い分けていたと考える方が自然である。縦長剥片を連続剥離するような局面は、限られた特殊なものであり、一般的には不定形剥片を剥離して、その場限りの石器を作る場面が展開されていたと考える方が、磐田原台地の石器群を合理的に理解できると思われる。富樫（2010b）では、このような発想から高見丘Ⅲ遺跡のエリア1とエリア3の石器群の違いを解釈し、磐田原台地には、選択技術の違いにより、変異が生じた石器群が地点を変えて分布しているという展望を述べた。本書ではこのような視点から、磐田原台地における旧石器時代の石器群を再整理し、従来編年とは異なる編年を設定し、新しい解釈を試みると同時に、各種の石器群が残された行動を復元する。

第3章　石器群の構造変動と居住行動

　本書で採用する構造とは、剥片剥離技術に見られる二極構造である。すでに述べたが、二極構造が歴史事実として存在したことを前提にしているのではなく、石器群を整理的に理解するために二極構造という考え方を採用する。剥片剥離技術の二極構造とは、縦長剥片剥離技術（時期によっては横長剥片剥離技術）と不定形剥片剥離技術を二極とする構造である。集団の居住行動によって、採用される技術が変化し、それによって剥片剥離技術が二極間を振幅して石器群の内容が決まると考えられる。そして、構造の変動をもって石器群の段階を設定できると考えられる。この方法をとることによって、石器群の新旧や順番を決める単純な編年から脱却し、石器群の消長を説明する段階論が可能になると考えられる。従来の編年でも石器群の消長は説明されてきたが、小型の「ナイフ形石器」が増えて「尖頭器」が出現し、「ナイフ形石器」が消滅に向かうといったような、目に見える現象を説明しているだけであった。これは、石器群が出現、消滅する順番を言葉にして、時間軸の中に石器群の居場所を与えている過ぎず、石器群を消長させた人間の行動とは無縁の議論と言わざるを得ない。本書では時間の流れだけでなく、各石器群を貫く構造の「変動史」と人間の「生態史」（共に田村 2006）といった複数の事象を石器群の背後に読み取ることによって、従来の編年とは次元が異なる時間軸を設定する。これが本書の段階論であり、新しい編年である。この章では、二極構造の変動による新しい編年を組み立てながら、その変動の原動力となった居住行動を検討する。

第1節　石器群の再構成

　従来の研究では、「広野北遺跡『ナイフ形石器文化（K2）』」「匂坂中遺跡エリア N2」といった単位で時間軸上に居場所を与え、これを編年の単位としてきた。この単位は、最新の編年研究（高尾 2006）でも採用されているが、前章までの検討で、広野北遺跡で設定された文化層は、「細石刃文化」を除いて成立の見込みがないこと、匂坂中遺跡、高見丘Ⅰ～Ⅳ遺跡で設定されたエリアは、地層の堆積状況の良くない当地では必須の概念ではあるが、異時期ブロック重複形成が認められる箇所では、エリアの再検討とともに、ブロックの分解と再構成が必要なことを指摘した。

　そこで、新しい編年の準備として従来の編年単位を解体し、新しい単位を設定する。これが石器群の再構成である。これ以降では、下記の石器群を設定する。

①台形様石器群：台形様石器を含む石器群
②縦長剥片系石器群：縦長剥片剥離技術を主体とする石器群で、不定形剥片と不定形剥片素材の石器を客体的に含むことがある。
③不定形剥片系石器群：縦長剥片、横長剥片以外の不定形剥片剥離技術を主体とする石器群で、縦長剥片と縦長剥片素材の石器を客体的に含むことがある。
④瀬戸内系石器群：瀬戸内概念（高橋 2001）による横長剥片剥離技術を含む石器群
⑤角錐状石器群：角錐状尖頭器と複刃厚形削器を含む石器群

④と⑤は不定形剥片と不定形剥片素材の石器も含むのが通例である。
⑥周縁調整・両面調整尖頭形石器群：周縁調整・両面調整尖頭形石器を主体とする石器群

　上記の石器群は、瀬戸内系石器群や周縁調整・両面調整尖頭形石器群のように、特定の時期に出現する石器群もあるが、時期決定のために設定するものではなく、集団が当時の環境に適応するために選択した技術の違いを表すものであり、技術選択の背景に、集団が選択した行動を想定している。特に縦長剥片系石器群と不定形剥片系石器群は、後期旧石器時代を通じて剥片剥離技術の二極構造を形成したとされている技術（佐藤宏1992）で、この二極を想定することによって、石器群変遷の整理的理解が可能になると考えられる。

1　「瀬戸内技法」から「瀬戸内概念」への転換

　「瀬戸内技法」の定義と内容については、詳細に検討（松藤1998）されているため、ここでは繰り返さないが、もともと接合資料によって復元された技法ではなく、表採資料から想定されたモデルである。「瀬戸内技法」とされる資料は各地で報告されているが、当初の定義に合致するものがほとんどなく、地域的変異と解釈されたものが多い。その結果、地域的変異が大半を占め、当初の定義に合致する典型例がほとんど存在しないと言う状況が生み出されている。そのため、「瀬戸内技法」の存在自体が問われるようになっている。

　このような中で、翠鳥園遺跡の報告で瀬戸内概念（高橋2001）が提唱され、現状の改善が図られた。報告では、膨大な接合資料の検討を通じて、一遺跡内で展開された翼状剥片、横長剥片の剥離技術の多様性が解明された。その多様性は、単一の定義から派生した変異では理解できないため、技法と言う限定された定義から脱却して、多様な変異を認め、あらゆる変異に共通する最大公約数的な石材の加工法として、「概念」と言う発想を編み出し、下記の内容が示された。

　「板状の材を用い、一面からなる大平坦面とそれに対し鈍角に開く横長面がある場所で、かつ、大平坦面の反対側に、山形をなす二つの斜面をもつところを選んで、大平坦面と横長面とが接する部分を帯状に取り込みながら、横長面の全体を平行に後退させて、目的剥片をとってゆくこと。」（高橋2001p195から。第19図左の概念図）

　要約すれば、翼状剥片を剥離するという目的を達成するためには、大きな平坦面のある板状剥

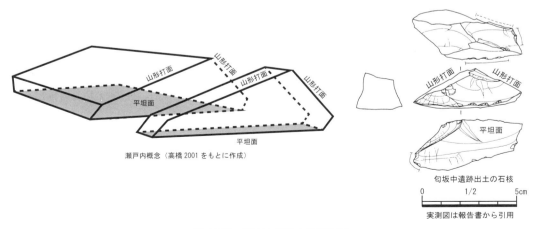

第19図　瀬戸内概念と該当石核

片の側面に、山形になる打面が作ってあって、三角形の作業面があれば良いということで、この条件を満たしていれば、石核を構成する面は自然面であっても剥離面であっても良い。翼状剥片の剥離方向も問わないという柔軟な発想である。この考えは、翼状剥片を剥離するために、石材や剥離の状況に応じて多様な技術が発揮される実態をよく表している。

　磐田原台地の資料についても、詳しくは後に検討するが、瀬戸内技法の定義に合致する資料は存在しない。安山岩の流理構造を利用したとされる瀬戸内技法を採用しようにも、流理構造のある石材を採集できない磐田原台地では当然かもしれない。それでも、当地の石材に適応した技術で横長剥片を剥離した技術は存在することから、「瀬戸内技法が波及しており、石器群にはその影響がみられる」（佐藤良 1995）と評価されている。このような石器群は、瀬戸内概念のもとで考えると理解しやすい。したがって、　本書でも瀬戸内概念を採用することにする。ここで、一例をあげる（第 19 図右の石核）。これは匂坂中遺跡のシルト岩製の石核で、下記の特徴が見られる。

　　・板状の剥片を使っている。

　　・板状剥片の主剥離面（平坦面）を底面にして、側面に作業面を作っている。

　　・不定形剥片を剥離して山形になった部分を打面にして、横長剥片を剥離している。

　上記の特徴は、「瀬戸内技法」の定義に合致するものではないが、山形になった打面から石核の横幅一杯に横長剥片を剥離していること、剥離された剥片は搬出されたようで存在しないが、石核底面の平坦面が取り込まれていると考えられる。このような剥片剥離は、瀬戸内概念に関する情報がなければ不可能なことで、瀬戸内概念を適用した石核と考えられる。

2　重複ブロックの解体と再構成

　磐田原台地では、瀬戸内系石器群・角錐状石器群の純粋なブロックは存在せず、必ず縦長剥片系石器群を伴うことはすでに指摘した（富樫 2012）。従来、同一ブロックで出土した石器は、原則として同時期という前提で「エリア」を設定し、文化層に代わる概念としてきた。同様に、接合関係のあるブロックと個体別資料を共有するブロックも同時期と考えてきた。

　しかし、この前提のもとで、接合関係や個体別資料の共有関係から、ブロック間の時期を検討すると、縦長剥片系石器群と瀬戸内系石器群・角錐状石器群が、同時期になる現象が複数箇所で発生する。編年で言えば、武蔵野ローム層第Ⅴ層〜第Ⅳ層下部の石器群と第Ⅳ層中部〜上部の石器群が同時期になる。この原因は同一ブロックで出土した石器を同時期と考えた前提にある。磐田原台地のような地層の堆積状況の悪い所では、一度形成されたブロックは、相当な期間埋もれずに露出していたと考えられる。そのような石器の散乱場所は、後の時期にそこを訪れた集団にとっては石材の二次産地として認識されたと思われる（Binford 1983）。したがって、時期の異なるブロックが同一場所で重複して形成されたことは、決して奇異なことではなく、むしろ、合理的な解釈であり、地層の堆積状況の良くない地域で発生する特有の現象と考えられる。

　以上のことから、瀬戸内系石器群、角錐状石器群が含まれているブロックは、少なくとも瀬戸内系石器群、角錐状石器群と縦長剥片系石器群に分ける必要がある。完全に分離することは困難だが、接合資料、個体別資料の順で分けることは可能である。

　例として匂坂中遺跡のブロック A21 を取り上げる（第 20 図）。このブロックでは、縦長剥片を剥離したことを示す接合資料と横長剥片を剥離したことを示す接合資料が出土している。

第1節 石器群の再構成

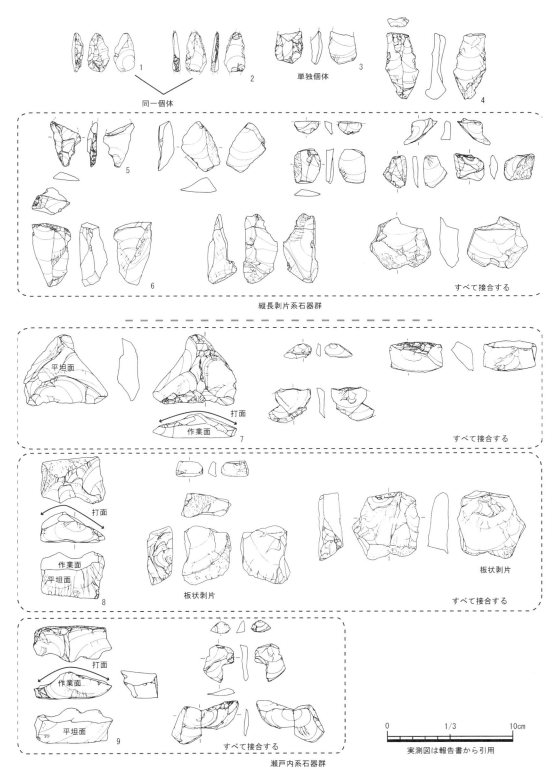

第20図 匂坂中遺跡ブロックA21の石器

第3章 石器群の構造変動と居住行動

　まずは、縦長剥片に関する資料を検討する（第20図上段）。1〜3は背部加工尖頭形石器で、1は不定形剥片を使っているが、縦長剥片を使った2と同一個体のため、縦長剥片系石器群に入れてある。4は縦長剥片で、接合はしないが同一個体の剥片が5点ある。6は縦長剥片石核で、5の背部加工尖頭形石器を含む9点の石器が接合する（第20図最上段の点線内）。

　縦長剥片を剥離した接合資料があることから、このブロックに縦長剥片系石器群が存在することは間違いない。該当する資料は台帳上で、ブロックA21総数184点中46点ある。

　次に、横長剥片に関する資料を検討する、石核は3点出土している（第20図-7〜9）。いずれも板状の剥片を素材にしており、剥片の主剥離面が平坦面として残っている。先行剥離面側には打面が作られている。剥片を剥離する作業面は、板状剥片の側面に作られており、作業面を正面から見ると、打面が山形になっているため、作業面の形は三角形になっている。このように、いずれの石核も平坦面、山形打面、三角作業面と言った瀬戸内概念の条件を備えていることから、瀬戸内概念を適用した石核と言うことができる。したがって、これら3点の石核に接合する資料は、すべて瀬戸内系石器群と考えることができる。台帳上では、ブロックA21総数184点中62点の資料が該当する。

　以上から、匂坂中遺跡ブロックA21で出土した石器184点中46点が縦長剥片系石器群、62点が瀬戸内系石器群に分離された。残りの76点はほとんどが個体別分類不能の不定形剥片、砕片などのため、縦長剥片系石器群、不定形剥片系石器群、瀬戸内系石器群のいずれに帰属するのか不明で、現状での石器群の分類はこれが限界である。

　瀬戸内系石器群・角錐状石器群が出土したすべてのブロックで上記の作業を行い、重複ブロックを解体し、新しい分析単位を設定する。この作業の結果は後述する。

第2節　台形様石器を含む石器群の構造と運用

　現状で磐田原台地最古の石器群は、道東遺跡（木村1992）で単独資料に近い状態で出土した台形様石器（第21図-1）とされている（進藤1996、高尾2006）。これには不定形の剥片1点（第21図-2）が伴っている。台形様石器は横長の剥片を使っており、共伴した不定形剥片の先行剥離面に、複数方向からの剥離面が見られることから、打面を転移しながら不定形剥片を剥離する石核から剥離されたと考えられる。

　匂坂中遺跡では、台形様石器が2点出土している（第21図-3、7）。ブロックC72（第21図-3〜6）は石器11点の小規模なブロックで、石器製作の痕跡が乏しいことから、ほとんどの石器は搬入品と考えられる。いずれも不定形剥片を加工した石器と未加工の不定形剥片で、不定形剥片系石器群と考えて良い。ブロックB37（第21図-7〜13）は、11の不定形剥片が13の不定形剥片石核に接合するため、不定形剥片の剥離が行われたことがわかる。縦長剥片系の石器（第21図-8、12）は個体別分類から、搬入品の可能性が高い。したがって、この石器群は不定形剥片系石器群で、この段階で剥片剥離技術の二極構造が成立していたと考えられる。ただ、7の台形様石器と8の背部加工尖頭形石器は、同一個体に分類されており、他に同一個体の石器がないことから、両方とも搬入品と言うことになるが、形態的に同時期になるかという課題が残る。静岡県内で台形様石器は、愛鷹山麓の休場ローム層第Ⅶ黒色帯〜第Ⅳ黒色帯にかけて出土することが知られている

第2節 台形様石器を含む石器群の構造と運用

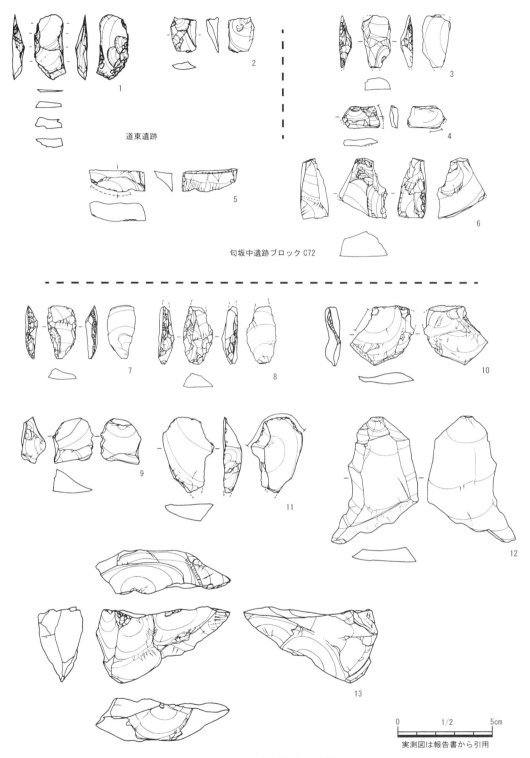

第21図 台形様石器を含む石器群

（高尾 2006）。静岡県内の台形様石器は、今のところ、下記の遺跡で確認されている。

　　中見代第Ⅰ遺跡（高尾 1989）、二ツ洞遺跡（池谷 1991）、土手上遺跡（池谷 1995）、西洞遺跡（笹原芳 1999）、生茨沢遺跡（笹原千・栗木 1999）、桜畑上遺跡（伊藤ほか 2009）、梅ノ木沢遺跡（笹原千 2009）、富士石遺跡（阿部・岩名 2010）

　上記のように、静岡県東部の愛鷹山麓では、新東名高速道路の建設に伴う発掘調査などによって、台形様石器を含む石器群が相次いで報告されている。富士石遺跡では、第Ⅶ黒色帯から 491 点の石器が出土しており、不定形剥片剥離を示す接合資料と縦長剥片剥離を示す接合資料が報告されている。また、第Ⅶ黒色帯で採集された複数の炭化物から、測定年代で 31,000〜32,000 年の年代が報告されている。このことから、後期旧石器時代の初期段階で二極構造が出現していたと考えられる。

　これに対して磐田原台地では、層位的保証がないため、台形様という形と、愛鷹山麓における出土例との比較から時期を判断することになるが、剥片剥離技術における二極構造成立のもとで、不定形剥片剥離技術から台形様石器が製作されたことは考えて良いであろう。

　断片的ながら報告されている台形様石器を、磐田原台地の初期石器群と認めると、その後は武蔵野ローム層第Ⅶ層段階までは石器群が完全に欠落している。しかも、第Ⅵ層段階の石器群も後述するように、広野北遺跡「ナイフ形石器文化（K3）」で報告された一部のブロックに、その可能性が認められるに過ぎない。したがって、台形様石器群については、この段階で剥片剥離技術の二極構造が成立していた可能性を指摘するに留める。

第3節　AT 下位石器群段階の構造と運用

1　石器群の構造

　磐田原台地では、広野北遺跡「ナイフ形石器文化（K3）」が、武蔵野ローム層第Ⅵ層段階の石器群とされてきた（進藤 1996、高尾 2006）。しかし、これが認められないことはすでに明らかにした（富樫 2015）。ただ、「ナイフ形石器文化（K3）」のブロック1（以下、K3- ブロック1とする）は、近接した礫群との間に、間層といって良い間隙をはさんで3層（暗色帯）下部から出土している。そこで、これが時期差を反映した出土状況なのか検討する。同様に、3層下部から出土したブロック4とブロック8（以下、K3- ブロック4、K3- ブロック8とする）も検討対象とする。

　K3- ブロック1（第22図−1〜5）には、背部加工尖頭形石器（1）と背部加工尖頭形石器の基部と思われる破片（2、3）、不定形剥片（4）、不定形剥片剥離を示す接合資料（5）がある。背部加工尖頭形石器とその破片と思われる石器は、縦長剥片を使っており、2と3は基部に打面を残す特徴がある。1も基部を欠損しているが、主剥離面側の基部に打瘤の一部が残っていることから、打面が残っていた可能性が高い。基部に打面を残す背部加工尖頭形石器は、磐田原台地では珍しい例で、静岡県東部の愛鷹山麓では、AT を含んだニセローム層直上の第Ⅰ黒色帯〜第Ⅰスコリア帯で出土することが知られている（高尾 2006）が、ニセローム下位の第Ⅱ黒色帯でも、少数ではあるが存在する（鈴木・関野 1990）。5の接合資料は、残っている自然面から、このブロックに原石、もしくは分割礫が搬入されたことを示している。愛鷹山麓では、打面を残した背部加工尖頭形石

第3節 AT下位石器群段階の構造と運用

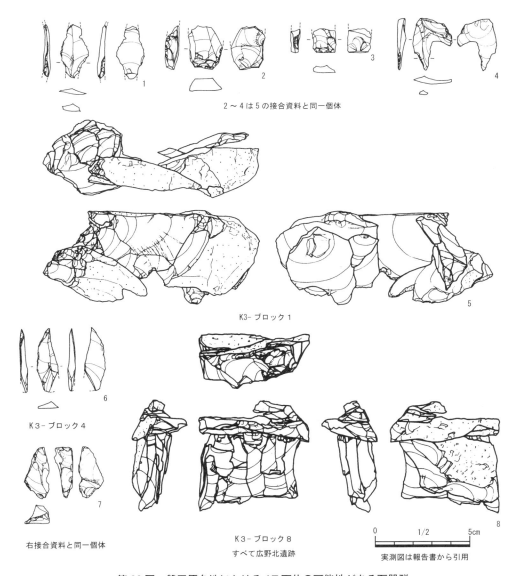

第22図 磐田原台地におけるAT下位の可能性がある石器群

器が、AT下位の層からも出土していることから、K3-ブロック1に打面を残した背部加工尖頭形石器（1～3）が存在することは、この石器群がAT下位の石器群である可能性をうかがわせている。

K3-ブロック4は13点の石器からなる小規模なブロックで、縦長剥片を使った背部加工尖頭形石器（第22図-6）が出土している。これは、個体別分類から考えて搬入品と思われる。

K3-ブロック8では微細な剥離のある不定形剥片（第22図-7）、縦長剥片剥離を示す接合資料（8）が出土している。接合資料は、打面を再生しながら寸詰まりの縦長剥片を剥離しており、扁平になった石核が残っている。ブロック内で自然面を除去した痕跡がないことから、大方の自然面を除去し、一部に自然面が残った状態で搬入され、10点前後の縦長剥片が剥離されたと思われる。

67

剥離された剥片の大半は搬出されている。この接合資料では、作業面を一面に固定して、打面が左右に移動しているため、作業面が石核を周回することがない。この剥片剥離技術は、石核の小口面に作業面を固定して、打面の後退と共に作業面も後退していく技術、すなわち、石核の小口面から縦長剥片を剥離する技術に共通するところがある。このような技術は、愛鷹山麓では AT 下位の第Ⅱ黒色帯で知られている（高尾 2006）。

　以上のことから、広野北遺跡 K3- ブロック 1、ブロック 4、ブロック 8 を AT 下位の段階に位置付けることは可能と考えられる。したがって、武蔵野ローム層第Ⅵ層の段階に相当すると考えることも可能である。この時期は、列島規模で展開していた等質な石器群が、これを境に、地域単位で発達して地域性が成立した時期と考えられている（佐藤宏 1992）。磐田原台地でも地域性が成立する直前の段階に、愛鷹山麓の石器群と同様の石器群、さらには、列島規模で展開していた当該期の石器群と大差ない石器群が成立していたと考えることができる。そして、これが台地内の環境に適応して、独自の発展を遂げる母体になったと考えることができる。

　上記の石器群では、縦長剥片剥離技術と不定形剥片剥離技術の両方が認められるため、この段階でも二極構造は維持されていたと考えられる。

2　石器群の運用

　先述のように、集団がリスクを低減して環境に適応するために最適な石器製作を選択することで、石器群の構造が変動すると考えられる。狩猟採集生活では、資源開発に伴う移動が不可欠のため、居住形態に合わせて最適な石器製作を選択する必要がある（Binford 1979、Kuhn 1992、Yellen 1977 など）。したがって、構造変動に基づいて設定した編年は、石器群の新旧を表すだけでなく、集団の居住形態と、その背景にある社会と生態の新旧でもある。石器群の順番を決める従来編年との決定的な違いがここにある。

　本項では、居住形態を解明するための手がかりとして石器群の運用を検討する。ここで言う居住形態とは、寺谷遺跡や広野北遺跡で展開された、場の機能を解明する集落論とは異なる。石器は製作場所、保管場所、使用場所が必ずしも一致しない上に、残された遺物が場の機能を表していない例（Binford 1978b,1978c）から、スクレイパーや彫器が残されているから加工場であるといった解釈は必ずしも成立しない。本書では、居住形態とは、各地点に残された石器群という点を行動という線で結んだネットワークと考える。したがって、定点観測的な従来型集落論や遺跡構造論とは異なり、磐田原台地内外で展開された行動の追跡観測であり、目指すところは石器群の検討を通じた古民族誌の解明である。

　上記の観点から、編年的に連続追跡が可能な石器群のうち、最古段階に位置付けられる可能性がある広野北遺跡 K3- ブロック 1、4、8（第 22 図）を二極構造成立段階として、この段階の居住形態を検討する。とは言え、この段階に該当する可能性のある石器群は、ここにあげた 3 つしかないため、検討には限界があることを前提に論を進める。

　第 22 図−5 の接合資料は、平坦な自然面を打面にして剥片剥離を開始しており、剥離が進むにつれて、打面を転移しながら不定形剥片を剥離している。初期段階で剥離された剥片や自然面を大きく残した剥片、相当に歪んだ形態の剥片に微細な剥離が見られることから、石核調整剥片と目的剥片の区別が明確でなく、鋭利な縁辺があれば、そのまま石器として使っていたと考えら

れる。近隣で石材を採集できるとは言え、石材不足を想定したような無駄のない消費方法をとっていることから、石材入手の機会や入手量が十分であったか、疑問に思わせる。

K3-ブロック4は小規模ブロックで、剥片剥離の痕跡がほとんどないが、台石と叩石が1点ずつ出土している。台石は長さ10cm強の砂岩の扁平な円礫で、持ち歩くことも十分可能だが、地面に据え付けて使う台石は、備え付け備品（site-furniture; Biford 1979）として、その場に置かれていたと考えた方が良い。また、小規模なブロックとは言え、この台石は、石器搬入場所を選択する目印として残置したものだったことも想定できる。

K3-ブロック8で出土した接合資料（第22図-8）では、非接合の石器を含めて47点が同一個体に認定されている。接合資料は原石や分割礫の搬入を示すものではないため、石核を搬入して縦長剥片を剥離した後、限界まで剥片を剥離した石核を廃棄したと考えられる。この接合資料では、石核の調整剥片と縦長剥片を区別できる。円礫から縦長剥片石核を作るには、自然面除去や打面作出、作業面作出などの工程で相当な調整剥片を剥離しなければならない。この接合資料は剥片剥離工程の終盤の資料ではあるが、打面調整や打面再生を行っていることから、縦長剥片剥離技術を在地石材の円礫に適用するための一手段を見ることができる。接合資料にある調整剥片に、石器として使用された痕跡のあるものはないが、同一個体に分類されている剥片や石核調整剥片と考えられる剥片の縁辺には、微細な剥離が付いたものがあり、石器として使われたことが考えられる。また、最後に廃棄した石核の縁辺にも微細な剥離が見られることから、剥片剥離終了後に、石核も石器として使用されたと考えられる。このように、目的生産物である縦長剥片以外の剥片や、剥片剥離を終了した石核が、石器として使用された痕跡があることから、石材不足を想定した運用か、実際に石材が不足していた状況が想定される。

以上、わずか2点の接合資料ではあるが、1つは不定形剥片剥離を示す接合資料、もう1つは縦長剥片剥離を示す接合資料であった。この2つの接合資料から、この段階で剥片剥離技術の二極構造が成立していたと考えることができる。そして、磐田原台地に居住地を求めた初期の行動をたどることが可能である。それは、少数の石材を持ち歩きながら、円礫の消費効率を上げる方向で石材を運用し、小規模な石器群を残した行動である。その背景には、目前の天竜川で石材を採集できるとは言え、石材採集機会が限定されていたか、石材入手量が十分でなかったため、石材不足を想定した石材運用が考えられる。

磐田原台地で二極構造を維持して石器群を安定させるには、堆積岩の円礫に適応した技術を開発する必要がある。上記の接合資料に残る自然面から、完全な円礫ではなく、扁平に近い円礫を選んだと考えられる。球形に近い円礫よりも、扁平な礫の方が打点位置を選択しやすいと考えられることから、扁平な礫を選んだのであろう。

現在のところAT下位の可能性がある石器群は上記の3ブロックだけだが、その他の小規模ブロックの中にも、これらと同時期のものが含まれている可能性はある。しかし、現段階でのAT下位の可能性がある石器群の抽出はこれが限界である。

第3章　石器群の構造変動と居住行動

第4節　瀬戸内系石器群・角錐状石器群の構造と運用

1　瀬戸内系石器群・角錐状石器群段階の二極構造の成立

　磐田原台地で本格的に石器群が展開するのは、武蔵野ローム第Ⅴ層〜第Ⅳ層下部段階からである。この時期に認められるのは、瀬戸内系石器群と角錐状石器群である。両石器群が磐田原台地内で発生した根拠はないため、外部から流入した石器群と考えられる（森先2010）。したがって、両石器群の成立を検討するには、流入直後と考えられる資料を検討することになる。これについては、搬入石材を使った瀬戸内系石器群・角錐状石器群が該当すると考えられる。

　磐田原台地では、安山岩製の横長剥片石核、複刃厚形削器が、単独資料ではあるが出土している（第23図）。いずれも台地周辺では採集できない石材である。

　1は匂坂中遺跡で出土した複刃厚形削器で、横長剥片石核に転用されている。素材剥片の主剥離面が平坦面になっており、基部付近で、調整剥離が切り合った境界を打点にして、最大幅3cm程度の横長剥片を剥離している。横長剥片としてはかなり小さいが、このことはすでに指摘されたことがある（佐藤良1995）。筆者も実見して横長剥片を剥離している可能性は考えて良いことを確認している。この石核は、平坦面と山形の打面、三角形になる作業面を持っているため、かなりイレギュラーな印象を受けるが、瀬戸内概念を意識した技術と考えられる。

　2は広野遺跡（清水1996a）で出土した横長剥片で、縦に割れた痕跡がある。3は横長剥片石核である。2と3は風化が進んでいるものの、視覚的には完全に同一個体の安山岩である。筆者も何度か接合を試みたが、接合はしなかった。3の石核は、片面がほぼ全面自然面で、反対側の面に平坦な剥離面があることから、分割礫を使っていると思われる。図示したように、分割面が平坦剥離面として残っている。作業面正面の見通し図が示されていないが、打面は緩い山形になっており、その打面から横長剥片を剥離している。このことから、瀬戸内概念の条件を備えた石核と考えられる。

　4は、広野北遺跡で出土した横長剥片石核である。風化が進んでいるため、石材判定が困難だが、安山岩と思われる。これも図示したように、平坦面と山形の打面、三角形の作業面があることから、瀬戸内概念を適用した石核と考えられる。風化のため、横長剥片剥離との前後関係は不明だが、石核の側面で不定形剥片を剥離している。

　これら以外にも長者屋敷北遺跡で、安山岩か凝灰岩製と思われる横長剥片石核が出土しているが、風化が激しく石材判定、剥離面の観察とも困難なため、存在の指摘だけにとどめる。

　以上が搬入石材を使用した瀬戸内系石器群で、磐田原台地に流入した直後の状態を示していると考えられる。台地内に安山岩で石器を製作した痕跡がないことから、1は完成品、3と4は石核の状態で搬入されたと考えられる。2は、台地内で3から剥離された可能性がある。

　3と4の石核では、横長剥片以外に不定形剥片も剥離している点を検討する。いずれも風化が進んでいるため、横長剥片剥離との前後関係は断定できないが、3は石核長が短く、打面を後退させるという、瀬戸内概念を適用した方法で横長剥片を剥離することが不可能なため、不定形剥片石核との兼用にしたと考えられる。しかし、不定形剥片剥離の方が目立つことから、剥片剥離

第4節 瀬戸内系石器群・角錐状石器群の構造と運用

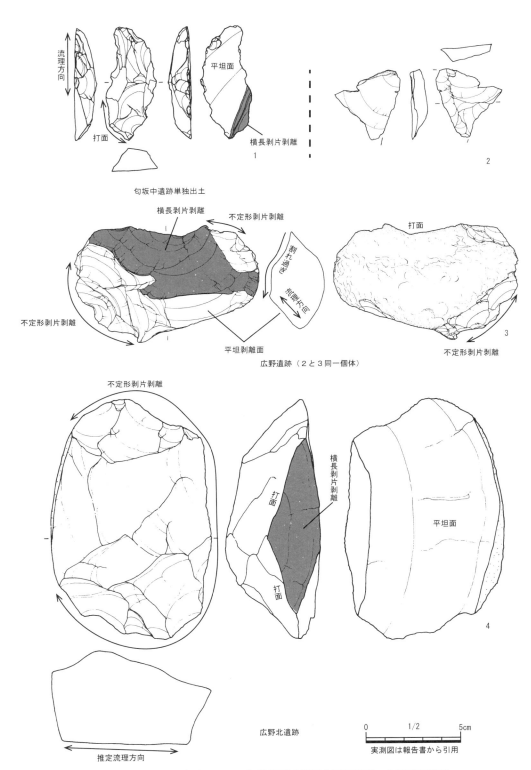

第23図 磐田原台地における初期段階の瀬戸内系石器群・角錐状石器群

第3章　石器群の構造変動と居住行動

の主体は不定形剥片剥離にあり、その一環で横長剥片を剥離したと考えられる。石核の片面は、凹凸の少ない滑らかな円礫面である。そのため、打面調整が不要で効率的な剥片剥離ができることから、搬入石材を効率良く消費するために、打面調整が必要で、剥離可能枚数の少ない瀬戸内概念を適用した横長剥片剥離よりも、不定形剥片剥離を選択したと考えられる。

　4は広野北遺跡で出土したもので、瀬戸内概念を適用した石核ではあるが、打面を作っている剥離面が打面調整にしては大きな剥離面で、打面調整と言うよりも不定形剥片を剥離した剥離面と考えた方が良い。そして、不定形剥片剥離によって山形になった部分を打面にして、横長剥片を剥離している。この資料でも、剥片剥離の主体は不定形剥片剥離にあり、その一環で横長剥片を剥離したことが考えられる。この石核は、底面にあたる部分が平坦面になっており、打面調整不要で格好の平坦打面になることから、これも搬入石材の効率的な消費のために、横長剥片剥離よりも不定形剥片剥離を選択したと考えられる。

　このように、瀬戸内概念を適用した石核で不定形剥片も剥離していることから、瀬戸内系石器群成立の段階で、横長剥片剥離技術と不定形剥片剥離技術の二極構造が成立していたと考えられる。前段階で、縦長剥片剥離技術が占めていた構造上の位置を、横長剥片剥離技術が置換して二極構造を維持したと考えられる。しかし、剥片剥離の主体は不定形剥片剥離にあり、横長剥片は、不定形剥片剥離の一環で剥離されているに過ぎない。磐田原台地では、瀬戸内系石器群の流入と共に、瀬戸内概念の情報ももたらされたが、純粋な形で根付くことはなく、初期の段階で、不定形剥片剥離技術に取り込まれる形で採用されたと考えられる。

2　瀬戸内系石器群・角錐状石器群の台地内適応

　磐田原台地は、瀬戸内系石器群・角錐状石器群が波及はしたものの、本格的には展開しなかった地域とされている（森先2010）。そこで、両石器群が波及後にたどった変遷を追跡し、これらの石器群が磐田原台地で展開できなかった原因を検討する。両石器群が台地内で展開できなかったと言うことは、台地の環境に適応できなかったことになる。その原因を最も追求しやすいのは石材運用である。そこで、瀬戸内概念と角錐状石器群の製作を試みた形跡をたどりながら、磐田原台地における瀬戸内系石器群・角錐状石器群の実態を探る。

　成立期の瀬戸内系石器群・角錐状石器群で使われた安山岩の原産地は不明だが、磐田原台地周辺には安山岩の産地がないため、安山岩の供給が安定しなかったことは間違いない。また、第23図－3、4の石核は、いずれも横長剥片が剥離可能な状態で剥離を終えていることから、搬入石材を使用した剥片剥離そのものに適応できなかったことが考えられる。おそらくは、安山岩特有の流離構造を利用した剥片剥離に適応できなかったのであろう。

　次に想定される段階は、瀬戸内概念を地元石材に適用する段階と、地元石材を使って角錐状石器群を製作する段階である。この段階になると、若干ではあるが資料数が増え、瀬戸内系石器群・角錐状石器群のブロックも見られるようになる。先述のように、瀬戸内系石器群・角錐状石器群は単独でブロックを形成することがなく、常に縦長剥片系石器群とブロックが重複していた。したがって、準備作業として両石器群を分離する必要がある。分離は必ずしも容易ではないが、第一に接合資料単位、第二に個体別資料単位で行うことが有効と考えられる。この作業を通じて抽出した石器群の一覧と代表的な石器を示す（第7表、第8表、第24図、第25図）。

第4節　瀬戸内系石器群・角錐状石器群の構造と運用

第7表　磐田原台地における瀬戸内系石器群・角錐状石器群（複数個体資料）

石器群	点数	出土内容	作業内容
匂坂中遺跡ブロック A21　個体番号 N218	シルト岩 49 点	瀬戸内概念石核 1 点 不定形剥片石核 1 点 板状剥片 1 点 剥片等 46 点	分割礫搬入→瀬戸内概念石核、不定形剥片石核、板状剥片製作
広野北遺跡 K2- ブロック 3　個体番号 K2-3F ⑦	シルト岩 6 点	瀬戸内概念石核 1 点 不定形剥片石核 2 点 剥片等 3 点	分割礫搬入→不定形剥片石核と瀬戸内概念石核を製作→剥片剥離
広野北遺跡 K2- ブロック 3　個体番号 K2-3F ①	シルト岩 55 点	背部加工尖頭形石器 2 点 瀬戸内概念石核 1 点 不定形剥片石核 1 点 剥片等 51 点	石核搬入→不定形剥片剥離 （不定形剥片 2 点接合）
広野遺跡	安山岩 2 点 シルト岩 2 点	瀬戸内概念石核 2 点 横長剥片 1 点 横長剥片製背部加工尖頭形石器 1 点	石核搬入→横長剥片剥離
匂坂中遺跡ブロック A21　個体番号 N213	シルト岩 13 点	瀬戸内概念石核 2 点 剥片等 11 点	石核搬入→横長剥片・不定形剥片剥離
匂坂中遺跡ブロック C81　個体番号 E805	シルト岩 2 点	瀬戸内概念石核 1 点 （報告書記載は使用痕のある剥片） 剥片 1 点（礫面除去剥片）	搬入のみか
匂坂中遺跡ブロック B15　個体番号 S109	シルト岩 16 点	横長剥片製背部加工尖頭形石器 1 点 剥片等 15 点	搬入のみか
匂坂中遺跡ブロック B54　個体番号 S525	シルト岩 2 点	横長剥片製背部加工尖頭形石器 1 点 剥片 1 点	搬入のみ
匂坂中遺跡ブロック C32　個体番号 E302	安山岩 5 点	横長剥片製背部加工尖頭形石器 1 点 剥片等 4 点	搬入のみ
匂坂中遺跡ブロック C81　個体番号 E803	シルト岩 1 点	横長剥片製周縁加工尖頭形石器 1 点	搬入のみ
匂坂中遺跡ブロック C82　個体番号 E803	シルト岩 5 点	横長剥片製周縁加工尖頭形石器 1 点 剥片等 4 点	搬入のみ
京見塚遺跡	シルト岩 13 点	「角錐状石器」13 点（未報告）	原石搬入か
匂坂中遺跡ブロック B15 個体番号 S111	シルト岩 16 点	角錐状尖頭器 1 点 複刃厚形削器 1 点 剥片 14 点	不定形剥片剥離（5 点接合）

第8表　磐田原台地における瀬戸内系石器群・角錐状石器群（単独個体資料）

器種	遺跡名	点数
横長剥片製背部加工尖頭形石器	広野遺跡 匂坂中遺跡 匂坂上 2 遺跡 長者屋敷北遺跡 京見塚遺跡	1 点 2 点 1 点 1 点 2 点（未報告）
角錐状尖頭器	匂坂中遺跡	2 点
複刃厚形削器	匂坂中遺跡 匂坂上 2 遺跡 長者屋敷北遺跡	2 点 1 点 1 点
瀬戸内概念適用の石核	広野北遺跡 長者屋敷北遺跡	1 点 4 点

　先述のように、磐田原台地における瀬戸内概念を適用した剥片剥離は、不定形剥片剥離と一体化しており、角錐状尖頭器の関連資料は、加工量の多さを考えると、縦長剥片からの製作は不可能で、厚みと平面的な大きさのある不定形剥片から製作されたと考えた方が良い。このように考えると、瀬戸内概念関連資料や角錐状尖頭器関連資料を含まない不定形剥片系石器群の存在も想定しなければならない。しかし、不定形剥片系石器群は編年の設定が困難なため、瀬戸内系石器群・角錐状石器群と同段階の不定形剥片系石器群と、その後の段階で出現する縦長剥片系石器群と同段階の不定形剥片系石器群の区別は、現状ではほとんど不可能である。ただ、瀬戸内系石器

第3章 石器群の構造変動と居住行動

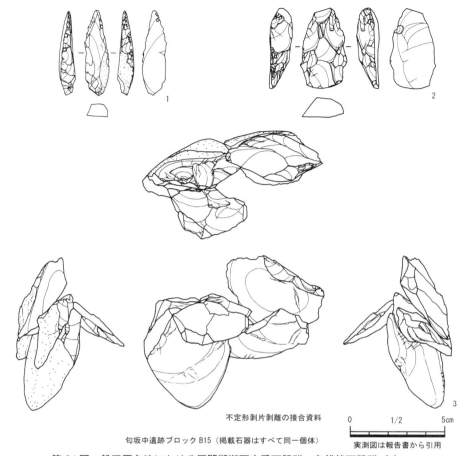

不定形剥片剥離の接合資料

匂坂中遺跡ブロックB15（掲載石器はすべて同一個体）　　実測図は報告書から引用

第24図　磐田原台地における展開期瀬戸内系石器群・角錐状石器群（1）

群の段階における主要狩猟具が、横長剥片製の背部加工尖頭形石器と角錐状尖頭器であったことは間違いなく、これらが非常に少ないことを考えると、この段階の不定形剥片系石器群も同様に少なかったと考えて良いであろう。したがって、磐田原台地上の不定形剥片系石器群に、瀬戸内系石器群・角錐状石器群と同段階の石器群が含まれている可能性は高いが、該当資料は少ないと想定される。そこで本書では、瀬戸内系石器群、角錐状石器群の関連資料を伴う不定形剥片系石器群のみをこの段階での検討対象とする。

　主な該当資料を検討する。匂坂中遺跡ブロックB15では、不定形剥片剥離を示す接合資料を含んだ角錐状石器群が出土している（第24図-1～3）。図示した資料はすべて同一個体に分類されている。1は角錐状尖頭器、2は複刃厚形削器で、いずれも厚みのある剥片を使っている。2の先端は、剥片の縁辺が残っているのか、折れているのか判断が難しい。元々尖った先端があって折れているとしたら、角錐状尖頭器に分類できるが、ここでは複刃厚形削器としておく。1と2の主剥離面を見ると横長剥片を使っているように見えるが、これは、打面側縁辺の加工が進んで、剥片の長さが短くなっているためである。したがって、1と2は横長剥片ではなく、不定形剥片を使っていると考えた方が良い。なお、打面側縁辺の加工の方が進んでいるのは、打瘤を除去したためと考えられる。

74

第4節 瀬戸内系石器群・角錐状石器群の構造と運用

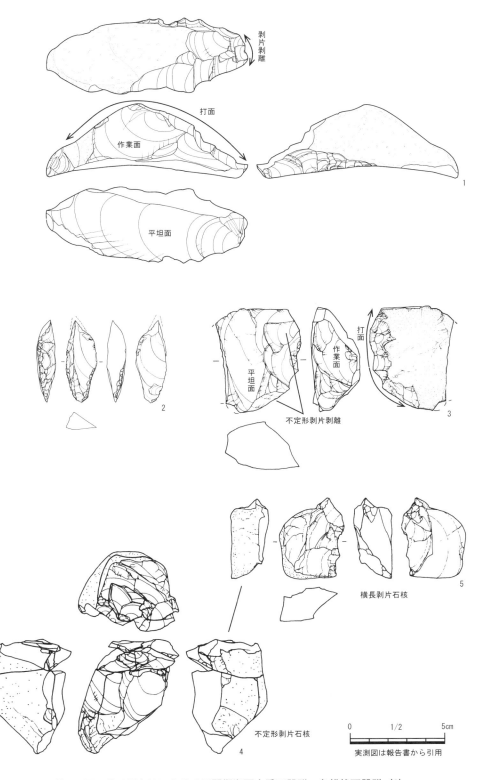

第25図 磐田原台地における展開期瀬戸内系石器群・角錐状石器群（2）

3は不定形剥片を剥離したことを示す接合資料で、扁平に近い円礫の縁辺で、打面と作業面を入れ替えながら貝殻状の不定形剥片を剥離している。1と2は、3と同一個体で、不定形剥片を素材にしていることから、個体別分類が正しければ、1と2も、3のような剥片剥離によって剥離された不定形剥片を使っていると考えられる。

長者屋敷北遺跡では、単独資料ではあるが横長剥片石核が出土している（第25図−1）。これは剥片を使った石核で、剥片の主剥離面が平坦面になっており、剥片の側面で横長剥片を剥離している。この石核の特徴は、横長剥片を剥離する前に縦長に近い剥片を剥離していることである（図中「剥片剥離」の表示部分）。そして、この剥片剥離によって山形になった部分を打面にして横長剥片を剥離している。平坦な剥離面と山形になった打面があるため、瀬戸内概念の条件を備えた石核と考えられるが、横長剥片の剥離以前に、別の剥片を剥離している点に留意したい。

広野遺跡では、先に示した成立期の瀬戸内系石器群の他に、地元石材を使った瀬戸内系石器群が出土している（第25図−2、3）。広野遺跡では、縦長剥片系石器群と瀬戸内系石器群が重複した濃密なブロックが出土している。2は、厚みのある横長剥片を使用した背部加工尖頭形石器で、調整は入念である。石材は珪化が進んだ良質のシルト岩を使っている。3は、瀬戸内概念を適用した石核で、横長剥片剥離後に、同じ作業面で小型の不定形剥片を剥離している。

広野北遺跡 K2- ブロック3は、瀬戸内系石器群と縦長剥片系石器群の重複ブロックで、個体別資料の単位であれば、瀬戸内系石器群を抽出できる。図示したのは、個体番号 K2-3F ⑦に属する資料である（第25図−4、5）。5は瀬戸内概念を適用した横長剥片石核で、4はこれを含む接合資料である。接合した状態で、すでに石核であったようで、この状態になる以前に少なくとも2点の剥片が剥離されている。そして、石核を輪切りにするように板状の剥片を剥離し、その板状剥片が5の横長剥片石核になっている。一方の石核は、5の素材になった剥片を剥離した後、その剥離面を打面にして不定形剥片を剥離している。同一個体から2点の石核が作られ、片方が瀬戸内概念を適用した石核になっていることから、瀬戸内概念を適用した剥片剥離と、通常の不定形剥片剥離技術が同一個体に含まれていることがわかる。

成立期以降の瀬戸内系石器群・角錐状石器群は、天竜川で採集できる堆積岩、シルト岩や細粒砂岩などを使っている。従来の検討で、これらの資料には、明らかに「瀬戸内技法」の影響が見られるが、下記の特徴があるとされている（進藤1996、佐藤良1995）。

・打面調整の簡略化や省略が見られる。
・盤状剥片の側面で横長剥片を剥離する例がある。

上記の特徴から、「瀬戸内技法」の地域的変異と理解された。このことは、瀬戸内概念提唱以前に指摘された特徴であるため、地域的変異とされたが、南関東で、かつて「殿山技法」と呼ばれたことのある「剥片剥離過程第6類」（織笠1987）と同様、地元石材で瀬戸内概念の再現を意図した地域的適応と考えられる。しかし、先に指摘したように、磐田原台地では瀬戸内概念が単独で成立することはできず、常に不定形剥片剥離技術と不可分の関係にあり、横長剥片剥離を目的としたと言うよりも、不定形剥片剥離の過程で横長剥片を剥離したと考えた方が良い。したがって、この段階では、横長剥片剥離と不定形剥片剥離の二極構造があったが、横長剥片剥離技術が構造上の位置を確定できなかったため、二極構造も不安定な構造であったと考えられる。

3　瀬戸内系石器群の消滅

　この項では、瀬戸内概念の地元石材への適応過程〜消滅過程を検討する。

　瀬戸内概念を適用した横長剥片剥離が、安山岩の流理構造を利用した技術であることは周知のことである。この流理構造は、粘性の高い溶岩が流出した際、流れた方向に、組織や成分の異なる部分が重なり合って微細な縞状になるために生じる構造で、流紋岩や安山岩といった粘性の高い溶岩を起源とする火山岩に生じやすい。瀬戸内を中心に発達した横長剥片剥離技術は、この流理方向に沿って板状剥片を取り、流理方向に対してやや斜め方向に打撃を加えて横長剥片を剥離するよう石核を準備するとされている。（絹川 1988b、1988c）。

　第 23 図 − 1、3、4 は、流理と平行に剥離した剥片を素材にしており、流理に対してやや斜め方向に打撃を加えて横長剥片を剥離している。したがって、流理の利用法も瀬戸内概念に従っていると考えられる。しかし、同じ石核で不定形剥片も剥離している点にも注目する必要がある。この原因は、瀬戸内概念を適用した剥片剥離の生産性の低さに求められるであろう。翠鳥園遺跡で得られた膨大な接合資料から、瀬戸内概念を適用した剥片剥離の場合、1 点の石核から剥離される剥片の枚数は、3 点〜7 点程度剥離していれば多い方で、1、2 点しか剥離していない石核も多いと報告されている（高橋 2001）。これらの石核をキャッシュと考えれば、剥片剥離枚数が少なく、まだ剥片剥離可能な石核を残したことも理解できるが、膨大な資料の全体を通じて、1 点の石核から 1、2 点しか横長剥片を剥離できていないと言う事実からは、やはり、生産性が低いと考えざるを得ない。板状剥片の剥離から、山形打面の作成、打面管理、打点の移動などにバリエーションがあるとは言え、計画性が必要な割に獲得できる剥片の枚数は少ないと言える。したがって、磐田原台地では、労力に対する成果の少なさから、瀬戸内系石器群成立当初から、瀬戸内概念と不定形剥片剥離を同時に選択したと考えられる。

　このような剥片剥離技術の選択は、石材消費効率の点からも合理的である。磐田原台地では、台地の西側を流れる天竜川で石材を採集できるため、常に石材を補給できると考えられてきたが、後述するように、台地西側の断崖が大きな障害となっており、安全に台地を降りるルートは、台地の北端に限定される。したがって、石材獲得の機会が台地を降りる行動に埋め込まれていたとするなら、石材獲得の機会も限定されていたことになる。このような石材環境の下では、生産性の低い瀬戸内概念を適用した剥片剥離よりは、不定形剥片剥離技術を採用した方が、石材消費効率の点で有利と考えられる。

　この現象は展開期に入ると顕著になる。長者屋敷北遺跡の横長剥片石核（第 25 図 − 1）は、剥片素材の石核から縦長に近い剥片を剥離し、それによって山形になった部分を打面として、横長剥片を剥離しているもので、打面調整と呼べるものではない。広野北遺跡の資料（第 25 図 − 5）は、瀬戸内概念用の石核を作るために、板状の剥片を剥離したというよりも、打面と作業面を交互に入れ替える不定形剥片剥離の過程で板状に剥離された剥片を石核に転用しただけと考えられる。そして、接合した状態で横長剥片石核の作業面に生じている空間から、剥離された横長剥片の枚数を想定すると、1〜2 点程度と想定される。

　角錐状尖頭器と複刃厚形削器（第 24 図 − 1、2）は、不定形剥片剥離を示す接合資料（第 24 図 − 3）との個体別分類が正しければ、明らかに不定形剥片剥離技術の中に取り込まれた存在である。

このように考えると、磐田原台地における瀬戸内概念は、当初から不定形剥片剥離技術に取り込む形で採用されており、その後は、瀬戸内概念が地元石材に適用された段階で、不定形剥片剥離技術への吸収が加速し、早くも衰退が始まったと考えられる。瀬戸内概念を適用した剥片剥離は、定型的な背部加工尖頭形石器（第25図－2）が見られることから、不定形剥片剥離技術と共に二極構造を形成し、構造上の位置を占めたことは間違いないが、剥片生産性の低さと石材消費効率の悪さが、構造上の安定的位置の確保に大きな障害となったことが考えられる。これに加えて、地元石材は堆積岩のため、安山岩のような一定方向の流理がなく、不規則な石の目が入っていることが多い。このような石材の性質から、在地の堆積岩は、流理を活用した瀬戸内概念の適用には向いていないと考えられる。以上のような背景により、瀬戸内概念を適用した横長剥片剥離技術の構造上の位置は不安定で、短期間のうちに不定形剥片剥離技術に吸収される形で消滅したと考えられる。

4　切出形石器の欠落

ここで、磐田原台地ではこの時期、切出形石器がほとんど発達しない原因を検討する。本書の器種分類では、切出形を呈する背部加工尖頭形石器と言うべきだが、ここでは略して切出形石器とする。武蔵野ローム層第Ⅴ層～第Ⅳ層下部の段階、地域によっては切出形石器が発達することが知られている。静岡県内では、数は少ないが愛鷹山麓で知られており、子ノ神遺跡（北川・石川 1982）などで出土している。

切出形石器の発生については、台形様石器の中に切出形を呈するものが発生し、それが台形様石器消滅後の機能的要請を満たすために切出形石器として発達し、台形様石器の構造上の位置を置換したと考えられている（佐藤宏 1992）。

この考えに従えば、磐田原台地には台形様石器がわずかしかなく、切出形を呈する台形様石器もないため、そもそも切出形石器が発生する素地がないことになるが、台形様石器消滅後の石器群が欠落しているため、切出形石器欠落の原因は台形様石器に求めるのではなく、台地内に成立した不定形剥片系石器群、特に角錐状尖頭器に求めるのが妥当と考えられる。

そこで、静岡県で少ないながらも出土している切出形石器を検討する（第26図）。まずは、愛鷹山麓にある子ノ神遺跡出土の資料を検討する（第26図－1～4）。報告書では、1が切出形石器、2～4が角錐状石器と記載されている。

ここで注意しておきたいことは、「角錐状石器」が縦長剥片や横長剥片を素材にしていると言う記載がしばしば見られることである。角錐状尖頭器、複刃厚形削器共に剥片の二側縁を加工して剥片を相当に変形させて細長い形態に仕上げることが多い。したがって、長さ、あるいは幅に相当な余裕がなければならない。縦長剥片で幅に余裕があれば、それはもはや縦長剥片ではない。同様に横長剥片で長さに余裕があれば、それは横長剥片とは呼ばない。いずれも不定形剥片と呼んだ方が良い。このように、剥片を大きく変形させて細長い形にしているため、主剥離面のリングの入り方によって、縦長剥片、もしくは横長剥片を使用しているように見えるだけで、多くの場合は不定形剥片を素材にしているのが実情と思われる。現実には縦長剥片を使っている場合もあるが、縦長剥片剥離技術によって、連続剥離された縦長剥片を使うことはないであろう。加工量に耐えられる幅がないからである。同様に横長剥片を使うことも現実にはあるが、瀬戸内概念

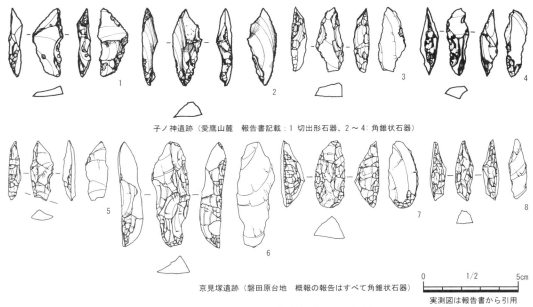

第 26 図　切出形石器と角錐状尖頭器の相似

を適用した石核から剥離された横長剥片を使う例はない。この場合は加工量に耐えられる長さがないからである。瀬戸内概念以外にシステマティックな横長剥片剥離技術が復元されていない以上、横長剥片を使っていたとしても、該当する剥片剥離技術は不定形剥片剥離技術しかない。したがって、縦長剥片、もしくは横長剥片を使っているとしても、それは不定形剥片剥離の過程で剥離された縦長、もしくは横長になった剥片を使っているのが実態と考えられる。

　1～4は、黒曜石の不定形剥片を使っている。いずれも、二側縁を加工して先端付近に剥片の縁辺を残して、尖頭状に仕上げている点が共通している。異なるのは素材剥片の厚さで、2～4は厚みのある剥片を使っており、背部加工尖頭形石器よりも、明らかに厚い剥片を選択していることから、製作当初から背部加工尖頭形石器とは異なる器種として作られたと考えられる。したがって、1と2～4は、製作者は異なる器種として製作したと思われるが、二側縁を加工して細長い形にして、先端に剥片の縁辺を残しながらも尖頭状に仕上げている点で形態が酷似している。機能的には、先端が尖っていることから、狩猟具、刺突具であったと考えられる。

　以上から、1と2～4は別器種として製作されたが、不定形剥片剥離技術と言う同様の技術によって剥離された剥片を使い、刺突と言う同様の機能を持たせたために、形態が酷似する相似が起こっていると考えられる。愛鷹山麓で切出形石器が発達しなかったのは、切出形石器と角錐状尖頭器の相似により、角錐状尖頭器が切出形石器と同形態をとるようになった結果、切出形石器の構造上の位置を角錐状尖頭器が置換する現象が起こったためと考えられる。

　なお、切出形石器と角錐状尖頭器、複刃厚形削器の相似が起こる際、角錐状尖頭器、複刃厚形削器が切出形石器の形態をとることが常であって、切出形石器が角錐状尖頭器、複刃厚形削器の形態をとることはないと考えられる。本来の切出形石器は厚みがないため、角錐状尖頭器、複刃厚形削器の形態は再現不可能だからである。したがって、この両者の相似は、角錐状尖頭器、複刃厚形削器が切出形の形態をとると言う一方向に想定できる現象である。

第 3 章　石器群の構造変動と居住行動

　同様の現象は磐田原台地でも見ることができる。当地での角錐状尖頭器、複刃厚形削器は単独出土が多いが、京見塚遺跡でまとまって出土している（山﨑1992）。概報が刊行されただけの未報告資料だが、「角錐状石器」が13点出土したとされている（第26図−5〜8）。図示したのはすべて在地の堆積岩製である。いずれも背部加工尖頭形石器よりも明らかに厚い不定形剥片を使っており、8以外は、先端に縁辺を残しながらも尖頭状に仕上げている。5と6は、縁辺の残り方から、背部加工尖頭形石器に近い形態である。8は角錐状尖頭器で間違いないが、5〜7は、厚み以外は切出形石器と言っても良い形態である。磐田原台地では切出形石器として報告された石器はないが、このように角錐状尖頭器、複刃厚形削器の中に切出形石器に酷似するものが存在する。台地内に切出形石器がほとんど存在しないことから、台地外で切出形石器と角錐状尖頭器、複刃厚形削器との相似が起こり、相似形態に関する情報が台地内に流入したと考えられる。そのため、台地内で切出形石器が作られることはなく、切出形石器と相似形態の角錐状尖頭器、複刃厚形石器が作られたと考えられる。したがって、磐田原台地には切出形石器が作られる素地が形成されなかったと考えられる。

　このように、切出形石器と角錐状尖頭器、複刃厚形削器の相似は、愛鷹山麓、磐田原台地といった地域を超えて見られる現象で、愛鷹山麓では内部で相似が起こり、磐田原台地では外部で相似が起こり、相似形態に関する情報が伝わったと考えられる。

5　瀬戸内系石器群・角錐状石器群段階の石器運用

　先述のように、瀬戸内概念を適用した横長剥片剥離技術が、台地内で発生した根拠はない。一方で、安山岩製の翼状剥片が、現状では1点しか確認されていない上に、翼状剥片を使ったと思われる背部加工尖頭形石器は、可能性のあるものを含めて10点程度しか出土していない（第7表、p73）。このことから、瀬戸内概念を携えた集団が流入したとは考えにくい。また、先に検討したように瀬戸内概念を適用した横長剥片剥離技術は、当初から不定形剥片剥離技術に取り込まれており、不定形剥片剥離の一工程として山形になった打面から横長剥片を剥離しているのが実態であった。したがって、瀬戸内概念を持った集団が流入したのではなく、台地内の居住集団が外部集団との接触によって、安山岩製の石核を入手したことが瀬戸内概念導入の端緒で、瀬戸内概念を適用した横長剥片剥離に関する情報も、その時にもたらされたと考えるのが妥当である。ただ、安山岩製石核は3点しか出土していないことから、このような機会は極めて限定されていたと考えられる。同時に、横長剥片剥離に関する情報の入手機会も限定され、十分な情報、あるいは正確な情報が伝わらなかったと考えられる。現在確認されている、安山岩製の横長剥片石核から剥離されたと考えられる剥片は、広野遺跡で出土した1点しかない。したがって、これらの石核は磐田原台地に入った時点で、すでに横長剥片の剥離が進んだ状態だったとも考えられる。

　また、横長剥片の剥離が十分可能な状態で廃棄されていることも考えると、台地内では、横長剥片はあまり剥離されないまま不定形剥片石核に転用されたうえに、搬入石材の使用を早々に断念したと考えられる。情報伝達の順番では、安山岩製石核が搬入された後、瀬戸内概念を適用した剥片剥離技術を地元石材に適用したことになるが、安山岩製石核の少なさから、安山岩製石核の搬入直後に、地元石材への瀬戸内概念の適用を試みたと考えられる。このように、瀬戸内概念が磐田原台地に流入し、在地集団は瀬戸内概念を地元の堆積岩に適用を試みたものの、安山岩特

有の流理構造を利用した瀬戸内概念の再現には至らず、不定形剥片剥離の一環で横長剥片を少数剥離したに過ぎなかった考えられる。

このように、外部との接触の痕跡が非常に乏しく、外来技術も早々に断念した集団はその後、閉鎖的とも言える台地内限定行動を展開したと想定される。

(1) 匂坂中遺跡ブロック A21 と広野北遺跡 K2- ブロック 3 に見る 2 つの行動

この段階の居住形態について、石器製作工程を追跡しながら検討する。瀬戸内系石器群の製作初期段階を示す資料は、広野北遺跡 K2- ブロック 3 の個体番号 K2-3F ⑦（第 27 図）と匂坂中遺跡ブロック A21 の個体番号 N218（第 28 図）がある。図示した資料は、いずれも在地のシルト岩を使っているため、在地石材を使った瀬戸内概念の再現を表していると言って良い。

広野北遺跡の資料（第 27 図）は、分割礫、もしくは分割礫を使った不定形剥片石核を輪切りにするように二分割し、片方を瀬戸内概念を適用した石核、もう片方を不定形剥片石核にしている。片割れの分割礫はここから搬出されたか、あるいは、別の遺跡で分割されてから、広野北遺跡に搬入されたと考えられる。瀬戸内概念を適用した石核の作業面には、横長剥片が接合しているが、この剥片は剥離時に縦割れしたと思われ、石器には加工されていない。

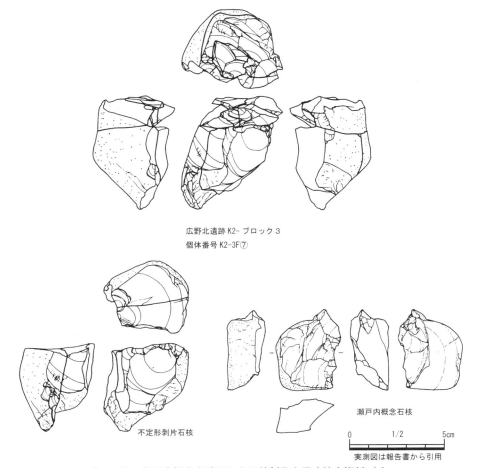

第 27 図　瀬戸内概念を適用した石核製作を示す接合資料（1）

第3章 石器群の構造変動と居住行動

　匂坂中遺跡の接合資料（第28図）は、分割礫を輪切りにするように三分割して、1点は未使用の状態で残され、もう1点は不定形剥片石核になり、残りの1点が瀬戸内概念を適用した石核になっている。接合が完結していないため、他にも複数の板状の剥片が剥離されたと思われる。円礫を輪切りにして複数の板状剥片を製作する方法は、盤状剥片の生産に酷似していることから、瀬戸内概念を適用した石核の製作方法に関する情報のもとに実施されたと考えられる。後の時期では、1点の石材から複数の石核を作る例は少数見られるが、石材の状況に応じて任意に分割しており、石材を輪切りにするような一定の方法は見られない。したがって、礫を輪切りにして板状の剥片を得る方法は、この時期独特の技術と考えられる。

　天竜川で採集できる堆積岩には、ランダムな石の目が入っているため、石の目の状況に応じて任意に分割することはできるが、無駄な剥離も生じる。したがって、円礫を輪切りにするような定型的な方法は、石材の消費効率上、無駄の少ない方法ではあるが、剥離事故を防ぐためには、石の目の少ない石材を選ばなければならない。石の目には微細な石英の結晶が生じていることがあるため、ある程度は肉眼で確認できるが、石の目の少ない石材は入念に探さなければ見つからない（富樫1997）。瀬戸内概念を適用した横長剥片剥離を実施するには、本来は安山岩特有の流理構造が必要だが、堆積岩には流理構造がないため、少なくとも石の目の少ない均質な石材を選択する必要がある。そのような観点で石材を厳選すると、必然的に入手できる石材の数も限定されるため、1点の石材から、できるだけ多くの剥片を生産する方法が選択されると考えられる。そのような技術的要請と瀬戸内概念を適用した石核製作の情報のもとで、円礫を輪切りする方法と無駄な剥離の少ない不定形剥片剥離技術が選択されたと考えられる。

　このような石材消費から、前段階と同様、石材の採集頻度と入手量に制限があったことがうかがえる。広野北遺跡 K2- ブロック3の瀬戸内概念石核は、横長剥片を1〜2点剥離した程度で残され、不定形剥片石核も十分に剥片剥離可能な状態で残されている。匂坂中遺跡ブロック A21 の接合資料にある板状剥片は、1点が未使用のまま残され、もう1点は不定形剥片を1〜2点剥離しただけで残されている。これらの理由は、従来の解釈では単に廃棄、または遺棄ということになる。十分に使用可能なものを廃棄することはあり得るため、安易な解釈は禁物だが、分割礫から板状の剥片を3点剥離して、すべて廃棄したとすると、その原因の説明に苦慮する。もちろん、使われないまま残されたのであるから、結果的には遺棄、もしくは廃棄ということになるが、それはあくまでも結果論であって、未使用の石材、使用可能な石核を3点、ここに残した背景は、行動論上に意義を見出さなければならないであろう。したがって、石材採集頻度と入手量に制限があった環境下を想定すると、これらの石器を石材としてこの場所にキャッシュしていたと考えることは妥当な解釈と考えられる。そして、これがキャッシュであったとすると、この場所に回帰することが予め計画されていたことになり、ここが行動の拠点になっていたと考えられる。

　匂坂中遺跡ブロック A21 は 184 点の石器からなるブロックで、これが含まれる「エリア N2」では最大のブロックである。報告では、「石器群の構成は、安定した剥片剥離作業の存在と主要なトゥール類を一定のまとまりをもって含み、石器製作から使用廃棄までの過程全体が反映されている」と評価されているように、拠点ブロックであったと考えられる。したがって、このブロックは回帰地点であり、石材の補給地点でもあったと考えられることから、ここで生産された未使用の板状剥片や使用可能な石核は、キャッシュと考えるのが妥当であろう。

第4節 瀬戸内系石器群・角錐状石器群の構造と運用

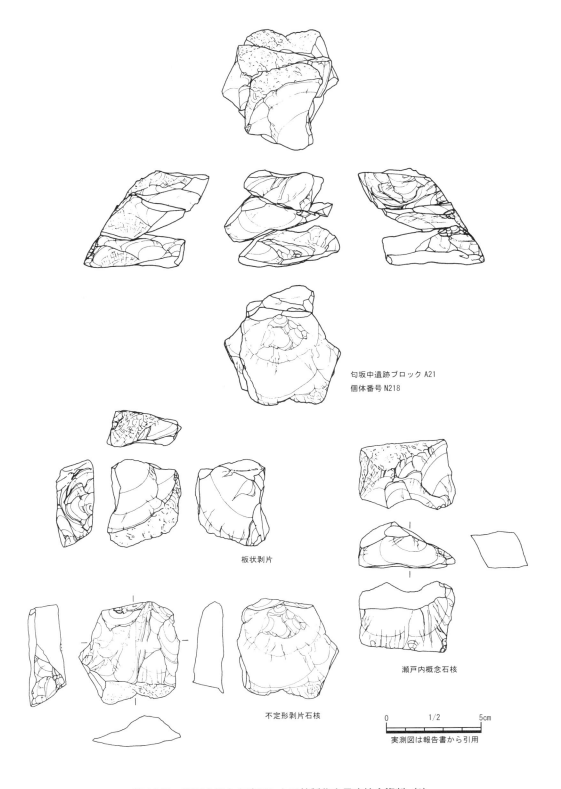

第28図 瀬戸内概念を適用した石核製作を示す接合資料（2）

第 3 章　石器群の構造変動と居住行動

　匂坂中遺跡ブロック A21 では、横長剥片石核を搬入して剥片剥離を行ったことを示す接合資料も出土している（第 29 図、第 30 図）。第 29 図の接合資料は、横長剥片石核（第 29 図 - 3）に横長剥片（第 29 図 - 1、2）が接合したものである。3 の石核は剥片素材で、主剥離面を底面として、打面調整によって山形になった打面から横長剥片を剥離している点で瀬戸内概念の条件を備えている。1 の剥片は、石核の素材になった剥片の打点が残っていることから、この石核に瀬戸内概念を適用して剥離した最初の剥片、すなわちファーストフレイクである。1 の剥片剥離後、2～3 点の剥片を剥離し、2 の横長剥片を剥離して剥片剥離を終えている。1 と 2 の間で剥離された剥片は搬出されている。この石核に瀬戸内概念を適用する前には、図中トーンで示した部分で不定形剥片を剥離している。

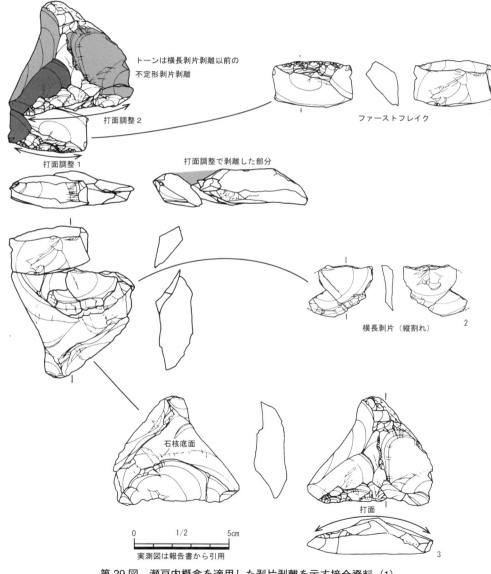

第 29 図　瀬戸内概念を適用した剥片剥離を示す接合資料（1）

第4節 瀬戸内系石器群・角錐状石器群の構造と運用

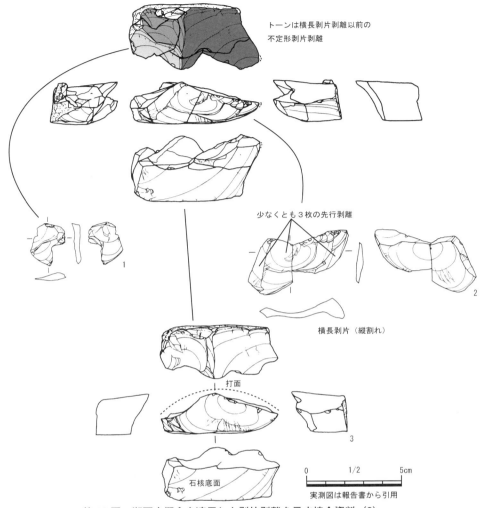

第30図 瀬戸内概念を適用した剥片剥離を示す接合資料（2）

　第30図の接合資料も、横長剥片石核に横長剥片と不定形剥片が接合したものである。石核（3）は剥片素材で、主剥離面を底面にして、山形になった打面から横長剥片を剥離している点で瀬戸内概念を適用した石核と考えて良い。この石核のトーンで示した部分で、不定形剥片を少なくとも2点剥離し、この2点の剥離によって山形になった部分を打面にして、横長剥片（2）を剥離している。この剥片は剥離時に縦割れしている。横長剥片の先行剥離面の観察から、この剥離前に少なくとも3点の剥片が剥離されているが、搬出されたか、あるいは、この石核がブロックA21に搬入される以前に剥離されたかのいずれかと考えられる。剥離の順を追うと、横長剥片の先行剥離面にある3点の剥片を剥離した後、その剥離面を打面にして不定形剥片（1）を剥離し、この剥離によって山形になった打面から横長剥片（2）を剥離している。この剥離順と打面転移の方法は、不定形剥片剥離によく見られる打面と作業面を入れ替える工程と同じである。したがって、この接合資料では、不定形剥片剥離と瀬戸内概念を適用した山形打面の作出が一体化していることがうかがえる。

第3章　石器群の構造変動と居住行動

　第29図と第30図に示した接合資料2例を比較し、工程の違いを読み取る。第29図の接合資料では、ファーストフレイク剥離の前に入念な打面調整をしている（図中打面調整1）。そして、横長剥片（2）を剥離する前にも、入念な打面調整をしている（図中打面調整2）。この間に2～3点の横長剥片を剥離しているが、この際にも図中に「打面調整で剥離した部分」と示したトーンの部分が剥離されていることから、ファーストフレイク（1）～横長剥片（2）を剥離する間、一貫して打面調整を行っていたことがわかる。先述のように磐田原台地では、瀬戸内概念を適用した横長剥片剥離が不定形剥片剥離と一体化して、不定形剥片剥離の一部として横長剥片を剥離しているに過ぎない例が多い。その中でこの資料は、不定形剥片剥離後に横長剥片剥離を開始している。このように、瀬戸内概念を適用した横長剥片剥離が不定形剥片剥離と一体化しているとは言え、入念な打面調整を繰り返しながら横長剥片を剥離した例は珍しい存在である。これは瀬戸内概念を正確に理解した者が製作したと考えられる。

　これに対して第30図の接合資料は、図中トーンで示した2点の不定形剥片剥離によって山形になった部分を打面にして横長剥片を剥離しており、打面調整と言える剥離はない。横長剥片（2）の先行剥離面には、少なくとも3点の剥片が先行して剥離されたことがわかるが、石核（3）の打面を見る限り、いずれの剥離の際にも打面調整が行われた痕跡はない。上記で示したように、この接合資料では、打面と作業面を入れ替える不定形剥片の工程と、瀬戸内概念の適用による山形の打面調整が区別されていないことから、この接合資料は瀬戸内概念を正しく理解していない、もしくは十分な情報が伝わっていない者が製作したと考えられる。

　上記のことから、第29図と第30図に示した2つの接合資料は同一個体に分類されているが、製作者の瀬戸内概念に対する理解が異なっていた可能性が高い。この違いはすでに指摘されており（佐藤良1995）、「ほぼ同一時に1人ないし2人が、1つの母岩を分割してそれぞれの盤状剥片を利用し、1つは瀬戸内技法の原理をできる限り踏襲（第29図）、もう1つはやや逸脱して翼状剥片の剥離を試みている（第30図）。」（括弧は筆者補足で、本書中の該当図番号）。と解釈されている。この場合、両接合資料では、瀬戸内概念に対する技術力に相当な差があることから、それぞれ別人が製作したと考えた方が良いであろう。また、両接合資料は同一個体ではあるが、搬入の順は不明ながら、時間差をもって搬入された可能性も考えられる。

　このように、第29図と第30図の接合資料からは、瀬戸内概念に対する技術力の異なる2人の人物が石器を製作した可能性と、2つの石器製作が時間差をもって行われたという回帰行動の痕跡も想定することができる。

　匂坂中遺跡ブロックA21では、第28図に示したように、分割礫を搬入、さらに分割して板状剥片や不定形剥片石核、瀬戸内概念を適用した石核を製作していることから、ここが石器製作の最初の工程として石核を作り、キャッシュ、または搬出する拠点になっていたことがうかがえる。この工程に続いて第29図と第30図に示したように、石核を搬入後、ブロック内で剥片を剥離、一部の剥片を搬出していること、また、瀬戸内概念に関する理解の異なる剥片剥離作業が、異なる製作者によって行われたこと、さらには、これらの作業が時間差をもって行われた可能性も考えられる。これらのことから、このブロックが行動の拠点であると同時に、計画的に回帰する場所であったことがうかがえる。

　同様の行動は、広野北遺跡のK2-ブロック3にも残されている。このブロックでは、第27図

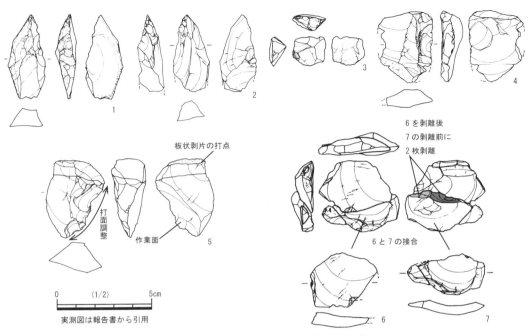

第 31 図　広野北遺跡個体別資料 K2-3F ①

に示したように、分割礫を搬入して不定形剥片石核と瀬戸内概念を適用した石核を製作していた。

このブロックには、石核などを搬入した個体も見られる（第 31 図）。個体番号 K2-3F ①は、横長剥片製の背部加工尖頭形石器 2 点（1、2）、二次剥離のある剥片（3、4）、石核（5）、不定形剥片（6）と横長剥片（7）の接合資料などがある。背部加工尖頭形石器のうち 1 点（1）はファーストフレイクを使っているが、このブロックで石核製作〜ファーストフレイク剥離の工程を行った痕跡がないことから、1 は搬入品の可能性が高い。5 の石核は、山形の打面から横長剥片を剥離していることから、瀬戸内概念を適用した石核と考えられるが、これに接合する資料はない。剥片 6 と 7 の接合資料を検討すると、6 を剥離後、図中トーンで示した部分で 2 点の剥片を剥離し、これによって山形になった部分の頂点を打撃して 7 を剥離している。これによって、7 は翼状の横長剥片になっている。2 点の接合ではあるが、不定形剥片剥離から瀬戸内概念適用への変換過程を読み取れる資料である。これを剥離した石核は搬出されているが、同一個体の中に 5 の石核とは別に、瀬戸内概念を適用した石核が存在したことを示している。

個体 K2-3F ①は 55 点の資料からなる個体だが、原石や分割礫を搬入した個体ではないため、石核の搬入か製品、剥片の状態での搬入から始まる個体である。しかし、55 点の石器がありながら、接合資料が乏しいことから、搬入が主体で、ブロック内での石器製作は活発ではなかったと考えられる。このように考えると、55 点の石器が 1 回の搬入で残されたと考えるよりも、複数回にわたって搬入されたと考える方が合理的であろう。

先に検討したように、このブロックで出土した別の個体 K2-3F ⑦では、分割礫を搬入して石核を製作している（第 27 図）。このことから、このブロックが石材の補給地点、石核の搬出拠点であり、行動の拠点と考えられることはすでに指摘した。これに加えて個体 K2-3F ①からは、石器の搬入と搬出がうかがえることから、この拠点への回帰行動が繰り返されたことが考えられる。

第3章 石器群の構造変動と居住行動

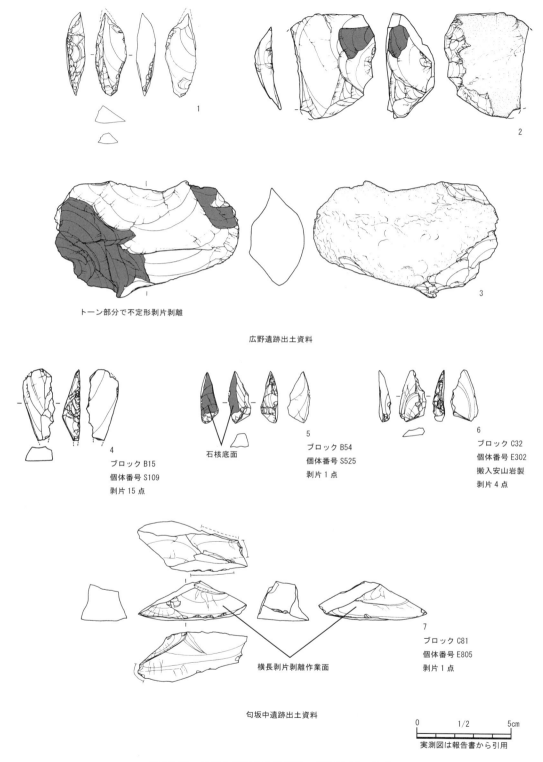

第32図 匂坂中遺跡と広野遺跡の瀬戸内系石器群

第4節　瀬戸内系石器群・角錐状石器群の構造と運用

（2）地点間移動した瀬戸内系石器群から見た行動

　広野遺跡（清水1996a）は、調査面積は広くないが、濃密なブロックの中心にあたっており、縦長剥片系石器群と重複ブロックを形成して瀬戸内系石器群が出土している（第32図－1～3）。1は横長剥片製の背部加工尖頭形石器で、良質なシルト岩を使っており、筆者が実見した限りでは搬入品の可能性が高い。2は瀬戸内概念を適用したシルト岩製の石核である。この遺跡の整理作業では接合作業が行われていないため、ブロック内でこの石核を製作したかどうかは不詳だが、筆者が資料を実見した限りでは、搬入品の可能性が高い。また、この石核では、横長剥片剥離後に同じ作業面で不定形剥片を剥離している（図中トーン部分）。3は安山岩製の横長剥片石核で、同一個体の可能性が高い横長剥片も出土している。ブロック内で安山岩製の石器はこの2点だけであるため、石核を搬入したことは間違いない。

　これらの資料が同時に搬入されたか、時間差をもって搬入されたかは不明だが、石核や完成した横長剥片製背部加工尖頭形石器を持った集団が搬入し、使用可能な状態で残して再び移動したと考えて間違いないであろう。

　同様の状況は匂坂中遺跡の複数のブロックでも認められる（第32図－4～7）。ブロックB15では、横長剥片製背部加工尖頭形石器（第32図－4）が、同一個体の剥片15点と共に出土している。この個体は、ブロックB15内で不定形剥片を剥離した可能性はあるが、瀬戸内概念によって横長剥片を剥離した痕跡がないため、この背部加工尖頭形石器は搬入された可能性が高い。

　ブロックB54では、横長剥片製背部加工尖頭形石器（第32図－5）が同一個体の剥片1点と共に出土している。この背部加工尖頭形石器は横長剥片を使っている上に、図中にトーンで示した部分に、はっきりとした石核底面を残している。このことから、瀬戸内概念によって剥離された横長剥片を使っていると考えられる。これもブロック内で製作された痕跡がないことから、搬入品と考えられる。

　ブロックC32では、安山岩製の横長剥片製背部加工尖頭形石器（第32図－6）が、同一個体の剥片4点と共に出土している。台地外から搬入した安山岩製と言うこともあって目立つ存在で、剥片4点はこのブロック内で剥離された可能性があるが、6の背部加工尖頭形石器がブロック内で製作された痕跡はないため、これは搬入品の可能性が高い。

　ブロックC81では瀬戸内概念を適用した石核が、同一個体の剥片1点と共に出土している（第32図－7）。横長剥片剥離の作業面が2面ある珍しいもので、ブロック内で石核を製作した痕跡がないことから、搬入品の可能性が高い。

　上記以外にも、単独搬入の横長剥片製背部加工尖頭形石器や、瀬戸内概念を適用した横長剥片製石核は、長者屋敷北遺跡や匂坂上2遺跡（山﨑1997）などで出土している（第7表、p73）。これらの単独個体や、共有個体があってもブロック内製作の痕跡がない資料は、搬入品の可能性が高く、製作地から直接搬入されたか、複数地点を経由して搬入されたと考えられる。

　石器の移動や製作工程の地点間展開から、集団の行動を復元するには2つの視点がある。1つ目の視点は、石器群単位での行動痕跡の抽出である。これは石器群に残された石器1点ずつの観察から始めなければならない。石器そのものを研究する技術形態の検討でも広域にわたるダイナミックな行動論でも、1点の遺物が共通の出発点であることに変わりはない。異なるのは1点の石器を観察する視点である。技術形態を検討する場合、石器の形態を構成している属性分析から、

形態が作られた技術的背景を復元する。これは石器観察の基礎として不可欠の行為だが、行動論を展開する場合、形態形成の技術的背景よりも、1つの技術がそこで発揮された要因を抽出することに主眼が置かれる。例え搬入品であっても、1点の石器が搬入品であることの確認から始めて、搬入という行動が実行された要因を抽出することになる。

2つ目の視点は、石器群単位で抽出した行動の痕跡を連結する視点である（野口1995など）。技術形態学にも広域比較の視点があるが、行動論の場合、石器製作工程が石器群単位内で完結しない場合が多いことから、工程の追跡によって、石器群を連結して地域内に張り巡らされた石器群のネットワークを復元し、ネットワークの形成過程とその要因、行動論的背景を復元することに主眼が置かれる。

ここまでは行動論の基礎として、石器の観察から、石器群に残された行動痕跡の抽出を試みた。これが本書における行動論の1つ目の視点である。次には2つ目の視点として、瀬戸内系石器群の製作工程の地点間展開を追跡して、行動論的評価・解釈の基礎データとする。

（3）瀬戸内系石器群の工程別地点間展開

これまでの検討で、瀬戸内系石器群の原石搬入から石核素材の剥離、石核からの剥片剥離に至る工程、石核や完成品の搬入、搬出の実態を概観した。これを受けて、瀬戸内系石器群の製作工程を追いながら石器の運用を検討し、行動の背景を探る。

（3）-1 分割礫搬入・石核製作

前項では、石器製作の初期工程が認められる地点として、匂坂中遺跡ブロックA21と広野北遺跡K2-ブロック3をあげた。これらの2地点では、分割礫を搬入したところから製作工程を追跡できる。これ以前に、原石を分割する工程があるはずだが、現状では原石の分割工程を示す地点が発見されていないため、原石の状態で搬入したのか、分割礫の状態で搬入したのかは不明である。石材採集地で分割してから台地上に運び上げた可能性もある。問題解決の鍵になるのは、後で指摘する石材集積地であった山田原Ⅱ遺跡だが、この段階の資料の有無は不明である。

匂坂中遺跡ブロックA21と広野北遺跡K2-ブロック3の2地点では、搬入した分割礫をさらに分割して石核を製作する工程が認められた。この工程では、分割礫を輪切りにして板状の剥片を得る特徴が見られた。そして、不定形剥片用の石核を作ると同時に、一部の石核には、瀬戸内概念を適用して横長剥片を剥離している状況がうかがえた。このように、匂坂中遺跡ブロックA21と広野北遺跡K2-ブロック3は、石材搬入地点、石核製作地点であり、石材の補給地点にもなっていたことがうかがえる。

また、分割礫以外に、石核の搬入と搬出も認められた。このことから、上記の2地点には、石材の搬入以外の機会でも立ち寄ることがあったと考えられる。

上記のように、匂坂中遺跡ブロックA21と広野北遺跡K2-ブロック3は、石器製作のスタート地点であり、計画的に回帰する行動の拠点であったと考えられる。

（3）-2 剥片剥離

剥片剥離は、石核製作地で行われると同時に、石核搬入地でも認められた。この時期の剥片剥離技術は、瀬戸内概念が適用されていないと時期判定が困難なため、瀬戸内概念の認識と瀬戸内概念適用の方法が検討の中心になる。板状剥片の使用法は、打面を転移しながら不定形剥片を剥離する方法が基本になっている。そして、不定形剥片剥離によって山形になった部分を打面にし

て、横長剥片を剥離する例が見られる。この時、板状剥片の主剥離面を取り込んだ横長剥片が剥離されていれば、瀬戸内概念の適用と理解できるが、瀬戸内概念を正確に適用して打面調整によって山形打面を作り出した例は、匂坂中遺跡ブロックA21で出土した一例（第29図）だけで、その他の資料は、瀬戸内概念を適用している状況はうかがえるが、打面と作業面を入れ替える不定形剥片剥離技術の応用であって、不定形剥片剥離の一工程に過ぎないのが実態であった。

(3)-3 主要狩猟具の地点間移動

この段階で主要狩猟具に該当する石器は横長剥片製の背部加工尖頭形石器だが、1点の石核から剥離される横長剥片は、接合資料（例えば第29図、第30図）から考えても1〜3点程度と考えられる上に、縦割れしている横長剥片（第23図-2、第29図-2、第30図-2、第31図-7）が複数認められることから、横長剥片剥離時の縦割れ事故が頻発していたことがうかがえる。縦割れ事故の頻発を考慮すると、1点の石核から製作された横長剥片製背部加工尖頭形石器は1〜2点程度で、すべての横長剥片が縦割れして、製作不可能な場合も想定できる。したがって、製作された背部加工尖頭形石器の数は少なかったと想定できる。そのため、少数の横長剥片製背部加工尖頭形石器が地点間を移動しながら、背部加工尖頭形石器の単独搬入品（第32図-1、4〜6）が発生したと考えられる。

(4) 角錐状石器群の工程別異所展開

この段階では、角錐状尖頭器と複刃厚形削器からなる角錐状石器群が存在する。まずは磐田原台地における角錐状石器群の出土状況を概観し、次に瀬戸内系石器群と角錐状石器群の時期的関係、構造上の関係などを検討する。

(4)-1 角錐状石器群の出土状況

磐田原台地で、角錐状石器群を製作した可能性があるのは、現在のところ京見塚遺跡だけである（第33図-1〜3）。報告書は未刊行だが、概報（山﨑1992）では、13点の角錐状石器が出土したとされている。角錐状石器群がまとまって出土しているのは他に例がない。現状では角錐状石器群の製作に関する接合資料が得られていないのと、接合作業も途中で、剥片剥離技術の実態が不明のため、京見塚遺跡で角錐状石器群が作られたとは断言できないが、筆者が資料を実見した限りでは、京見塚遺跡内で角錐状石器群が製作された可能性は認めて良いと思われる。

京見塚遺跡以外での出土資料は、いずれも遺跡内での製作痕跡がないことから、完成品を搬入した可能性が高い。また、瀬戸内系石器群と角錐状石器群は出土地点が異なる特徴がある。当然ながら石材（個体）も異なる。同様の傾向は、瀬戸内系石器群と角錐状石器群の両者が発達している岐阜県各務原台地でも認められている。瀬戸内概念を適用した横長剥片剥離技術が卓越する石器群では角錐状石器は共伴せず、逆に、瀬戸内概念とは異なる横長剥片剥離技術が主体となる石器群に角錐状石器群が共伴することが指摘されている（長屋2011）。

磐田原台地では、匂坂上2遺跡で横長剥片製の背部加工尖頭形石器1点（第33図-5）と複刃厚形削器1点（第33図-6）が出土しているが、両方ともブロック外の単独出土のため、共伴とは言えない。このように、瀬戸内系石器群と角錐状石器群は出土地点や石材（個体）が異なることから、両石器群の間に時期差がある可能性と、同時期の場合は石材運用が異なっていた可能性の両方が考えられる。そこで、両石器群の諸関係を検討してから、後の議論につなげる。

第3章　石器群の構造変動と居住行動

6　瀬戸内系石器群と角錐状石器群の諸関係

(1) 時期的関係

　瀬戸内系石器群と角錐状石器群の出土状況を見ると、京見塚遺跡では、瀬戸内概念を適用した可能性のある横長剥片製背部加工尖頭形石器2点（うち1点は第33図-4）と、角錐状石器群13点が出土しているが、筆者が実見した限り、遺跡内で横長剥片製背部加工尖頭形石器を製作した痕跡は認められないことから、搬入の可能性が高い。その他、匂坂上2遺跡での出土例は、先に指摘したとおり共伴とは言えない。匂坂中遺跡ブロックC81でも「角錐状石器」と瀬戸内概念を適用した石核が報告されているが、ここで出土した「角錐状石器」は、周縁調整尖頭形石器とも

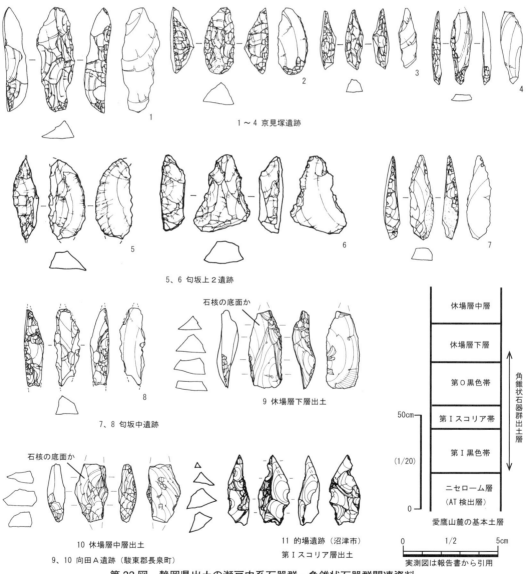

第33図　静岡県出土の瀬戸内系石器群・角錐状石器群関連資料

言えるもので、一般に「角錐状石器」と呼ぶ器種とは相当に異なる。本書では角錐状石器群から外している器種である。これらの事例から、磐田原台地では瀬戸内系石器群と角錐状石器群が同一石器群で共伴する事例はないことになる。

関東地方では、武蔵野ローム層第Ⅴ層上部で、国府型の背部加工尖頭形石器と角錐状石器群が出現し、第Ⅳ層下部で角錐状石器群が発達するとされている（森先2010）。国府型かどうかの検討は別として、横長剥片製背部加工尖頭形石器と角錐状尖頭器が同一文化層で共伴している事例は、神奈川県の柏ヶ谷長ヲサ遺跡第Ⅸ文化層（堤1997）などで複数認められる。したがって、瀬戸内系石器群と角錐状石器群は、前者が第Ⅴ層上層で先行して出現するが、第Ⅳ層下層では共存していると考えて良いであろう。

瀬戸内系石器群と角錐状石器群の両者が発達している岐阜県各務原台地では、層位的には恵まれていないが、椿洞遺跡（堀1989）の「3ブロック」で角錐状尖頭器と翼状剥片が出土している。日野1遺跡（吉田1987）の「5ブロック」では、角錐状尖頭器と横長剥片製背部加工尖頭形石器が出土している。いずれもAT上位で間違いないと考えられる。これらが異時期の重複ブロックとすれば話は別だが、このような出土事例から、現在のところ各務原台地では瀬戸内系石器群と角錐状石器群が同時期に並存していると理解するのが一般的である（高尾2006、長屋2011）。

静岡県内では、西部の磐田原台地だけでなく、東部の愛鷹山麓でも瀬戸内系石器群と角錐状石器群は発達していない。特に瀬戸内系石器群の報告事例が少ないが、技術形態学的な検討によって関連資料を抽出することはできる。愛鷹山麓における角錐状石器群の出土層については、集成事例（笹原芳・柴田・富樫2011）によると、ATを含んだニセローム層の直上に堆積した第Ⅰ黒色帯〜休場層下層（第33図の柱状図）で出土している。細尾遺跡（柴田2010）では休場層中層から出土した例が報告されている。愛鷹山麓では、瀬戸内系石器群は角錐状石器群よりも乏しいが、関連すると思われる石器は向田A遺跡（富樫2007）と的場遺跡（富樫2010a）で出土している。

第33図-9は、向田A遺跡の休場層下層のブロック外で出土した資料で、長野県産黒曜石の横長剥片を使っている。打面を除去するように加工しており、図中で示した部分に石核の底面と思われる剥離面がある。この剥離面の剥離方向は、素材剥片の主剥離方向と45度程傾いた方向になっているが、実物を観察すると、平坦な剥離面で剥離方向の観察は難しい。先行剥離面に残っている横長剥片の剥離面も、主剥離面と同方向であることから、横長剥片を連続剥離する技術によって剥離されたと想定できる。また、打面側の見通し図を見ると翼状に湾曲していることから、翼状剥片を使っている可能性を指摘できる。このような所見から、国府型に近い資料と考えることができる。

第33図-10は、休場層中層のブロック外で出土した横長剥片製の背部加工尖頭形石器で、箱根産黒曜石を使っている。図中に示したように、石核の底面と思われる面が残っている。先行剥離面に残っている剥離面の方向は、主剥離の方向と異なっているため、横長剥片を連続する剥離技術は想定しにくい。したがって、不定形剥片剥離技術の中で剥離された横長の剥片を使っていると考えた方が良いかもしれない。以上の所見から、国府型と考えることはできないが、国府型に類似した参考資料としてあげておく。

第34図は的場遺跡の休場層中層付近、ブロック外で出土したホルンフェルス製の石核で、板状の剥片を使っている。これは、主剥離面側に打面調整を入れて山形の打面を作り出し、横長剥

第3章　石器群の構造変動と居住行動

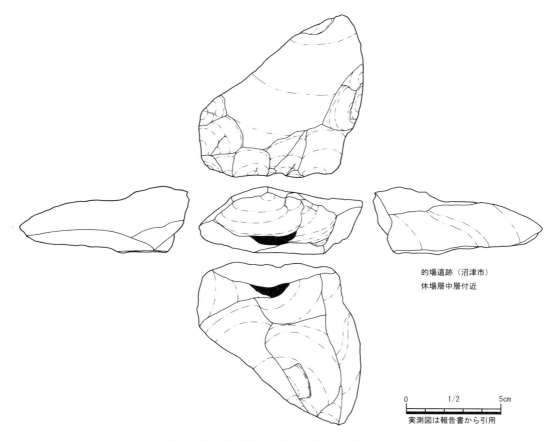

第34図　静岡県出土の瀬戸内系石器群関連資料

片を剥離している。石核の底面になるべき主剥離面側に打面を作り出している点で、瀬戸内概念と異なるが、山形の打面を作り出し、板状剥片の側面を切り取るように横長剥片を剥離している点で、瀬戸内概念を意識した、あるいは瀬戸内概念を誤って理解した剥片剥離技術と考えることができる。

　上記の資料に加えて、角錐状石器群の集成（笹原芳・柴田・富樫2011）の後に報告した資料を追加する（第33図-11）。これは的場遺跡の第Iスコリア帯、ブロック外で出土した角錐状尖頭器で、長野県産の黒曜石を使っている。三面を加工して断面が三角形になる特徴がある。愛鷹山麓で出土した角錐状石器群は素材剥片の主剥離面を未加工で残すのが一般で、このように三面とも加工する例は珍しい。

　静岡県の愛鷹山麓では、瀬戸内系石器群の関連資料は少ないものの、休場層中層〜下層で出土している。角錐状石器群は、ATを含んだニセローム層よりも上の地層、第Iスコリア帯、第0黒色帯、休場層下層で出土していることから、角錐状石器の方が先行して出現すると考えられるが、少なくとも休場層下層では共存すると考えられる。したがって、瀬戸内概念を適用した横長剥片剥離技術が導入されたのは、関東地方、岐阜県各務原台地、静岡県ともAT降灰後で、角錐状石器群の発生も、AT降灰後で、両者は並存した時期があったと考えるのが妥当であろう。磐田原台地でも両者を積極的に時期区分する根拠がないことから、同じ時期の石器群として扱う。

（2）構造上の位置関係

　剥片剥離技術レベルの二極構造では、横長剥片剥離技術は不定形剥片剥離技術に取り込まれていた。しかし、板状の剥片を使い、山形の打面から板状剥片の側面で横長剥片を剥離するというシステマティックな技術は、専門知識と技術のもとに計画されなければ発揮できない剥離方法である。したがって、不定形剥片剥離技術とは対極に位置する技術で、定型狩猟具を製作する横長剥片剥離技術と、便宜石器を製作する不定形剥片剥離技術による二極構造が成立していたと考えることができる。

　角錐状石器群は、厚みと縁辺加工で除去する部分を見込んだ幅が確保できれば、不定形剥片から製作可能で、近隣に好例がないが、大阪府の国府遺跡第6地点で出土した板状剥片が、角錐状石器群の素材剥片であった可能性が指摘されている（絹川2011）。これを参考にすれば、角錐状石器群の素材は背部加工尖頭形石器とは異なっており、製作工程も異なっていたと考えられる。このことから、二極構造内では、不定形剥片剥離技術側の極に位置していたと考えられ、瀬戸内系石器群と角錐状石器群は、この段階で二極構造を形成していたと考えられる。

（3）石器運用上の関係

　横長剥片製背部加工尖頭形石器と角錐状尖頭器は、共に刺突機能を想定できることから、狩猟具と考えるのが妥当である。両者が同時期に並存していたとすると、2種類の狩猟具が並存していたことになる。先に検討したように、1点の石核から剥離する横長剥片は1～3点程度、縦割れ事故の頻発を想定すると、1点の石核から製作される横長剥片製背部加工尖頭形石器は、1～2点程度だったと考えられる。横長剥片剥離時の縦割れ事故が多かったことを考え合わせると、狩猟具が製作できない場合もあったと考えられることから、狩猟具不足が想定される。定型狩猟具を製作するには定型剥片が必要だが、この段階で定型剥片を剥離する技術は瀬戸内概念しか存在しない。しかし、先述のように、流理構造のない堆積岩がほぼ100%を占める磐田原台地に瀬戸内概念が定着することはなかった。したがって、定型狩猟具不足を補完するには、不定形剥片から定型狩猟具を製作するしかない。不定形剥片から定型狩猟具を製作するには、剥片を大きく加工して同一形態に仕上げなければならない。そのためには、加工量を見込んだ余裕のある大きさの不定形剥片が必要になる。京見塚遺跡では、分割礫を輪切りにして、厚みのある不定形剥片を剥離した接合資料があり、角錐状石器群の素材になった可能性があるが、縦長剥片石核も接合しているため、この段階のものか断定できない。

　いずれにしても、瀬戸内系石器群と角錐状石器群の石材、出土地が異なるのは、時期の違いではなく、状況に応じた狩猟具選択の違いで、定型狩猟具である横長剥片製背部加工尖頭形石器が不足する事態が生じた時、角錐状尖頭器によって補っていたと考えられる。

　また、複刃厚形削器については、先端が尖っていないことから刺突機能は想定できないが、頑丈な刃部を持っていることから加工具と推定される。したがって、狩猟具とは異なる運用が想定されるが、角錐状尖頭器と同様に分厚く、加工量を想定した大きめの剥片が必要なことから、一括製作された場所から搬出、各地点を移動する運用が考えられる。

　上記のように、瀬戸内系石器群と角錐状石器群は相互に補完し合う関係でありながら、後述のように石材、移動地点などの点で排他的な運用をとる関係になっていたと考えられる。

7 角錐状石器群の地点間移動

　角錐状石器群と瀬戸内系石器群が、同段階で並存していた可能性を確認したところで、角錐状石器群の運用を検討する。現状では、角錐状石器群を製作している可能性があるのは京見塚遺跡だけである。他の地点で出土したものはすべて搬入品と考えて間違いない。単純に考えれば、京見塚遺跡で製作した角錐状石器群を搬出して、各地点を移動したことになるが、瀬戸内系石器群とは出土地点が異なる特徴がある。また、先に指摘したように石材（個体）も異なり、背部加工尖頭形石器とは異なる素材でなければ製作できないことから、製作工程も全く異なると考えられる。したがって、同じ時期に異なる運用をしていたことが想定される。

8 不定形剥片系石器群の運用

　不定形剥片系石器群は段階を超えて不変のため、瀬戸内系石器群・角錐状石器群段階と、その後の縦長剥片系石器群段階の区別は困難である。段階を超えて不変の石器群を段階で分けることは理屈上不可能である。瀬戸内系石器群・角錐状石器群段階の不定形剥片系石器群を抽出する第一の手がかりは、瀬戸内系石器群・角錐状石器群と接合関係があること、もしくは瀬戸内概念の適用による横長剥片剥離が認められることである。第二の手がかりとしては、この両石器群と同一個体であることがあげられる。このように、瀬戸内系石器群・角錐状石器群との関わりが認められないと、この段階の不定形剥片系石器群の抽出は困難である。しかし、瀬戸内概念を適用しなかった不定形剥片系石器群の存在は、この段階でも想定しなければならない。そこで、第三の手がかりとして、石材を輪切りにする技術に注目する。石材を輪切りにして板状の石材を得る方法は、翠鳥園遺跡の接合資料で知られている（高橋2001）。これは安山岩特有の流理構造を利用したもので、1点の原石から10点以上の板状剥片を得た例もあることから、板状剥片を獲得する方法としては効率の良い方法と考えられる。また、関東地方では、武蔵野ローム層第Ⅴ層〜第Ⅳ層下部の段階で、瀬戸内概念の適応を試みた石核の素材に板状の剥片が使われていることが指摘されている（織笠1987）。ただ、関東では板状の剥片を得るにあたって、必ずしも石材を輪切りにする方法がとられていないことも、同時に指摘されている。いずれにしても、瀬戸内概念を適応する石核には板状の素材が必要と考えられることから、方法が異なるにしても、板状の剥片を連続剥離する技術は、この段階のものである可能性は高いと考えられる。角錐状石器群が認められる京見塚遺跡でも、分割礫の側面を輪切りにするように、厚手の不定形剥片を剥離した接合資料がある。ただ、先述のように、これに縦長剥片石核が接合しているため、この段階のものとは断定できない。そこで、縦長剥片石核の部分が、後の段階の遺跡あさり（scavenge, Binford 1983）によって製作されたと考えると、輪切りによる不定形剥片剥離部分がこの段階の可能性が出てくる。

　このように考えると、匂坂中遺跡ブロックB15で出土した接合資料（第35図、第36図）がこの段階の不定形剥片系石器群の可能性が出てくる。これは、分割礫をさらに分割して板状剥片を2点生産し、2点とも不定形剥片石核になっている。打点1（第35図）は、この分割礫が剥離された時の打点で、打点2を加撃して分割礫が板状剥片素材の石核（1＋2＋4）と、板状剥片素材の石核3の2点に分かれている。

第 4 節　瀬戸内系石器群・角錐状石器群の構造と運用

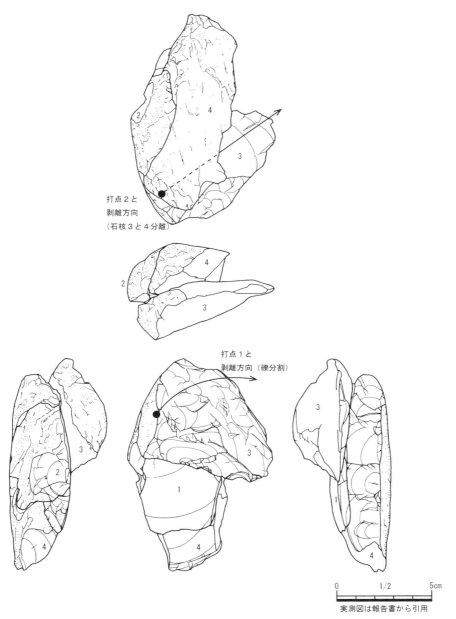

第 35 図　板状剥片を利用した不定形剥片石核の製作（1）

　板状剥片製石核（1＋2＋4）での剥離作業は、下記のとおりである。
①打点 3（第 36 図）を加撃して剥片 1 を剥離する。
　剥片 1 は自然面が大きく残っていることと、剥片 1 の剥離面が、次に剥離される剥片 2 の打面になっていることから、剥片 1 は便宜剥片ではなく、打面準備の剥離と考えられる。
②打点 4 を加撃して剥片 2 を剥離する。
③作業面 1 で打点を左右に移動させながら、石核側面を断ち切るように不定形剥片を剥離する。
　この石核では、石核の幅を縮めるように剥片を剥離しており、残りの幅を見る限り、まだ、若

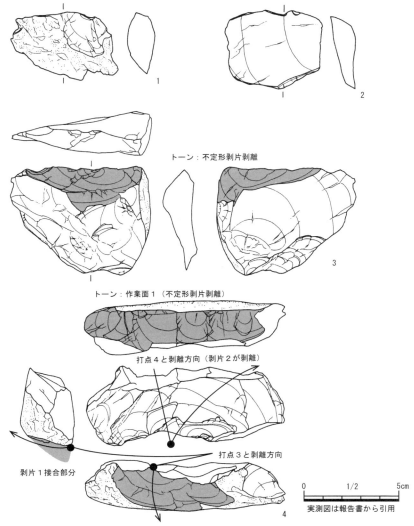

第36図 板状剥片を利用した不定形剥片石核の製作（2）

干の剥片剥離が可能な状態と思われる。

　板状剥片製石核3に接合する剥片はないが、図中トーンで示した部分でやや横長の不定形剥片を剥離している。これは石核の側面を断ち切るような剥離ではなく、石核の側面から、打面と作業面を入れ替えて石核の表面を剥がすように剥離しており、不定形剥片剥離によく見られる方法である。石核の厚さがないが、まだ2〜3点程度の剥片剥離は可能と考えられる。

　石核3、石核4の作業面に接合する剥片はないが、可能性として考えられるのは、次の2つである。1つ目は、搬入品のみで構成される小規模ブロックにも不定形剥片があることから、不定形剥片であっても他の地点に搬出された可能性。2つ目は、磐田原台地では白く風化する石材が主体になる特性上、個体別認識が難しいことから、個体認識されていない剥片の中に、石核3、石核4から剥離された剥片がある可能性である。

　石核3、石核4とも瀬戸内概念を適用しようと言う意図はうかがえない。例えこの先、不定形

剥片剥離を継続する過程で瀬戸内概念を適用しようにも、石核3は、打面と作業面を入れ替える技術を使っているが、山形の打面を作り、石核側面を断ち切るようにして横長剥片を剥離するには、厚さが足らない。

石核4は作業面1での剥片剥離が進んでいるため、これから山形打面ができるように不定形剥片を剥離することは不可能と思われる。それに、山形打面を作るには、少なくとも打面と作業面を入れ替える剥片剥離が必要だが、石核4は最初からそのような剥離方法をとっていない。

このような所見から、第35図の接合資料は瀬戸内概念を適用する意図や可能性はうかがえないが、分割礫をさらに分割して板状の剥片を剥離、不定形剥片石核を製作していること、また、同じブロックで横長剥片製背部加工尖頭形石器と角錐状尖頭器、複刃厚形削器が出土していることも考え合わせると、この接合資料は、瀬戸内系石器群・角錐状石器群に伴う不定形剥片系石器群の可能性が十分に考えられる。このようにして製作された石核がブロック内で便宜剥片を剥離するとともに、他の地点に搬出されていたのであろう。

第5節　縦長剥片系石器群段階の構造と運用

磐田原台地で最も盛行したのが縦長剥片系石器群である。瀬戸内系石器群・角錐状石器群に比べてブロック数が格段に増え、石器群の規模も大幅に拡大する。したがって、磐田原台地に入植した集団が、この地の環境に適応し、本格的に資源を開発した時期と言うことができる。縦長剥片系石器群の分析は、本書の本質部分になるが、対象となるブロックが非常に多岐にわたるため、最初にこの時期の石器群の概要を示し、石器群理解の一助とする。

1　縦長剥片系石器群の概要

瀬戸内系石器群は流入後、短期間ではあったが、不定形剥片剥離技術の対極として構造上の位置を獲得し、横長剥片から背部加工尖頭形石器を製作した。横長剥片を背部加工尖頭形石器に加工する場合、例外なく打面側を大きく除去して剥片を変形させる。横長剥片の場合、翼状剥片に代表されるように、打面部分の縁辺が湾曲していたり、打瘤が発達して打面部分が分厚くなったりすることが多い。縁辺調整は、この部分を除去するのが目的だが、第32図 -1（p88）を見ても相当に入念な加工で、破損事故を起こさずに完成させるには、かなり慎重な作業が求められたと思われる。このような石器が主要な狩猟具であったことは間違いないことで、不定形剥片の一部を調整しただけの背部加工尖頭形石器、中には尖頭形とは言えないものもあるが、そのような石器と同等の扱いだったとは考えられない。第32図 -1の背部加工尖頭形石器は特に良質なシルト岩を使っており、他の横長剥片素材の背部加工尖頭形石器も概ね良質の堆積岩を使っている。このことから、横長剥片剥離技術が不定形剥片剥離技術に取り込まれていたとは言え、横長剥片剥離を想定した場合は、石材選択の時点で、通常の不定形剥片剥離とは区別されていたと考えられる。また、不定形剥片剥離の過程で横長剥片を剥離すると言っても、偶然に剥離できるものではなく、山形の打面を作らなければならないため、計画的な剥離が必要となる。そう考えると、石材選択の時点で横長剥片剥離は想定されており、そのために良質の石材を選択したと考えられる。したがって、やはり不定形剥片剥離とは構造上、対極の関係にあったと考えられる。しかし、

瀬戸内概念を適用した横長剥片剥離技術は短命に終わった。横長剥片剥離技術が構造上の位置を失った後、これを置換したのが縦長剥片剥離技術だったと考えられる。後述のように、縦長剥片剥離技術は、不定形剥片剥離技術とは石器運用や石材運用の点で対立関係にあることから、横長剥片剥離技術の構造上の位置を置換した技術と考えて良いであろう。

縦長剥片系石器群を概観すると、石器製作、運用の点で下記のように分類できる。

① 大規模原石搬入石器群：原石、もしくは原石に近い状態の石材を搬入し、縦長剥片を生産する石器群

　例：山田原Ⅱ遺跡、寺谷遺跡、長者屋敷北遺跡

② 小規模原石搬入石器群：原石、もしくは原石に近い状態の石材を搬入しているが、数が少なく、縦長剥片生産も少ない石器群

　例：匂坂中下4遺跡（佐口ほか1995）、匂坂上4遺跡（大下1989）

③ 石核搬入石器群：石核を搬入して縦長剥片を生産している遺跡

　例：坂上遺跡（佐口1989）、高見丘Ⅰ遺跡エリアD2-bブロックS05（竹内・渡邊2013）

④ 縦長剥片製石器を搬入している石器群

　例：匂坂中下4遺跡（大村2011）、高見丘Ⅲ遺跡エリア2ブロック9（富樫1998）

大規模原石搬入石器群は、原石か原石に近い状態の石材を多数搬入して、縦長剥片や縦長剥片を使用した背部加工尖頭形石器を多数製作している遺跡である。中でも山田原Ⅱ遺跡は特に規模が大きい。山田原Ⅱ遺跡の形成要因と行動論上の評価は後述する。

上記の遺跡で認められる縦長剥片系石器群の特徴は、縦長剥片剥離に特化している点である。もちろん、不定形剥片剥離も認められるが、技術的主体は圧倒的に縦長剥片剥離である。学史上では、寺谷遺跡が武蔵野ローム層第Ⅳ層中部〜上部の時期に相当する石器群の代表として、縦長剥片を集中剥離して背部加工尖頭形石器を多数製作した遺跡として紹介されてきた。天竜川で採集した堆積岩の原石や分割礫を搬入して縦長剥片石核を作り、縦長剥片、背部加工尖頭形石器を多数製作している実態から、その評価は現在でも変わらないが、ここでは、近年報告された同様の遺跡として長者屋敷北遺跡（佐口・大村2009）を取り上げる。

長者屋敷北遺跡は寺谷遺跡のすぐ南にある遺跡で、丘陵から谷に向かう地形の変換点付近で濃密なブロックを検出している（第37図）。7,888点の石器が出土しており、細石器関連資料を除くと、背部加工尖頭形石器の時期に属する石器は7,500点以上ある。石器群の主体は縦長剥片系石器群で、わずかに瀬戸内系石器群が含まれているが、すべて単独出土である。また、不定形剥片剥離を示す資料もあるが、縦長剥片系石器群に比べるとはるかに少ない。正確な石器点数は、石器集中部とされた部分しかわからないが、出土した石器の9割以上が剥片と砕片で、石核は、石器集中部だけで65点報告されている。原石の搬入を示す接合資料（第37図-4）も複数認められることから、原石か原石に近い状態の石材を搬入して、縦長剥片系石器群を集中的に製作した場所と考えて良い。これを示すように、全体の5％弱ではあるが、378点、149個体の石器が接合している（第37図中の接合線）。

ごく一部の石器であるが、図示する（第37図）。1〜3は縦長剥片で、2のように、先行剥離面側に大きく自然面が残り、剥片剥離の初期段階で剥離された資料もある。4は、円礫の小口面で縦長剥片を剥離したことを示す接合資料である。

第5節　縦長剥片系石器群段階の構造と運用

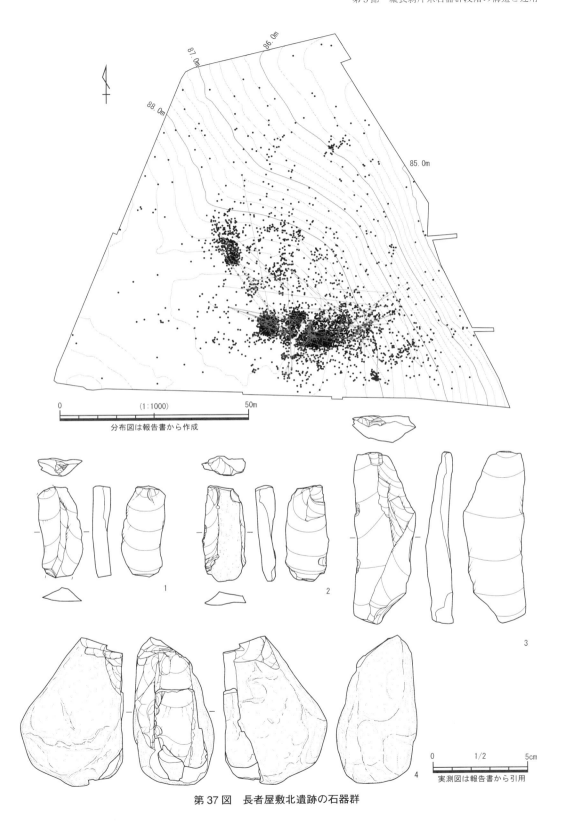

第37図　長者屋敷北遺跡の石器群

第3章　石器群の構造変動と居住行動

　長者屋敷北遺跡では、接合資料で確認できるだけで10点程度の原石か、原石に近い状態の石材が搬入されたと思われる。接合率が5%程度であることを考えると、本来はもっと多くの原石が搬入されたことは間違いないであろう。このような地点は、長期にわたる回帰行動の痕跡が蓄積した結果と考えられる（野口1995）。したがって、長者屋敷北遺跡も原石を搬入する拠点であり、石器製作の開始地点であったと考えられる。また、接合資料から相当数の石核も搬入され、逆に相当数の石核や縦長剥片なども搬出されていたことも明らかである。このことから、原石や石核の搬入拠点であったと同時に、石核や石器の搬出拠点でもあったことになる。

　縦長剥片の生産が認められる遺跡では、縦長剥片の集中剥離に特徴がある。このような地点の行動論上の評価は後述するが、縦長剥片系石器群は特定の地点で集中的に製作され、ここから各地点に搬出されたと考えられるため、キャッシュや管理的な性格を想定することができる。この点でも、便宜的な性格を想定できる不定形剥片系石器群とは対立関係にあると考えられる。

　原石搬入拠点に残された石器からは、相当数の石核が搬出されていたことが想定できる。これらの石核を搬入して、縦長剥片を生産した遺跡の例が坂上遺跡である（第38図−1〜4）。ここでは、原石を搬入した痕跡はないが、複数の接合資料（第38図−4など）から、縦長剥片が剥離されたことがわかる。また、1の稜付剥片の存在から、ここで縦長剥片剥離を開始した個体があったことがうかがえる。2は、相当縦長の剥片が剥離されたことを示している。3は180度の打面転移があったことを示している。

　縦長剥片系石器群の最終的な搬出先の例と考えられるのが、高見丘Ⅳ遺跡ブロック7（第38図−5〜9）である。このブロックは、縦長剥片製石器の完成品のみで構成されたごく小規模なブロックである。石器製作の痕跡が全くないことから、すべて完成品で搬入されたと考えられる。このような地点は磐田原台地内に多数存在する。

2　不定形剥片系石器群の認識

　この時期、縦長剥片系石器群と構造上で対極を占めるのが不定形剥片系石器群だが、これまで磐田原台地では、この石器群が認識されてこなかった。

　磐田原台地における石器群の認識は縦長剥片系石器群中心であり、縦長剥片が含まれているブロックは、武蔵野ローム層第Ⅳ層中部〜上部の時期に位置付けられてきた。これに対して、縦長剥片が含まれていない、もしくは瀬戸内系石器群や角錐状石器群が含まれているブロックは、武蔵野ローム層第Ⅴ層〜第Ⅳ層下部の時期に位置付けられてきた。瀬戸内系石器群・角錐状石器群が含まれている石器群の編年的位置付けは、明確な理由のもとに行われたが、縦長剥片が含まれていない、言い換えれば、不定形剥片のみで構成されるブロックは、積極的な根拠があって上記の時期に位置付けていたのではなかった。むしろ、「指標的な要素を欠く」（鈴木忠・竹内1996）ため、武蔵野ローム層第Ⅳ層中部〜上部段階に位置付けることができず、残された可能性として、武蔵野ローム層第Ⅴ層〜第Ⅳ層下部段階に位置付けていたのが実情である。しかし、この判断によって、瀬戸内系石器群・角錐状石器群と同時期の石器群、武蔵野ローム層の第Ⅴ層〜第Ⅳ層下部に位置付けられるブロックが非常に多い状況が生み出された。

　従来編年の問題点は、すでに明らかである。少数の目立つ石器を指標として時期を決めていたため、多数を占める「指標的な要素を欠く」（鈴木忠・竹内1996）石器群を評価できなかったのである。

第5節 縦長剥片系石器群段階の構造と運用

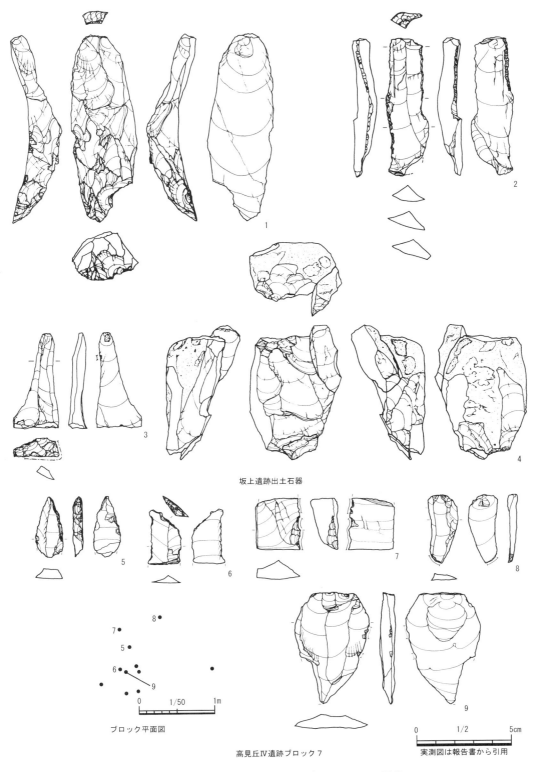

第38図 坂上遺跡と高見丘Ⅳ遺跡ブロック7の石器群

103

ここは石器群を捉える視点と発想を転換する必要がある。そこで、行動論的視点に移行した場合に、どのような石器群が浮かび上がってくるか検討する。

縦長剥片系石器群の運用は後述するが、原石を搬入した拠点で集中的に生産され、その後は石核を移動させながら、小規模な生産を繰り返し、同時に縦長剥片も移動する。この技術では、縦長で反りの少ない剥片を連続剥離するために、石核の準備、打面の管理、打面と作業面の角度の管理などに周到な注意が払われる。そのため、石核が円柱形、半紡錘形といった特定の形態になることが多い。成果品とも言える剥片に一定の形態を求めるのであるから、それを剥離する石核も必然的に一定の形態を示すようになる。そして、縦長剥片から作られる石器も似たような形態を示すようになる。石核、剥片、完成した石器に一定の形態があると、群として認識しやすいため、石器の分類、時期設定の指標、あるいは、標準資料として設定しやすい。磐田原台地の石器群はこれまで、あらゆる点で縦長剥片系石器群を中心に扱われてきた。理由は簡単で、縦長剥片系石器群はわかりやすい存在だからである。

上記のような制約の多い技術に対して、原石の状態、打面の状態、打面と作業面の状況などに臨機に対応する技術の存在が理論上想定される。この場合、石核の状況に応じて、様々な剥片剥離技術が選択されると想定される。例えば、打面と作業面を交互に入れ替える技術や、打面を石核の縁辺を周回させる技術などである。剥片を剥離しやすい場所が打面に選択されるため、打面が固定されることはなく頻繁に移動する。したがって、石核が特定の形態を示すことは少なく、剥離される剥片も特定の形態を示さない。この場合は、成果品である剥片に特定の形態が求められていないと言うことができる。このような不定形の剥片を剥離する技術のもとに製作される石器群の存在が想定できる。これが不定形剥片系石器群である。基盤になっている剥片剥離技術は、あらゆる点で縦長剥片剥離技術の対極にあって、二極構造を形成していると考えられるが、視覚的な特徴に乏しいため、これまでは石器群としては認識されてこなかった。縦長剥片系石器群中心の石器群認識のもとでは、どんなに多量に存在しても、縦長剥片系石器群に付随する石器、あるいは、その他の雑多な石器といった扱いであった。

不定形剥片系石器群の認識は、台形様石器の認定をめぐる論争に典型を見ることができる。台形様石器は、中期旧石器時代から継続したと想定されている不定形剥片剥離技術が、後期旧石器時代に発生した縦長剥片剥離技術と二極構造を作り、縦長剥片から「ナイフ形石器」が製作されたのに対して、不定形剥片から台形様石器が製作されたと考えられた（佐藤宏1988）。縦長剥片や縦長剥片製石器が良質の石材で作られ、各遺跡に単体で搬入されている現象が見られるのに対して、台形様石器に代表される不定形剥片や不定形剥片製石器は、良質、粗悪と言った石材の質にとらわれずに製作され、製作した場所に残されていることが多い。このような石器の扱いを理解しなければ、石材や石器の運用をめぐる集団の行動や居住形態は解明できない。そこで、縦長剥片を主体とする石器群の対極として、台形様石器という器種が提唱されたのだが、これは新しい器種を発見したのでなければ、従来の石器分類に新しい項目を追加したのでもない。石器の管理・運用上の分類、あるいは構造論上の分類として、従来型の形態分類とは次元の異なる分類によって設定された石器の一群である。

これに対して、台形様石器は定義があいまいで、器種としては認定できないという反論が提出された（織笠2002）。その内容は、台形様石器とされた石器を製作技術と形態で分類を試みたが、

特定の形態を見出せないため、台形様石器という器種は認定できない。したがって、二極構造とされる構造も存在しないという要旨である。台形様石器の設定に、従来型の形態分類法を適用したところに論点の分かれ目がある。石器の運用解釈と構造論上の必要から設定された台形様石器を技術と形態で認識しようとしても、それは不可能であろう。多様な技術が発揮され、多様な形態をとるのが台形様石器であり、それは縦長剥片系石器群との二極構造のもとで初めて認識できる存在だからである。

　不定形剥片系石器群も同様で、本書では石器運用を行動論的に解釈する必要上、また、二極構造のもとで石器群を整理的に理解するために、不定形剥片系石器群を設定する。そして、この石器群の存在が、縦長剥片系石器群との二極構造のもとで理解できることを示すために、やや詳細になるが、この石器群を概観する。

（1）原石を搬入して不定形剥片を生産している石器群

　高見丘Ⅲ遺跡のエリア３として報告した範囲が典型である（第39図）。このエリア内の炭化物からは、測定値で12,570±180B.P.、13,160±100B.P.、22,680±520B.P.、22,090±470B.P.、25,460±670B.P.の年代が得られている。1万3千年近い年代の開きがあることと、25,460±670B.P.の年代は、愛鷹ローム層でATを含んだニセローム層の年代測定値に近似している（第4表、p51）。このことから、ここで出土した石器群は、時期幅を持ちながらAT降灰期までさかのぼる可能性が考えられる。したがって、瀬戸内系石器群、角錐状石器群に伴う不定形剥片系石器群が含まれている可能性は考えられる。しかし、このエリアで出土した石器群の規模の大きさから、大部分は磐田原台地の石器群が最盛期を迎えた縦長剥片系石器群に伴うと考えた方が良い。ここでは、このことを前提に論を進める。

　このエリアでは、谷を望む丘陵上に濃密なブロックがある（第39図）。図示していないが、ブロックに重なるように多数の礫群も出土している。この範囲では14のブロックを報告しているが、無理にブロック区分せずに、長野県産黒曜石主体のブロック1基を除いて、全体を一群と考えて良い。特に遺物が濃密な部分に、地元産堆積岩の円礫、もしくは分割礫を搬入して石核を作っている（第39図-8）。このような接合資料が複数得られているが、いずれも1点の原石から複数の石核を作っている。ただ、瀬戸内系石器群の時期に見られたような、石材を輪切りにして複数の石核を得る例はない。石核は、縦長気味の幅広剥片～不定形剥片石核で、縦長剥片を剥離した石核は認められない。石核の例をあげると、7は打面が石核の縁辺を周回しながら、求心状に剥片を剥離しており、8は、打面を一面に固定して幅広の剥片を剥離している。背部加工尖頭形石器（1～4）は縦長剥片を使っているように見えるが、素材剥片の形状を復元すると長幅比が1：1に近い幅広の剥片である（富樫2010b）。端部切断石器（5、6）も同様に、縦長気味の幅広剥片を使っている。縦長剥片（9、10）も出土しているが、珪化が進んだ良質の石材を使った搬入品である。

　このように、高見丘Ⅲ遺跡のエリア3では、不定形剥片を剥離しているが、縦長剥片を剥離した痕跡がない。原石、もしくは分割礫から不定形剥片用の石核を作っていることから、当初から縦長剥片の剥離は意図していなかったと考えられる。縦長剥片は出土しているが、個体別資料の検討から、搬入品の可能性が高い。このような石器群を、従来の縦長剥片系石器群中心の考えから、その他の雑多な石器とするにはあまりに量が多く、正当な評価とは言えない。縦長剥片が存

第 3 章　石器群の構造変動と居住行動

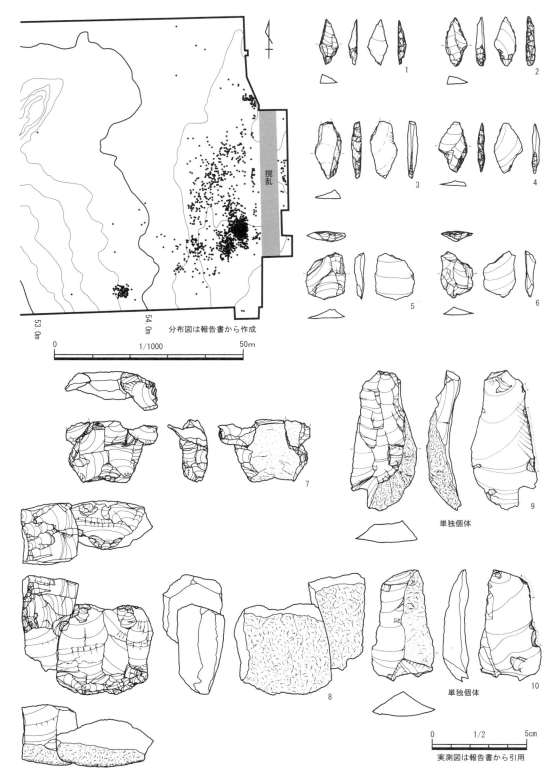

第 39 図　高見丘Ⅲ遺跡エリア 3 の石器群

在することから、縦長剥片系石器群と同時期と考えるべきだが、その内容は縦長剥片系石器群とは明らかに異なる。こうなると従来の認識では理解不能の石器群である。縦長剥片が、珪化が進んだ良質の石材を使った搬入品で、不定形剥片石核が通常の堆積岩を使い、ここで大量に剥離されていることから、剥片剥離技術では、縦長剥片剥離技術と不定形剥片剥離技術の二極構造があり、石器の運用面で、管理石器と便宜石器の対立があると考えれば、この石器群は、縦長剥片系石器群と構造上で対極にある石器群と考えることができる。このように考えると、不定形剥片系石器群という一群を認識できる。これが従来の認識では認定不能の石器群の実態である。

同様の石器群の代表としては下記がある。

高見丘Ⅰ遺跡エリアD3ブロックS12、ブロックS13
匂坂上6遺跡（佐口ほか2003、ただし、完成品搬入の周縁調整・両面調整尖頭形石器を除く）
匂坂上10遺跡（木村2000）

(2) 石核を搬入して不定形剥片を生産している石器群

これは、原石搬入の拠点から石核を搬出した後に残されたと考えられる石器群で、匂坂中遺跡ブロックB71が典型例である（第40図）。この場所で不定形剥片を剥離したことは認められるが、石核を製作した痕跡は認められない。したがって、石核を搬入して不定形剥片を生産したと考えられる。ここで製作されたと考えられる石器（1〜8）は、不定形剥片を使っているものが主体である。背部加工尖頭形石器（1〜3）は不定形剥片を使っているため、狩猟具として機能したかどうか疑問である。使用痕と思われる微細な剥離のある剥片（4〜8）は多く出土している。縦長剥片（9〜11）も出土しているが、このブロック内で縦長剥片を剥離した痕跡はない。9はブロック内に同一個体の剥片が2点あるだけで、ブロック内で剥離された証拠はない。10と11は同一個体で、他に同一個体の石器がないことから、このブロックに搬入された可能性が高い。

以上から、このブロックで出土した縦長剥片は、いずれも搬入品の可能性が高い。

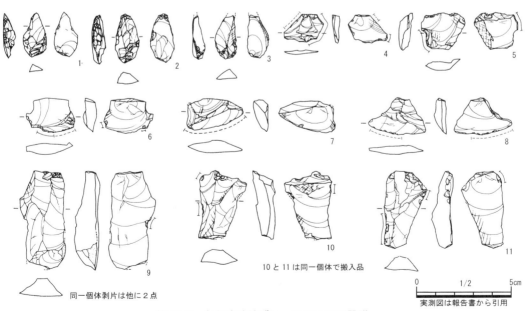

第40図　匂坂中遺跡ブロックB71の石器群

第3章　石器群の構造変動と居住行動

　この石器群も縦長剥片が含まれているため、時期は縦長剥片系石器群と同時期と考えられるが、縦長剥片を生産せずに不定形剥片を生産しており、ここで製作されたと考えられる石器は、いずれも不定形剥片を使っている。したがって、縦長剥片系石器群ではなく、縦長剥片系石器群とは構造上で対極にある不定形剥片系石器群と考えるのが妥当である。

　このような石器群には、縦長剥片を搬入している石器群と不定形剥片系石器群のみで構成される石器群があり、完成品のみを搬入して、剥片剥離を行っていない石器群を含めると、多数存在する。特に、匂坂中遺跡や高見丘Ⅰ～Ⅳ遺跡のように広域を発掘調査した遺跡では、不定形剥片系石器群が丘陵上に点々と残されている状況が示されている。

（3）縦長剥片系石器群と不定形剥片系石器群の構造上の関係

　剥片剥離技術が、縦長剥片剥離技術と不定形剥片剥離技術の二極構造になっているとの想定で、石器群の整理的理解を図っているが、この両技術は、様々な点で対照的な状況を示している。原石を搬入して縦長剥片を集中生産している石器群は、縦長剥片剥離に特化しており、不定形剥片はほとんど剥離していない。それ以外の石器群で、縦長剥片系石器群と不定形剥片系石器群の関係を見ると、完成品を少数搬入している場合を除いて、両石器群の存在が拮抗することは少なく、主体と客体、多数派と少数派、製作と搬入といった関係になることが多い。すでに指摘したが、不定形剥片製石器が主体のブロックで、不定形剥片製石器と縦長剥片製石器が共存する場合、遺物台帳を閲覧して個体レベルで検討すると、剥片剥離されているのは不定形剥片で、縦長剥片製石器は搬入のことが多い。縦長剥片系石器群と不定形剥片系石器群が個体レベルで分離できるのは、1点の原石に対して2つの技術を適用しなかったという背景が考えられる。1つの原石から複数の石核を作ることはあるが、その場合は、すべての石核が縦長剥片石核か不定形剥片石核のどちらかになる。1点の原石から両石核が作られることは、まずない。それに縦長剥片石核は、1点の原石から1点の石核しか作らないことが多い。原石は握り拳大の円礫が選択されることが多いが、ここから打面の作出、側面調整などで多くの調整剥片を剥離していくと、1点の円礫から製作可能な縦長剥片石核は、1点だけになってしまうのが通常と考えられる。縦長剥片石核と不定形剥片石核が同一個体になることが極めて少ない背景は、このようなことが考えられる。実際に個体別分類を行う場合、肉眼的に、縦長剥片石核と不定形剥片石核を別個体にすることが困難な場合も多いが、接合資料から考えると、もともと別個体だった可能性が高い。

　以上から、原石と剥片剥離技術の関係は、剥片剥離技術の選択に応じて原石を選択し、石核が作られていたと考えられる。不定形剥片剥離の場合は、原石の状況に応じた技術選択によって、多様な剥片剥離を実施できるが、縦長剥片剥離の場合は、技術選択の幅が狭いため、想定した石核に合わせて原石を選んでいたと考えられる。また、縦長剥片石核が不定形剥片石核に転用されることは非常に少なく、縦長剥片剥離を終えた時点で石核は廃棄されている。縦長剥片石核を不定形剥片石核に転用した場合、残された石核から縦長剥片剥離を想定することは困難かもしれないが、数ある接合資料で、不定形剥片石核に縦長剥片が接合した例は非常に少ないことから、やはり、縦長剥片石核を不定形剥片石核に転用することは稀であったと考えられる。もっとも、これには例外がない訳ではない。例えば高見丘Ⅲ遺跡では、縦長剥片石核を輪切りにして2点の不定形剥片を剥離し、そのうち1点には、使用痕と思われる微細な剥離が入っている（第41図）。これは縦長剥片石核を不定形剥片石核に転用した例であるが、このような資料は例外である。

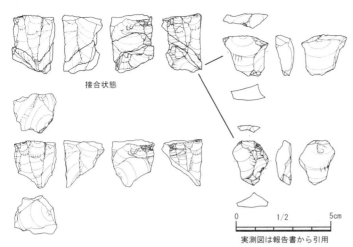

第41図　高見丘Ⅲ遺跡の接合資料

逆に不定形剥片石核を縦長剥片石核に転用した例はない。これは不可能であろう。

以上から、縦長剥片剥離技術と不定形剥片剥離技術は、個体レベルから排他的な関係にあったと考えられる。そして、個体が集合したブロックレベルになると、完成品の搬入のみからなる小規模ブロックを除いて、両技術が等質に共存することはなく、どちらかの技術に振幅することが多い。したがって、ブロック単位でどちらかの技術が選択されていたと考えられる。

このように、縦長剥片剥離技術と不定形剥片剥離技術からなる二極構造を想定すると、石器群を整理的に理解しやすくなる。不定形剥片剥離技術の場合、多様な技術が状況によって選択的に発現すると考えられるため、これのみをもって時期を決めることは困難だが、縦長剥片盛行期の石器運用を考えると、縦長剥片の一括・集中生産と管理的な扱いから、行動の進展と共に、縦長剥片の保有量は減少していくと予想される。したがって、これを補完する石器群の存在が予想される。ここに、管理石器の対極に位置する便宜石器として、不定形剥片系石器群の存在が浮上する。

不定形剥片系石器群はこれまで、縦長剥片系石器群の前段階、瀬戸内系石器群・角錐状石器群と同時期と考えられてきたが、それらの多くは、縦長剥片系石器群の時期に二極構造を構成していた石器群と考えた方が良い。

3　縦長剥片系石器群段階の石器運用

前項で、縦長剥片剥離技術と不定形剥片剥離技術が二極構造を作っていたことを指摘した。この項では、二極構造のもとで展開された、両石器群の原石搬入～石核製作～剥片剥離～完成品の移動に至るまでの一連の行動を追跡する。

（1）原石の入手

石器製作は石材採集に始まるため、地元石材とは言え、その入手過程の検討は不可避である。特に磐田原台地の場合、台地西側を流れる天竜川の川原で石材を採集できるとは言え、台地西側は、天竜川が削った急崖になっており、先に旧地形を復元したように、天竜川平野の沖積層がなかった旧石器時代には高さ数十m～100mの急崖が続いていたことは間違いない。この急崖を下れば川原に降りることができるが、常に転落の危険がある。生えている木を伝って降りることも不可能ではないが、これは現代人の感覚で、ヌナミウトは斜面の途中にある洞穴や岩陰を、ロジスティックな移動時の短期間キャンプでは利用するが、生活の拠点にはしない。その理由の1つとして、斜面昇降の際に怪我をする危険をあげている（Binford 1978b）。このように、

第3章　石器群の構造変動と居住行動

生活の手段として台地を降りることを考えると、転落の危険を冒して急崖を降りることは回避するのが普通であろう。したがって、台地西側の急崖を降りて石材を採集しに行くような行動はなかったと考えるのが妥当である。一方、台地北端〜東側は樹枝状の谷が発達しており、台地西側に比べれば、斜面は緩やかであるため、台地を降りることは可能である。しかし、台地東側に降りた場合、台地東側を流れる太田川で石材採集ができるが、台地東半と台地の東側には、小規模な遺跡すらほとんどないことから、太田川方面に降下する行動があったとは考えにくい。このように考えると、石材採集を見込んで安全に台地を降りるルートは、台地北端に限定されてくる。台地の南端でも天竜川に降りることは可能と思われるが、台地南端は沖積地下に没しているため、現在では検討できない。そこで、本書では台地を降りるルートとして、台地北端ルートを想定して論を進める。

(2) 山田原Ⅱ遺跡の形成要因

　磐田原台地北端には、遺跡群と言って良い程に遺跡が集中している（第42図）。この中で、山田原Ⅱ遺跡（第42図-2）が発掘調査されている、この遺跡は、後に紹介する特異な内容から、台地内行動を検討する上で、非常に重要な遺跡で、台地内外行動の拠点になっていたと考えられる。そのため、その形成要因を検討する。ただ、報告書は刊行されているものの、整理作業の途中で刊行されたもので、概報程度の内容でしかないため、調査成果の全容は不明である。ここでは、筆者が資料を実見した所見も含めて検討する。

　山田原Ⅱ遺跡の周辺地形は3つの単位に分けられる。1つ目は遺跡の西側、磐田原台地西側の急崖である。ここは、現在でも100 m近い高低差があり、沖積層のない旧石器時代は100 m以上の急崖だったことは間違いない。2つ目は遺跡の北〜東側で、ここは、西側に比べると傾斜は緩やかだが、樹枝状の谷が発達して、複雑な地形になっている。3つ目は遺跡の南東にある谷で、この谷が台地を東西に分断する今之浦川に沿った谷になっている。そして、図中に黒丸で示した場所に今之浦川の水源地がある。台地上は水源が乏しいため、水源地近くというのは重要な立地条件と考えられる。

　台地を降りるルートを考える参考として、図中に1927年以降の地図に記載された台地を降りる道を入れてある。この道は、現在でも台地北端から台地を降りる道路になっており、樹枝状に発達した谷沿いに台地を降りている。この道は、谷に降りれば、比較的緩やかな斜面沿いに台地を昇降することが可能なことを示している。このようなルートは台地東側では多く見つけることができるが、台地の東側に降りてしまうと、天竜川方面に行くことができないため、天竜川に行くことを想定して台地を降りる安全なルートを選ぶと、台地北端が最適となる。

(3) 山田原Ⅱ遺跡の内容

　山田原Ⅱ遺跡は全容が報告されていないため、これまで、その特異な内容が問題にされることはなかったが、台地内行動の拠点であった可能性が高いため、現段階で可能な範囲で内容を検討する。この遺跡の特徴について、調査担当者は下記の所見を述べている。

・遺物の密度が非常に高い。

・石核と叩石が多いという強い印象がある。

・原石を多量に持ち込んでいると思われる。

・石器を多量に製作していることは間違いない。

第5節　縦長剥片系石器群段階の構造と運用

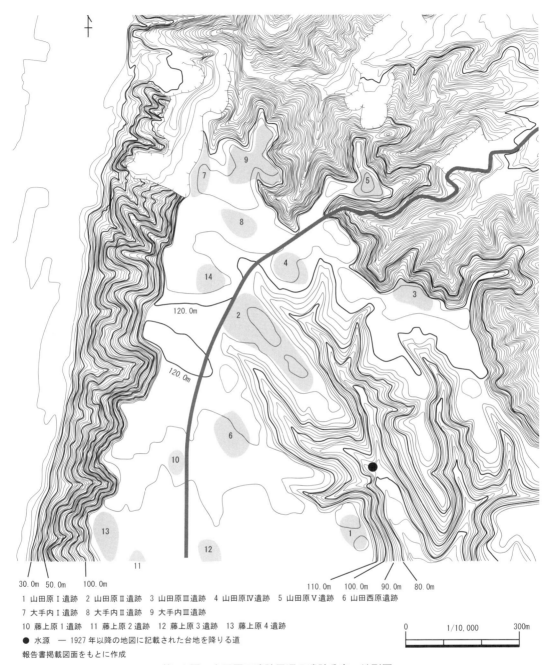

1 山田原Ⅰ遺跡　2 山田原Ⅱ遺跡　3 山田原Ⅲ遺跡　4 山田原Ⅳ遺跡　5 山田原Ⅴ遺跡　6 山田西原遺跡
7 大手内Ⅰ遺跡　8 大手内Ⅱ遺跡　9 大手内Ⅲ遺跡
10 藤上原1遺跡　11 藤上原2遺跡　12 藤上原3遺跡　13 藤上原4遺跡
● 水源　── 1927年以降の地図に記載された台地を降りる道
報告書掲載図面をもとに作成

第42図　山田原Ⅱ遺跡周辺の遺跡分布・地形図

　これらの所見をもとに遺跡の内容を検討する。まずは、遺物の分布を検討する（第43図）。調査面積は12,000㎡であるから、広範囲にわたって遺物が濃密に分布していることがわかる。これについては、他の遺跡と遺物の分布密度を比較することが考えられるが、匂坂中遺跡や高見丘Ⅰ～Ⅳ遺跡などでは、遺物の少ない谷の部分まで発掘しているため、当然ながら、数字上の遺物分

111

第３章　石器群の構造変動と居住行動

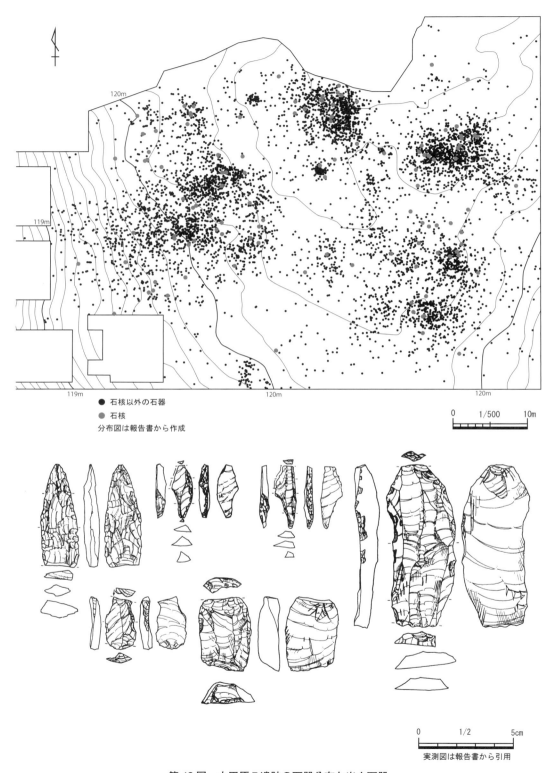

第43図　山田原Ⅱ遺跡の石器分布と出土石器

布密度は低くなる。これに対して山田原Ⅱ遺跡は、調査区内に谷部分がなく、丘陵上だけを発掘
していると考えられるため、数字上では遺物分布密度は高くなる。したがって、遺物分布密度を
数字だけで比較することは困難である。しかし、1万㎡以上を調査して調査区内の広い範囲に石
器の集中が見られる状況（第43図）を見ると、やはり、遺物の密度は高いと言うことができる。

　石器分布図の中で、石核の出土地点を灰色の丸で示してあるが、一見して石核が多い印象を受
ける。石核が多いと言うことは石器製作頻度が高かったと想定できる。そこで、出土石器中に占
める石核の比率を遺跡間で比較したいところだが、石核は搬入、搬出頻度の高い器種であるため、
必ずしも石核を多数製作した遺跡で石核比率が高くなるとは限らない。石核の製作数が多くても、
搬出が多ければ、石核の比率は低くなる。実際のところ、山田原Ⅱ遺跡の石核比率は、匂坂中遺
跡、高見丘Ⅰ～Ⅳ遺跡といった大規模調査遺跡と比較すると、むしろ低い結果が出る。

　石器製作頻度の高さを比較するには、石器製作に関わった石器のうち、移動しない石器、すな
わち搬入、搬出頻度が低かったと考えられる石器の比率を比較することになる。その候補となる
のが叩石である。叩石の運用は必ずしも明らかではないが、先に検討したように、原石搬入地や
石核搬入地と言った剥片を剥離する地点は限定されている。そうすると、剥片剥離に使う叩石は、
剥片を剥離する地点に置かれたまま移動しないと想定される。使う場所が限定される道具は使用
場所に常備しておくと考えられるからである（Binford 1979）。逆に石器を搬入しただけで剥片剥
離を行っていない地点では、叩石がほとんど出土しないことから考えても、叩石は剥片を剥離す
る地点に当初から置かれたまま、地点間を移動しない石器と考えられる。

　出土石器中に占める叩石の割合は、山田原Ⅱ遺跡で12%、匂坂中遺跡で9%、高見丘Ⅰ・Ⅱ遺
跡で7%、高見丘Ⅲ・Ⅳ遺跡で3%である。このように、山田原Ⅱ遺跡で叩石が高比率を示してい
るのは、剥片剥離の作業量が多かったためと考えられる。当然ではあるが、大量に出土した剥
片や砕片からも、剥片剥離が非常に活発だったことがうかがえる。石材の搬入については、接合
作業が行われていないため、明らかにしにくい。しかし、剥片や石核を実見すると、自然面が残っ
ているものが多量に見られることから、原石、もしくは分割礫の状態で搬入された可能性は高い
と思われる。その数も推定に過ぎないが、数十点のレベルに達すると思われる。

（4）山田原Ⅱ遺跡の性格

　現段階での可能な範囲での検討ではあったが、山田原Ⅱ遺跡の特徴を列記する。
・台地北端の水源地付近にある。
・台地を昇降するルートに近接している。
・天竜川で採集した原石、分割礫、もしくはその原石から製作した石核を多量に搬入している。
・破格の石器分布密度を示す。
・叩石の高比率と多量の剥片、砕片の存在から、剥片剥離作業量が多かったと想定される。
・周辺に遺跡が集中しており、遺跡群を形成していると想定できる。

　ここまで特徴を列記すると、山田原Ⅱ遺跡は、石器群の全容が明らかではないとしても、石材
調達を含めた台地昇降活動、石材もしくは石核の集積、石核製作、剥片剥離の拠点であり、台地
内外行動の拠点であった可能性が高くなる。また、山田原Ⅱ遺跡周辺には遺跡が集中している。
山田原Ⅱ遺跡以外は調査されていないため、遺跡の内容は不明だが、山田原Ⅱ遺跡だけが拠点に
なっていたのではなく、周辺の遺跡が一体となって台地北端の拠点を形成していたと想定される。

第 3 章　石器群の構造変動と居住行動

（5）原石の搬出先と縦長剥片の集中剥離

　山田原Ⅱ遺跡が、台地に運び上げた石材の集積場所の可能性が高いことが明らかになったところで、ここに集積された原石の搬出先と想定される遺跡での石器製作を検討する。

　原石を搬入している地点と、接合資料などから推定される、搬入した原石の最低数は、現在確認できるところでは下記をあげることができる。いずれも、必ずしも未加工の原石を搬入したとは限らないが、接合資料や出土石器から、剥片剥離の初期工程が行われたと考えられる地点である。

　　寺谷遺跡：接合資料から、少なくとも 10 点の原石搬入

　　広野北遺跡 K2- ブロック 17：接合資料から、少なくとも原石 1 点を搬入

　　高見丘Ⅰエリア D3 ブロック S09：接合資料から、少なくとも原石 3 点を搬入（第 44 図上）

　図示した接合資料は、剥片 7 点と石核 2 点が接合したもので、長細い円礫の一端に打面を作り、作業面を一面に限定して縦長剥片を剥離したことを示している。

　　高見丘Ⅰエリア D3 ブロック S13：接合資料から、少なくとも原石 1 点を搬入

　　長者屋敷北遺跡ブロック S02：接合資料から少なくとも 2 点の原石搬入（第 44 図下）

　図示した接合資料は、剥片 1 点と石核 1 点が接合したもので、分割礫の小口面で剥片を剥離している。接合した剥片は、作業面を作り出すために剥離された最初の剥片で、背面が全面自然面に覆われている。この剥片剥離後、2～3 点程度の縦長剥片が剥離されたと思われるが、すべて搬出されている。

　　長者屋敷北遺跡ブロック S04：接合資料から少なくとも 3 点の原石搬入

　　高見丘Ⅳ遺跡ブロック 8：接合資料から少なくとも原石 1 点を搬入

　　匂坂中下 4 遺跡：出土石核の状態から、少なくとも 1 点の原石搬入

　　匂坂上 4 遺跡：接合資料から、少なくとも 1 点の原石搬入

　　匂坂中遺跡ブロック B16：石核の状態から、少なくとも分割礫 1 点を搬入

　　匂坂中遺跡ブロック B18：石核の状態から、少なくとも原石 1 点を搬入

　　匂坂中ブロック B53：石核の状態から、少なくとも原石 1 点を搬入

　原石の搬入個数は、接合資料などから推定できた最低搬入数で、実際にはもっと多くの石材が搬入されたと思われるが、それでも寺谷遺跡を除けば、数点～10 点程度であると思われる。

　搬入形態は、完全に原石に戻った接合資料がないことから、分割礫、もしくは自然面といった不要な部分を除去した石材と言った方が正確である。上記以外にも接合資料がないために、原石搬入を認識できない地点があることも考えなければならない。また、坂上遺跡（第 38 図、p103）のように、縦長剥片剥離の工程で最初に剥離される稜付石刃が出土した地点も原石を搬入した可能性があるかもしれない。ただ、調整済の石核を搬入した可能性も残されており、この場合は原石を搬入したのは別地点になるため、本書では、原石搬入地点からは外してある。このようにいくつか遺漏があるかもしれないが、主要な原石搬入地点は網羅しているであろう。ここで指摘できることは、上記のいずれの地点も数十点レベルの原石が搬入された山田原Ⅱ遺跡と比べると、搬入原石数がはるかに少ないことである。山田原Ⅱ遺跡が、採集した石材の最初の搬入地の可能性が高いことから、ここが行動の拠点であるとすると、上記の原石は、台地外から直接搬入したと考えるよりも、山田原Ⅱ遺跡に集積した原石の一部を持ち出し、運搬してきたと考えた方が合理的である。この点からも山田原Ⅱ遺跡が破格の遺跡であったことがうかがえる。

114

第5節　縦長剥片系石器群段階の構造と運用

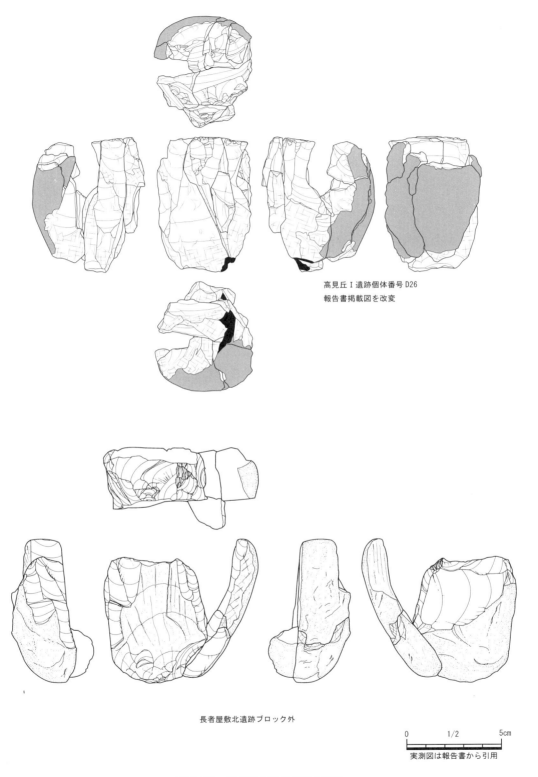

高見丘Ⅰ遺跡個体番号 D26
報告書掲載図を改変

長者屋敷北遺跡ブロック外

実測図は報告書から引用

第44図　原石搬入を示す接合資料

115

原石を搬入した地点での剥片剥離の内容について、比較的多くの原石を搬入した寺谷遺跡を例に検討する。寺谷遺跡での石器の出土状況はすでに検討したが、330㎡と言う決して広くない調査範囲でありながら、非常に濃密なブロックの中心部を検出している。そして、集中的な石器製作の痕跡を示すように、多くの接合資料が得られた。そのうちの一例を検討する（第45図）。

　第45図の接合資料は個体番号S17として報告されたもので、必ずしも原石の搬入を示すものではないが、円礫面を残していることと、この接合状態になる以前に剥離された剥片は、自然面を除去した剥片と考えられることから、少なくとも自然面を除去した直後の状態を示していると考えられる。この資料では、剥片剥離の初期段階からの工程を追跡できる。工程の詳細は省略するが、最初の打面形成後、3回の打面再生を経て、縦長剥片を最高で25点剥離したと推定されている（鈴木忠1980）。また、剥片剥離の途中で石核が2つに割れており、そのうち1つは搬出されている。割れなければ、1つの石核のまま剥片剥離を続けたと考えられる。このように寺谷遺跡では、縦長剥片を連続剥離したことを示す接合資料が合計7例報告されており、いずれも1点の原石から1～2点の石核が作られている。この他の接合資料で剥離された縦長剥片の数は次のように報告されている。

　　個体番号S14：5点以上の縦長剥片

　　個体番号S24：10点以上の縦長剥片

　　個体番号S31：15点前後の縦長剥片

　　個体番号S46：8点前後の縦長剥片

　　個体番号S25：25点以上の縦長剥片

　　個体番号S62：約30点の縦長剥片

　このように接合資料からは、寺谷遺跡で縦長剥片が量産されたことがうかがえる。第45図に示した散布図は剥片の長幅比で、微細な剥離のない剥片を白丸、2次加工、もしくは微細な剥離のある剥片を黒丸で示してある。微細な剥離があると言うことは有用剥片として使われたと考えられる。剥片全体では、長幅比1：1よりも縦長の傾向があり、特に微細な剥離のある剥片（黒丸）は長幅比2：1付近に集まる傾向がある。このことから、寺谷遺跡で剥離された剥片は、全体的に縦長の傾向があり、有用剥片として使われた剥片は、特に縦長の剥片を選択して使ったことが考えられる。この一方で、不定形剥片を剥離した痕跡は非常に乏しい。

　以上から、寺谷遺跡の特徴として下記のことを指摘できる。

　・原石、もしくは原石に近い状態の石材を搬入したと考えられる。

　・1点の原石から1～2点の石核を作っている。

　・縦長剥片を量産している。

　・石核調整剥片を除き、不定形剥片はほとんど剥離していない。

　上記の特徴は、先にあげた原石を搬入して縦長剥片を剥離している地点すべてに共通することで、特に匂坂中遺跡ブロックB16、B18、長者屋敷北遺跡ブロックS04では顕著で、匂坂中下4遺跡でもブロックの規模は大きくないが、縦長剥片剥離に特化した状況が見られる。

　以上の地点では、原石搬入以外にも石核での搬入も認められるが、いずれの場合でも縦長剥片を剥離しており、逆に不定形剥片剥離の痕跡は乏しい。したがって、縦長剥片剥離に特化した地点と言うことができる。

第5節　縦長剥片系石器群段階の構造と運用

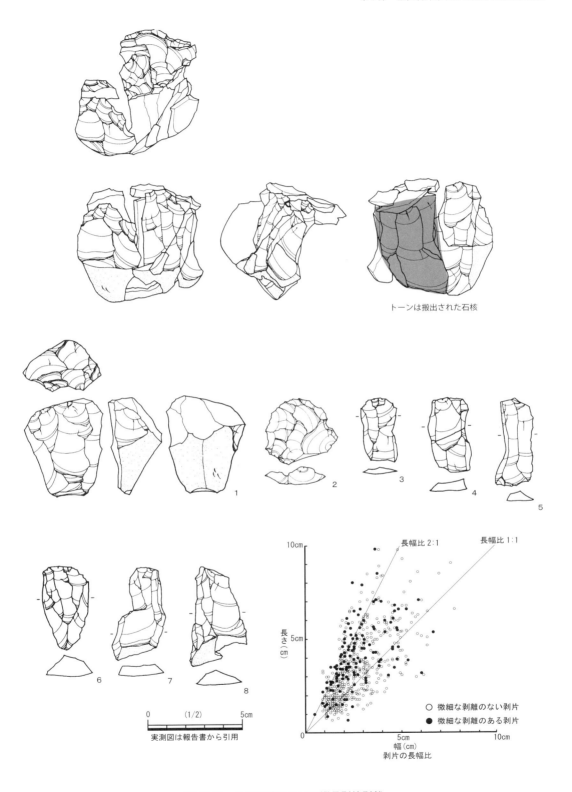

第45図　寺谷遺跡における縦長剥片剥離

117

（6）石核の搬出先と縦長剥片の集中剥離

　原石の搬入地点の次に形成されると考えられる地点は、縦長剥片石核の搬出先である。縦長剥片石核の搬出先としては、匂坂中下4遺跡（大村2011）、広野遺跡（ただし、瀬戸内系石器群を除く）、坂上遺跡、匂坂中遺跡ブロックB1、広野北遺跡K2ブロック6など、現在のところ35箇所程度認めることができる。これらの中で高見丘Ⅲ遺跡のブロック4を検討する（第46図）。

　高見丘Ⅲ遺跡のブロック4は、浅い谷に面した緩斜面に形成されたブロックで、700点ほどの石器が出土している。周囲の石器分布はまばらで、孤立した感じのブロックである。石核は24点出土しており、ほとんどが縦長剥片石核である。自然面を残した石核や縦長剥片、稜付の縦長剥片を含んだ接合資料もあるため、剥片剥離の初期の工程から行われたと考えられるが、原石を搬入した痕跡は乏しい。調整した石核を搬入したと考えるのが妥当である。

　このブロックでは縦長剥片の連続剥離を示す接合資料が得られている（第46図）。接合資料1は3点の縦長剥片が接合したもので、図中に剥離方向を示したように、剥離方向1〜剥離方向2にかけて、180度の打面転移があったことがわかる。接合資料2は縦長剥片5点の接合資料で、図中に打面の位置を示したように、打面の高さが異なっていることから、剥離の途中で打面を再生していることがわかる。また、自然面が残っている部分が、石核の側面であったこともわかる。接合資料3は2点の縦長剥片が接合したもので、1点の下面に下設打面が残っていることから、剥離した石核の高さがわかる。同一ブロック内で、これと同一個体と考えて間違いない縦長剥片石核があり、これには稜付の縦長剥片が接合しているが、接合資料3とは接合しない。両方の接合資料を合わせて考えると、この個体では、稜付縦長剥片の剥離に始まる初期工程から行われていることになる。したがって、少なくとも調整済の石核を搬入したことが考えられる。

　このブロックでは、不定形剥片を剥離した痕跡は非常に乏しい。したがって、縦長剥片を量産した地点と言って良い。これを示すために第46図に剥片の長幅図を示す。白丸は使用した痕跡のない剥片で、黒丸は、微細な剥離、もしくは2次加工のある剥片で、使用された有用剥片と考えられるものである。白丸の剥片は、石核の調整剥片なども含んでいるため、長幅比が1：1付近に集中しているが、長さが2cmを超える剥片は長幅比が2：1の縦長のものが多くなっているのがわかる。実際に使用された剥片（黒丸）はいずれも長幅比が1：1よりも縦長の方に点があることから、縦長剥片を選択して使っていることが読み取れる。この長幅比散布図から、縦長剥片は目立つために報告書に掲載されやすく、そのために縦長剥片が多いと言う印象を与えているのではなく、元々縦長剥片主体のブロックであったと言うことができる。

　したがって、このブロックは規模は大きい方ではないが、縦長剥片を量産したブロックと言って良い。このことは縦長剥片石核を搬入した地点に共通しており、いずれも不定形剥片が剥離された可能性もあるが、規模の大小を問わず、縦長剥片剥離に偏った内容になっていることは確かで、縦長剥片と不定形剥片を均等に剥離した地点はないと言って良い。

　これまでの検討で磐田原台地では、縦長剥片を剥離している地点には、いずれも縦長剥片の量産に特化した石器群が残されていることがわかる。したがって、縦長剥片を剥離する地点は限定されていたことになり、縦長剥片の計画的な生産をうかがうことができる。縦長剥片を量産したと言うことは、縦長剥片や縦長剥片製石器の搬出拠点にもなっていたと考えられる。この次に想定されるのは、これらの搬出先だが、これについては不定形剥片系石器群と併せて後に検討する。

第5節 縦長剥片系石器群段階の構造と運用

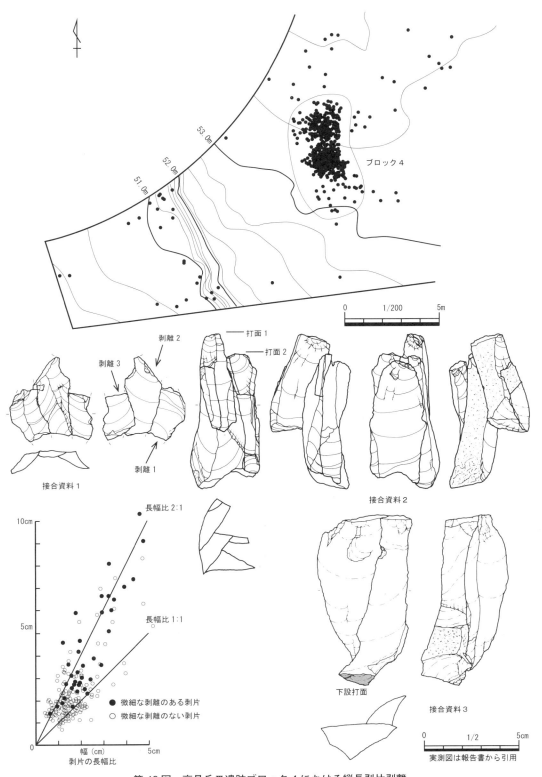

第46図 高見丘Ⅲ遺跡ブロック4における縦長剥片剥離

（7）原石の搬入と不定形剥片の剥離

　原石を搬入して不定形剥片を剥離している地点として、先に高見丘Ⅲ遺跡のエリア3を例としてあげた。他には高見丘Ⅰ遺跡エリアD3ブロックS1、高見丘Ⅳ遺跡ブロック3、広野北遺跡K3ブロック11などがある。ここでは高見丘Ⅲ遺跡エリア3について、追加資料（第47図）とともに補足検討する。このエリアで出土した石器群の特徴は、筆者が検討したことがある（富樫2010b）が、再考を含めて検討する。

　このエリアでは、原石を搬入して不定形剥片石核を製作したことを示す接合資料（第47図-6）が複数得られている。このブロックで出土した石核の特徴は、作業面の反対側に自然面を残した扁平なもの（6）が多いことである。また、求心状に不定形剥片を剥離した石核（5）も複数出土している。剥片は不定形剥片（4）が主体である。4の先行剥離面にも多方向からの剥離が残っていることから、5の石核からうかがえるような、打面を頻繁に転移する剥片剥離技術が想定される。縦長剥片は先述のように、ほとんどが搬入品という特徴がある。縦長剥片石核の可能性があるものも出土しているが、少なくとも縦長剥片を連続剥離した証拠はない。

　背部加工尖頭形石器（1〜3）は長さ2cm〜3cm程度のものが多い。その原因についてはすでに検討している（富樫2010b）。ここでは、結論をあげるにとどめる。1の素材剥片の推定形状は、図中トーンで示したように、幅広の剥片で縦長剥片とは呼べない剥片である。2は素材剥片の形状を推定すると、図中トーンのように縦長の形状になるが、先行剥離面の剥離方向が多方向になっていることから、縦長に見えるだけの不定形剥片が使われていることがわかる。3は縦長剥片を素材にしていると思われるが、下端に素材剥片の末端が残っているため、長さ3cm程度の剥片が素材になっていることがわかる。富樫（2010b）では、他の背部加工尖頭形石器も検討した結果、素材になった剥片が長さ2cm〜5cm弱の幅広の剥片で、不定形剥片も素材になっていることを指摘した。また、縦長剥片は搬入品の可能性が高いことも指摘した。

　以上から、このブロックの特徴として、原石を搬入して不定形剥片石核を製作、不定形剥片を剥離していることと、縦長剥片剥離を積極的に示す証拠がなく、出土した縦長剥片は、個体別資料の検討による限り、搬入の可能性が高いことがあげられる。この特徴は、原石を搬入して不定形剥片石核を製作、不定形剥片を剥離している地点に共通するもので、いずれも縦長剥片の連続剥離を示す痕跡はなく、縦長剥片は搬入の可能性が高い。したがって、不定形剥片剥離に特化した地点と言うことができる。

　もう1つの例としては、高見丘Ⅳ遺跡のエリア2でブロック1として報告した地点がある。小規模なブロックではあるが、円礫を搬入して不定形剥片を剥離したことを示す接合資料がある一方で、縦長剥片は1点も出土していない。当たり前のことだが、縦長剥片を剥離せず、搬入もしなければ、このようなブロックが形成されると考えられる。不定形剥片系石器群は時期判定が難しいため、このブロックが、瀬戸内系石器群・角錐状石器群段階の石器群である可能性は残っているが、1点の円礫から1点の石核を作っており、瀬戸内系石器群段階に想定される、板状剥片を剥離して不定形剥片石核を作る工程は認められない。したがって、縦長剥片系石器群段階の不定形剥片系石器群と考えるのが妥当であろう。

　不定形剥片系石器群に搬入された縦長剥片の製作地は、縦長剥片の量産地点以外には考えられない。そこから搬出された縦長剥片が、不定形剥片系石器群に搬入されたと考えるのが妥当である。

第5節 縦長剥片系石器群段階の構造と運用

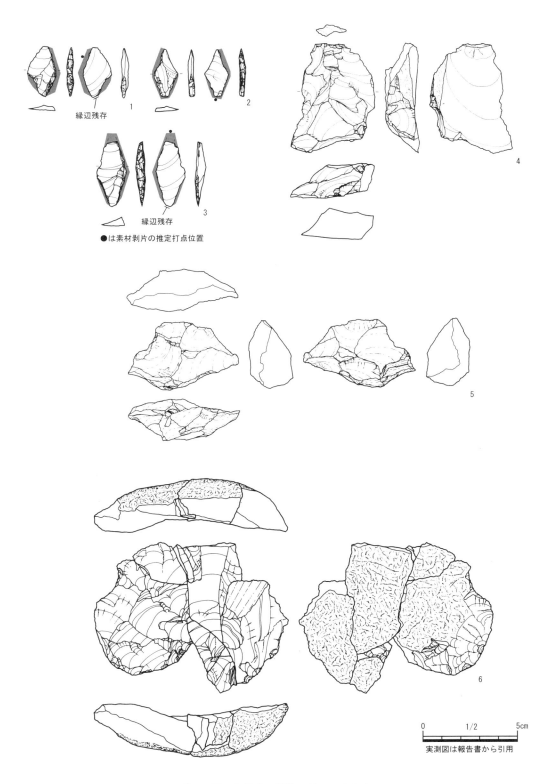

第47図 高見丘Ⅲ遺跡エリア3の出土

第 3 章　石器群の構造変動と居住行動

　これまでの検討から、原石を搬入して不定形剥片を剥離する地点は、縦長剥片を剥離する地点と異なっていたことになり、このことから、不定形剥片剥離にも計画性がうかがえる。また、不定形剥片剥離地点に縦長剥片が搬入されていることから、縦長剥片の管理的な扱いもうかがうことができる。したがって、縦長剥片系石器群と不定形剥片系石器群は、二極構造を構成する別の石器群ではあるが、両方とも計画的に地点を選んで残された石器群であると考えられる。

（8）石核の搬出と不定形剥片の剥離

　不定形剥片石核が縦長剥片石核とは異なる地点で製作されていることから、石核の搬出先も縦長剥片石核とは異なると予想される。不定形剥片石核を搬入して不定形剥片を剥離している地点は、高見丘Ⅱ遺跡 A1-b ブロック S21、高見丘Ⅲ遺跡エリア 2 ブロック 14 などがある。ここでは、広野北遺跡 K2- ブロック 3 を取り上げる（第 48 図）。このブロックは瀬戸内系石器群との重複ブロックのため、瀬戸内系石器群に属する個体別番号 K2-3F ①、個体別番号 K2-3F ⑦を除外する。

　広野北遺跡については、報告書の文化層設定に重大な疑義があることを指摘した（富樫 2015）。そのため、このブロックについても出土層の確認から始める。K2- ブロック 3 は「ナイフ形石器文化（K2）」として報告されており、石器台帳上では、全点が暗色帯（3 層）の上に堆積した 2b 層で出土したことになっている。しかし、断面投影図を作成すると、石器は 2b 層〜3 層にまたがって分布している。投影した断面は、ブロックを横断するようにとられているため、地形の傾斜による投影面の誤差はないと考えて良い。また、ブロック 3 の石器出土レベル差は 80cm 程あるのに対して、ブロック 3 が出土した付近の 2b 層の厚さは 40cm〜50cm であるため、ブロック 3 の石器が台帳通り、2b 層に収まるはずはない。あるいは、2b 層とさらにその上層（クロボク土〜旧石器時代包含層への漸移層）の 2 層にまたがって出土した可能性も考えられるが、漸移層出土の石器は出土位置を記録せず、グリッド単位で取り上げているため、台帳に記載されていない。そのため、そもそも分布図の作成は不可能である。したがって、ブロック 3 は 2b 層〜3 層（暗色帯）の 2 層にまたがって出土したと考えて間違いない。

　ブロック 3 では不定形剥片製の背部加工尖頭形石器（1）、緑辺切断石器（2、報告では加工痕のある剥片）、縦長剥片の一側縁を加工した背部加工尖頭形石器（3）、背部加工尖頭形石器（4）、不定形剥片（5〜9）などが出土している。接合資料は 2 例報告されている。接合資料 1 は、1 点の不定形剥片製の背部加工尖頭形石器と 5 点の不定形剥片が接合したもので、同一打面から打面を左右に移動させながら、不定形剥片を剥離したことを示している。

　接合資料 2 は、剥離が進んだ縦長剥片石核を不定形剥片石核に転用している可能性があり、扁平になった石核の両面で不定形剥片を剥離している。

　このブロックでは、3 の背部加工尖頭形石器が縦長剥片を使っている可能性があるが、同一個体の資料に縦長剥片は含まれていないため、積極的に縦長剥片を使っているとは言えない。接合資料 2 の石核は、縦長剥片石核だった可能性があるが、その場合でも、相当に剥離が進んでおり、すでに縦長剥片の剥離は不可能な状態である。

　以上から、このブロックには明確な縦長剥片は存在しないことになる。なお、このブロックは瀬戸内系石器群との重複ブロックのため、接合資料 1 は瀬戸内系石器群段階の可能性があるが、瀬戸内系石器群段階の背部加工尖頭形石器は、横長剥片を使うことが基本のため、4 のように不定形剥片を使った背部加工尖頭形石器は縦長剥片系石器群段階と考えられる。

第 5 節　縦長剥片系石器群段階の構造と運用

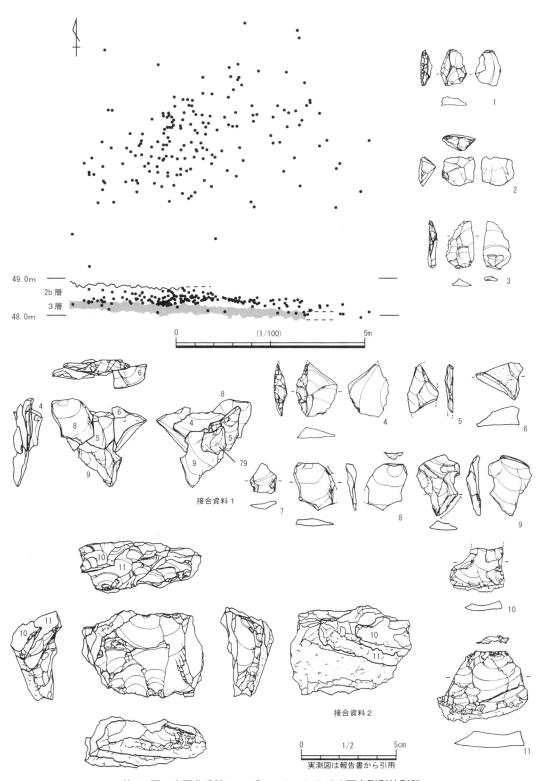

第 48 図　広野北遺跡 K2- ブロック 3 における不定形剥片剥離

第3章　石器群の構造変動と居住行動

　このような特徴は、石核を搬入して不定形剥片を剥離した地点に共通することで、縦長剥片が含まれていたとしても搬入品の可能性が高く、少なくとも縦長剥片を連続剥離した痕跡はない。この特徴は原石搬入地点と同様である。

（9）完成石器の搬入

　これまで、縦長剥片系石器群と不定形剥片系石器群の原石搬入〜剥片剥離の工程を地点別に検討してきた。そして、両石器群は地点を分けて発現しながらも、不定形剥片系石器群に縦長剥片が搬入されている状況が見られた。石器の運用上、この後に形成が想定される地点は完成品の搬入地点である。完成品の搬入地点としては下記が認められる。

　　ⅰ 石核を主体に搬入している地点
　　　例：匂坂中遺跡ブロック C78、C79
　　ⅱ 縦長剥片製石器を主体に搬入している地点
　　　例：高見丘Ⅳ遺跡ブロック 7、匂坂中遺跡ブロック C74
　　ⅲ 縦長剥片製石器と不定形剥片製石器の両方を搬入している地点
　　　例：高見丘Ⅳ遺跡エリア 3 ブロック 12、匂坂中下 3 遺跡他多数
　　ⅳ 不定形剥片製石器のみを搬入している地点
　　　例：加茂東原Ⅰ遺跡（清水 1996b）、同Ⅲ遺跡（清水 1997）他多数

　完成品の搬入地点は、匂坂中遺跡、高見丘Ⅰ〜Ⅳ遺跡などで多数認められる。これには次のような背景がある。匂坂中遺跡の調査で 8 万㎡に及ぶ広大な面積を調査したところ、同一平面で連綿と石器が出土したことから、出土層による時期区分は不可能と判断された。そして、次善の策として、できる限り石器を有意なまとまりとして把握し、そのまとまりごとに時期を判定する方針がとられた。その方針のもと、視覚的にまとまりをもって出土した石器を可能な限りブロックという単位で認識した。こうすることによって、遺跡全体と個別石器と言う両極端の単位の間にブロック、エリアという中間の分析単位を設定し、これを文化層把握の代用にしたという経緯がある。その後に行われた高見丘Ⅲ・Ⅳ遺跡、高見丘Ⅰ・Ⅱ遺跡の調査でも同様の方針がとられたため、石器が散在する部分でも接合関係や視覚的なまとまりがあれば、積極的にブロックと認定した。その結果、小規模なブロックが多く認定され、これらのブロックは石器製作の痕跡が乏しいため、結果的に完成品の搬入地点として認識されることになる。このような背景があるため、完成品の搬入地点が多くなることは当然であるが、ブロックの認定は現場レベルでしか行えないため、この判断は尊重すべきであろう。

　本項では、このように認定された小規模ブロックを完成品の搬入地点として評価を試みる。まずは、石核を主体として搬入している地点を検討する。これは地点数が少ないが、匂坂中遺跡のブロック C79（第 49 図）と C78（第 50 図）の 2 箇所が確認されている。両地点とも特異な内容で共通した特徴を持っているため、合わせて検討する。

　匂坂中遺跡ブロック C79 は、17 点の石器からなる小規模なブロック（第 49 図）で、剥片と砕片 13 点（1 は微細な剥離のある剥片）、叩石 1 点（2）、石核 3 点（3〜5）から構成されている。剥片は不定形剥片で、石核も不定形剥片石核であることから、これは不定形剥片系石器群と考えて良い。微細な剥離のある剥片（1）は、長さと幅が 5 cm 程度あり、剥片としては大型のものである。3 は分割礫を使った不定形剥片石核で、4 は円礫を使い、打面が円礫の周囲を転移しながら求心

124

第5節　縦長剥片系石器群段階の構造と運用

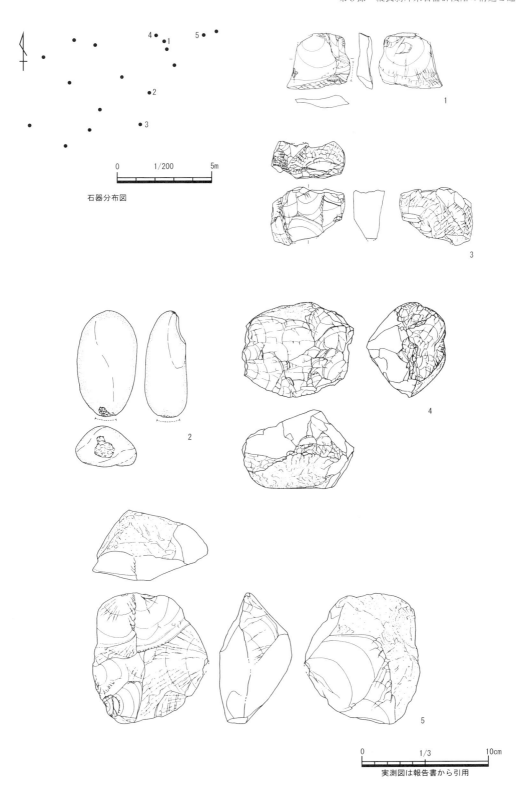

第49図　匂坂中遺跡ブロックC79の石器

状に不定形剥片を剥離している。5も同様で、円礫を使い、打面が周縁を転移しながら求心状に不定形剥片を剥離している。3点の石核とも、円礫か分割礫を素材にしていること、作業面を一面に限定して、石核の縁辺で打点を周回させながら不定形剥片を剥離する特徴が共通している。このブロックでは接合する石器がなく、砕片以外は搬入品の可能性が高いことと、叩石と共に不定形剥片石核が搬入されているが、明確な剥片剥離の痕跡を残していない点に特徴がある。2点とは言え、砕片が出土しているため、剥片剥離の可能性を完全には否定できないかもしれないが、剥片剥離の痕跡は非常に貧弱であることに間違いはない。したがって、このブロックは不定形剥片系石器群の搬入地点で、搬入直後の状態を残していると考えられる。搬入したまま使われなかったのであるから、結果的には廃棄物と言うことになる（田村 2012）。しかし、当時の状況を考えると、搬入直後の状態のまま置かれたということは、再びここに回帰することを想定して事前に石器を搬入したものと考えられる。したがって、小規模ながらキャッシュであった可能性を考えることができる。

　同様の地点は、匂坂中遺跡のブロック C78（第 50 図）でも認められる。このブロックは叩石（1）、不定形剥片（2）、不定形剥片石核（3〜6）から構成されており、不定形剥片系石器群と考えられる。不定形剥片は長さ、幅とも 5 cm を超えており、剥片としては大型で、使用痕のような微細な剥離が見られる。石核はいずれも剥片剥離途中で、叩石があるものの剥片剥離の痕跡はない。したがって、搬入後に何の作業も行っていないことになり、搬入直後の状態を残していると考えられる。しかし、叩石と剥片剥離可能な石核を搬入していることから、廃棄ではなく、再びここに回帰して剥片を剥離することを予測して石器を搬入したものと考えられる。そう考えると、このブロックにもキャッシュという性格が想定できる。

　匂坂中遺跡ブロック C78 と C79 は、叩石と不定形剥片石核、不定形剥片を搬入しているが、剥片剥離の痕跡が非常に乏しい、と言うよりも、剥片剥離の痕跡がないと言った方が良い特徴がある。両ブロックとも大型の不定形剥片を搬入しており、使用痕と思われる微細な剥離が入っていることから、有用剥片であったことは間違いないであろう。これらは石核に残る剥片の剥離痕の大きさと比べても、特別と言って良いほどに大型の剥片であることから、将来的な使用、しかも使用による破損や加工による縮小を想定した大きさの剥片を搬入したと推定される。

　また、叩石を搬入していることから、剥片剥離の痕跡がないとしても、将来的な剥片剥離を予測していたと考えられる。石核はいずれも剥片剥離の途中であるが、剥片剥離の続行は十分可能な状態であるから、このようなブロックは将来の使用を予測した搬入、すなわちキャッシュと考えられる。このようなブロックの形成は、小規模とは言え、計画的な行動をうかがわせる。なお、このようなブロックが 1 回で形成されたのか、複数回にわたる搬入の結果形成されたのかは不明だが、点数の少なさから、複数回にわたって形成されたとしても 2〜3 回程度のことで、その場合でも、これらのブロックが将来的な使用を予測したキャッシュであると言う解釈に変わりはない。

　縦長剥片を主体として完成品を搬入したブロックとしては、先述の高見丘IV遺跡ブロック 7（第 37 図）の他に、匂坂中遺跡のブロック C74 がある。これも縦長剥片と縦長剥片製石器 10 点で構成されるブロックで、接合関係はなく、剥片剥離の痕跡もないことから、縦長剥片系石器群の搬入と考えて良い。なお、このブロックでは長野県産と思われる黒曜石製の縦長剥片を使ったスクレイパーが搬入されている。当地では、黒曜石石器は貴重な例である。

第 5 節　縦長剥片系石器群段階の構造と運用

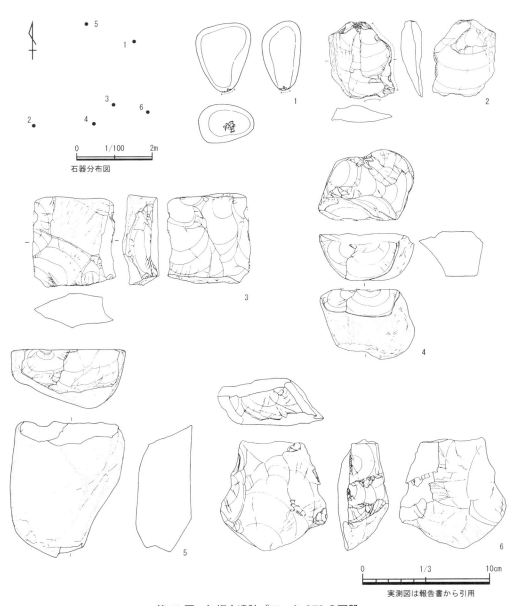

第 50 図　匂坂中遺跡ブロック C78 の石器

　もう 1 つ、石器搬入地点と考えられる匂坂上 5 遺跡（佐口・川口 1996）を取り上げる（第 51 図）。ここでは、緩斜面で 22 点の石器からなる散漫なブロックが検出されている。ブロック東側が調査区外のため、東側の状況が不明だが、南北と西側にはブロックがなく、孤立した印象である。

　主な出土石器は、背部加工尖頭形石器（1）、微細な剥離のある剥片（2〜4）、スクレイパー（5、6、6 は、報告では使用痕のある剥片）、石核（7）がある。1 の背部加工尖頭形石器は、搬入の可能性が高い安山岩を使用している。背部加工尖頭形石器（1）とスクレイパー（5）、微細な剥離のある剥片（3）は縦長剥片を使用しているが、ブロック内で縦長剥片を剥離した痕跡はない。不定形剥片については、ブロック内で 2 点ずつの不定形剥片からなる接合資料が 2 例、合計で 4 点の不定

第3章 石器群の構造変動と居住行動

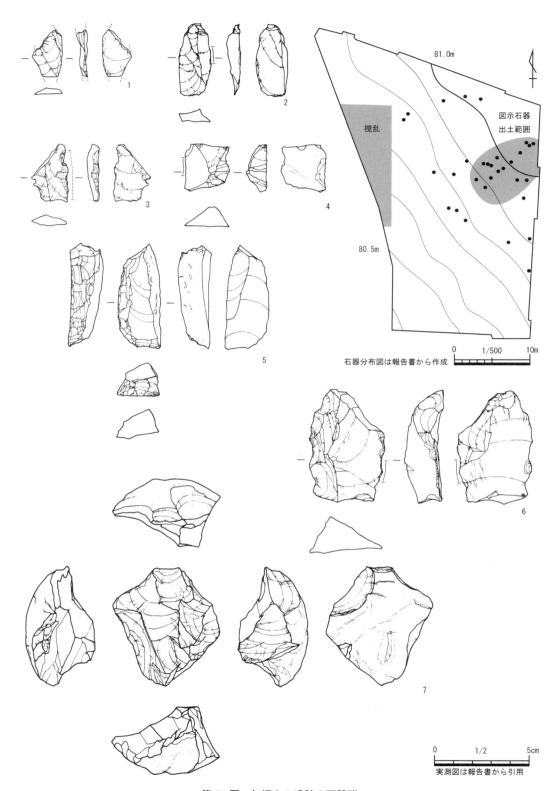

第51図 匂坂上5遺跡の石器群

形剥片が接合しているため、ブロック内で不定形剥片を剥離した痕跡がないとは言えないが、剥片剥離を活発に行っている状況ではない。石核は剥片剥離が進んだ状態で、石核に接合する剥片がないことから、ブロック内では剥片剥離を行っていないか、剥離したとしても搬出されたことになる。いずれにしても7の石核は剥離が進んだ状態で搬入され、その後は、あまり剥片を剥離していないと考えて間違いないであろう。したがって、このブロックで出土した大半の石器は搬入品と考えて良い。

　なお、このブロックの東側の状況が不明のため、東側に濃密な石器製作ブロックがあり、このブロックは、その周辺にあたっている可能性も否定はできない。しかし、一般にブロックが形成された後、石器は拡散する傾向があることが実験的に確認されている（Bowers *et al.* 1983、Ralph 1991 など）。そして、斜面の場合、石器が斜面を下るのではなく、斜面を上る傾向にあるという驚くべきことも示されている（Bowers 1983）。このようなデータから考えると、このブロックは、斜面上方に濃密なブロックがあり、その周辺にある石器が緩斜面を下って形成されたのではなく、もともと緩斜面上に形成されていた小規模ブロックが拡散して第51図に示すような分布になったと考えた方が良いであろう。

　同様に、匂坂中遺跡のブロックC78、C79や高見丘Ⅳ遺跡ブロック7といった小規模ブロックも、本来は搬入した石器が一箇所にまとめて置かれていたと考えた方が良いであろう。そもそも搬入した石器を散りばめたように置く行為は不自然である。想定の域を出ないが、搬入した石器は一箇所にまとめて置いた、あるいは使用目的ごとに分別して置いたと考えるのが妥当であろう。少なくともランダムに置くことはないと考えるのが現実的である。

　上記のようなブロックは、石器製作の痕跡が非常に乏しいため、ほとんどの石器は製作場所から搬入されたと考えられる。ブロックの規模は小さいが、その数は、原石を搬入した地点が20箇所程度であるのに比べて、石器の搬入が主体となる地点は、250箇所近く確認できる。石器が製作場所から拡散する方向で搬出された状況を想定すれば、これは当然のことで、活発な行動の痕跡をうかがわせる。このようなブロックは、これまで問題の俎上にあげられることが少なかったが、行動論を展開する上では不可欠のブロックである。従来は解釈の方法が少なかったため、帰納的に説明できない現象の解釈に苦慮してきた。小規模ブロックの解釈もその典型的な例で、250箇所を超える小規模ブロックはほとんど研究で扱われることはなく、一握りの、石器製作の痕跡が濃厚なブロックだけが取り上げられてきた。そして、定点観測的な視点で大規模ブロックを取り上げて、さらに縦長剥片など目立つ石器、特徴的で扱いやすい石器だけを取り上げて石器製作技術や石器の「あり方」などを議論してきた。本来、石器は移動するものであるから、その「あり方」は特定ブロックの特定器種だけでは議論できないはずである。石器の持ち込みもあれば、持ち出しもある。特定ブロックの特定石器を取り上げて「あり方」を検討したところで、たまたまそこに残った石器での議論でしかない。それにもかかわらず、それが一般論であるかのような議論を展開してきた。議論を一般化するには、すべての石器、ブロックを網羅する視点が必要であろう。そのためには、小規模ブロックを解釈する手段を持たなければならない。本書では1つの視点として、このようなブロックを石器運用の最終地点として評価を試みる。

第6節　周縁・両面調整尖頭形石器の出現と二極構造の崩壊

　両面調整尖頭形石器の未完成品を含む「両面体調整石器」（国武2003）については、本書では分類項目を設定していない（第5図、p25）。「両面体調整石器」が単なる両面調整尖頭形石器の未完成品ではなく、石核の機能も持っており、剥片剥離を繰り返しながら、最終的に両面調整尖頭形石器になるものがあることは、すでに解明されており、特に石材補給に制限がある環境下で、「両面体調整石器」による石材管理が発生するとされている（佐藤宏1995、国武2003）。この場合、「両面体調整石器」は石核の一種であり、目的生産物ではない。したがって、ここでは中間生産物と言う扱いで、学史上の呼称に従って両面体調整石器と呼ぶ。両面体調整石器発生の行動論的意義は後述することにして、ここでは構造論的意義を検討する。

　磐田原台地では、両面体調整石器は多くはないが出土している（第52図）。1、2は匂坂中遺跡の不定形剥片系石器群に伴って出土したもので、1は分割礫に近い大型の剥片を使っており、個体識別はされていないことから、単独個体の可能性が高い。2は、原礫面が残っていることから、円礫か分割礫を使っていると考えられ、不定形剥片1点が同一個体に認定されている。3、4は広野遺跡で出土したもので、肉眼的には同一個体のシルト岩で、共に分割面で割れている。分割面の大きさはほぼ一致するが、接合はしない。広野遺跡は、濃密なブロックの中心部分を掘り当てており、縦長剥片系石器群と瀬戸内系石器群の重複ブロックが検出されている。不定形剥片系石器群もあるが、主体は縦長剥片系石器群である。そのため、この両面体調整石器は非常に目立つ存在で、接合作業は行われていないが、搬入品の可能性が高い。

　両面体調整石器から剥離される剥片は不定形剥片であるため、不定形剥片系石器群に帰属すると考えそうだが、1と2は不定形剥片系石器群で出土していながら、1は搬入品の可能性が高く、2は同一個体の剥片が1点あるだけで、出土ブロック内で剥片を剥離した痕跡が乏しい。3と4は、明らかに縦長剥片系石器群への搬入品である。

　両面体調整石器は不定形剥片石核として機能しているとはいえ、平面形が楕円形〜木葉形になり、断面が凸レンズ上になると言う共通の形態を持っている。形態が似てくるということは、不定形剥片を剥離しているとはいえ、剥離に一定の方法があったことが考えられる。打面と作業面の状況に応じて多様な剥離技術を発揮するのではなく、打面と作業面の位置関係や角度といったリッジ管理（Whittaker 1994）が行われていたと考えられる。両面調整尖頭形石器の製作技術はいくつか復元されており（例えば藤野1989）、出現期からシステマティックな方法が確立していたことが指摘されている。と言うよりも、システマティックな方法が確立したために、両面調整尖頭形石器が出現したと考えられる。両面体調整石器の形成も同様であったことは間違いなく、システマティックな方法がなければ、両面体調整石器の形成は不可能であろう。両面体調整石器採用の戦略上の意義については、破損リスクの回避があげられる（佐藤宏1995）。磐田原台地では、両面体調整石器や両面調整尖頭形石器を原石から製作した痕跡がないことから、原石採集地の天竜川の川原か、後述するように石材集積地であった山田原II遺跡で自然面や石の目などを除去してから、素材を台地上に搬入したことが考えられる。したがって、不定形剥片剥離とは言え、素材獲得の段階から剥片剥離に至るまで、管理的な手段がとられていたことになる。

第6節 周縁・両面調整尖頭形石器の出現と二極構造の崩壊

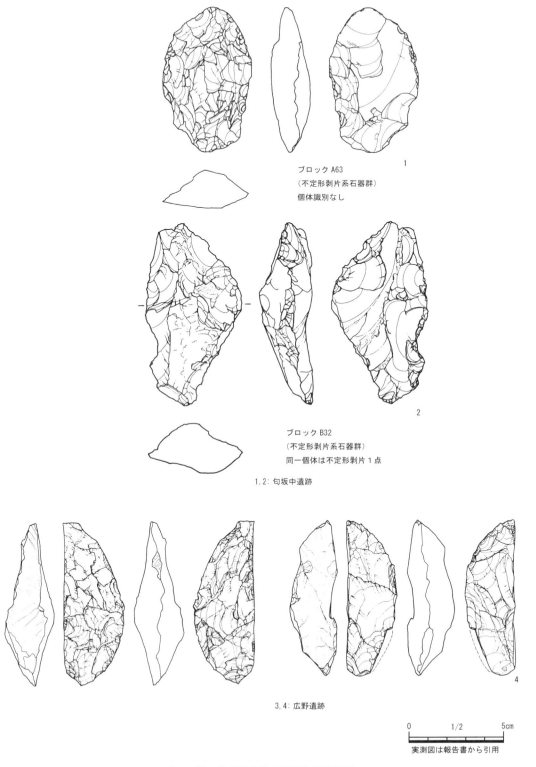

第 52 図 磐田原台地の両面体調整石器

第3章　石器群の構造変動と居住行動

　両面体調整石器の採用による戦略的意義（bifacial reduction strategy）については先行研究（佐藤宏 1995）で解明されているため、繰り返さないが、不定形剥片剥離技術の一種でありながら、匂坂中遺跡の出土例、広野遺跡の出土例のいずれも、通常の不定形剥片剥離技術とは一線を画した管理的な扱いを受けて、各遺跡を移動しながら、先々で必要に応じて不定形剥片を剥離していたと考えられる。剥離された不定形剥片は、その場限りの使用に供する便宜石器として用いられたことは想像に難くない。縦長剥片剥離技術と不定形剥片剥離技術からなる二極構造を管理石器と便宜石器からなる二極構造と読み替えると、双極のどちらにも属する、あるいは、双極のどちらにも属さない中間の石器が出現したことになる。縦長剥片剥離による戦略（core reduction strategy）は、必要に応じた原石の補給が可能な環境下で採用される戦略だが、両面体調整石器による戦略（bifacial reduction strategy）は、石材不足が予想される場合に採用される戦略であり、石材の運用が対照的である。両面体調整石器は数が少ないため、縦長剥片連続剥離によって製作した狩猟具を補完する位置付けであったと思われるが、石材運用の異なる管理石器を同時に保有することは、行動論上あまり意義のあることではない。むしろ、石材の供給状況に応じてどちらかを選択するのが通常の戦略と考えられる。

　両面体調整石器は自らは管理石器でありながら、便宜石器用の剥片を剥離するため、管理的な縦長剥片剥離技術と便宜的な不定形剥片剥離技術の対立からなる二極構造では、双極のいずれとも矛盾する存在であり、縦長剥片を使った狩猟具を補完する道具だったとは言え、二極構造内では、立場を獲得できない存在である。このように考えると、両面体調整石器の採用により、二極構造に揺らぎが生じたことが考えられる。

1　周縁調整尖頭形石器の発生

　磐田原台地では、「角錐状石器」として報告された石器の中に、角錐状尖頭器（第53図-1）、複刃厚形削器（第53図-2）とは異なる一群（第53図-3）が存在する。角錐状尖頭器と複刃厚形削器は厚みのある不定形剥片を使い、縁辺の急角度調整は粗く、鋸歯状になることが多いのに対して、3は薄い横長剥片、もしくは横長に見える不定形剥片の縁辺に急角度ではあるが、細かい調整をして先端を尖らせた石器である。本書の分類では、周縁調整尖頭形石器とするのが妥当である。3は、同一ブロックで瀬戸内概念を適用した横長剥片石核（第32図-7、p88）が出土していることから、周縁調整尖頭形石器は瀬戸内系石器群の段階から存在する可能性が考えられる。

　瀬戸内系石器群の段階、磐田原台地では、先述のように瀬戸内概念を適用した横長剥片剥離技術が定着しなかったため、横長剥片を使った背部加工尖頭形石器も発達しなかった。従来の表現で言えば、「国府型ナイフ形石器」は非常に少ないということになる。

　瀬戸内概念が定着しなかった原因は、出現当初から不定形剥片剥離技術に取り込まれていたことが大きな原因だが、もう1つ考えられるのが、剥離された横長剥片の形態や剥離方法に求められる（第54図）。瀬戸内概念適用の石核から翼状剥片が剥離された場合、左右いずれかの端部が尖ることが多く、背部加工尖頭形石器に加工する場合、打面を大きく除去して、尖っている方の端部を先端にすることが多い。1と2は広野北遺跡で出土した剥片で接合する。同一個体に、横長剥片を使った背部加工尖頭形石器（3、4）と瀬戸内概念を適用した石核（5）を含んでいる。1、2の剥片と5の石核とは接合しないが、この石核から剥離された可能性がある。1は左右両端が

第6節　周縁・両面調整尖頭形石器の出現と二極構造の崩壊

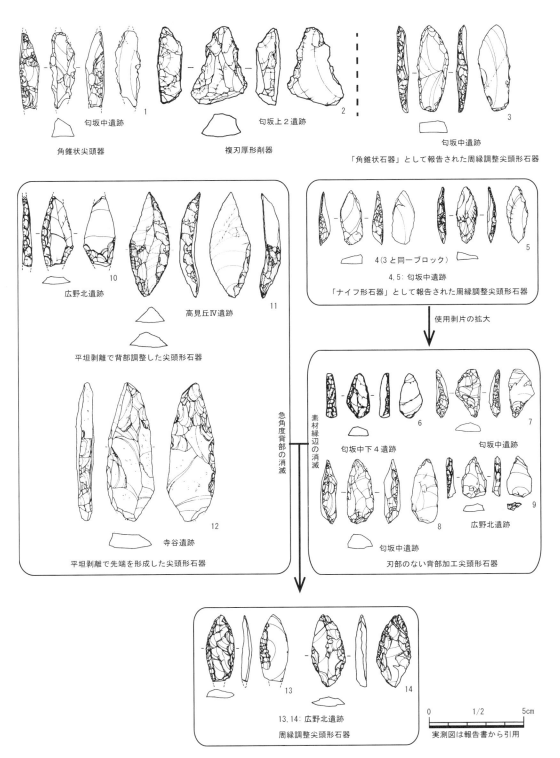

第53図　周縁調整尖頭形石器の発生過程

第 3 章　石器群の構造変動と居住行動

折れているため、全体の形が不明だが、2 は左右両端とも尖っていない上に縦割れを起こしている。6〜8 は匂坂中遺跡で出土した横長剥片で、いずれも瀬戸内概念を適用した石核の作業面に接合することから、本来なら翼状剥片になると思われる。しかし、6 は尖った端部が形成されているが、剥片が縦に割れている。剥離時に縦割れを起こしたものと思われる。7 はファーストフレイクだが、両端は尖っていない。8 は尖った端部を形成しているが、剥離時に縦割れを起こしている。

　通常、瀬戸内概念の石核からうまく剥離した横長剥片は翼状になり、背部加工尖頭形石器に加工されたと考えられるが、そのような石器は数えるほどしか例がなく、第 54 図に示したように、瀬戸内概念によって剥離された横長剥片も、尖った端部を形成していない、あるいは、縦割れを起こすなどして、背部加工尖頭形石器には加工されていない。瀬戸内概念を適用した剥片剥離では、剥離時に剥片が縦割れする事故はしばしば見られることで、磐田原台地では、瀬戸内概念を適用した横長剥片自体が少ないが、残っている資料を観察すると、縦割れ事故は多かったと思われる。磐田原台地には、翼状剥片と言えるものが 1 点も存在しないことから、瀬戸内概念を適用した打撃技術が未熟なために、本来求められるべき翼状剥片を剥離できなかったか、もともと翼状剥片は求められていなかったと考えられる。

　以上のような原因により、瀬戸内概念が定着せず、横長剥片を使った背部加工尖頭形石器はごく少数にとどまったと考えられる。このような場合、この時期の主要狩猟具は、不定形剥片を使っ

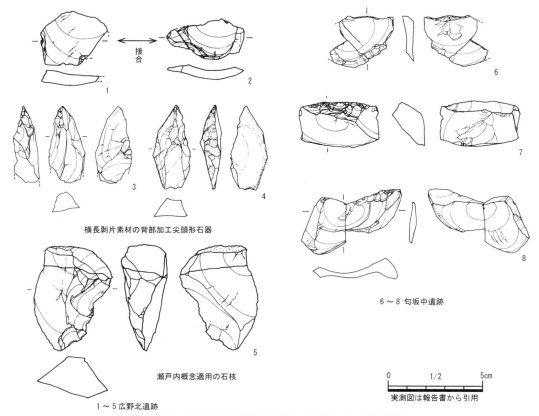

第 54 図　瀬戸内概念適用の石核から剥離された横長剥片

た背部加工尖頭形石器になると想定されるが、素材が不定形であるために、縁辺を残したまま先端を尖らせることが難しい場合がある。通常、背部加工尖頭形石器を作る際、縁辺角度の変移が±５度程度の範囲に収まっている部分、言い換えれば、縁辺角度が一定している部分を刃部として残す強い傾向がある（織笠2000、富樫2002ほか）。そして、このような縁辺が先端部に来るように剥片を調整するため、剥片の用い方に強い制限が加わる。不定形剥片を使った背部加工尖頭形石器は、このような縁辺を残して尖頭形になるように調整してはいるが、縁辺を残したまま尖頭形に仕上げられない場合は、切創機能を破棄して、刺突機能だけを求めて縁辺を加工して尖頭形に仕上げる方法が考えられる。狩猟具を作る要請に応えるには、切創機能よりも刺突機能が優先されたことは容易に想定できる。このことは、刺突機能だけで切創機能を想定できない角錐状尖頭器に見られることで、この方法を角錐状尖頭器の素材とは異なる薄い剥片に応用することも可能である。このようにして角錐状尖頭器と背部加工尖頭形石器の相似が発生して第53図－3のような石器が発生したと考えられる。

　このように、角錐状尖頭器との相似によって出現した周縁調整尖頭形石器は、当初は角錐状尖頭器と同様、比較的大型の不定形剥片を使って作られたが、後には、通常の背部加工尖頭形石器を補完するために、小型の不定形剥片でも作られるようになったと考えられる（第53図－4、5）。特に4は、同一ブロックで「角錐状石器」として報告された周縁調整尖頭形石器が出土していることから、角錐状石器と周縁調整尖頭形石器の相似と、周縁調整の小型不定形剥片への適用は同時か、時間差があったとしても極めて短期間の間に発生したと考えられる。小型の不定形剥片を使った周縁調整尖頭形石器は、これまで「ナイフ形石器」として報告され、刃部にあたる部分の調整は使用による剥離と理解されてきた。しかし、実物を観察すると、いずれも微細ながらも連続的で規則的な剥離のため、使用に伴う偶発的な剥離ではなく、意図的な調整と考えた方が良い。

　この周縁調整尖頭形石器は当初、4、5のように横長に近い不定形剥片を使っていた。これは角錐状尖頭器を作る際、厚みのある剥片を選び、その分厚い打面部と剥片の末端を加工して細長い形態に仕上げていたことから、薄い不定形剥片を選択した場合でも、打面を除去しながら、剥片の末端も調整して細長い形態に仕上げていたためと考えられる。したがって、角錐状尖頭器と背部加工尖頭形石器に相似が起こった技術的背景には、剥片の形状選択と加工部位の選択、求める形の一致があったと考えられる。

　角錐状石器群が消滅し、縦長剥片系石器群の盛行期になると、周縁調整の技術は横長に近い不定形剥片から、縦長剥片や縦長に近い不定形剥片に適用されるようになったと考えられる。背部加工尖頭形石器を作る場合、縁辺角度が一定の部分を刃部に選択するため、先述のように剥片の用い方にも強い制限が加わる。これに対して、剥片の周縁を調整する場合、縁辺角度の変移に関係なく剥片を使うことができるため、剥片の用い方の制限はなくなる。これによって、縦長に近い不定形剥片であっても先端の形成が可能になり、縦長に近い不定形剥片を使用した周縁調整尖頭形石器（第53図－6〜9）が出現したと考えられる。

　上記の周縁調整尖頭形石器は、不定形剥片を使ったもの（第53図－7、9）が多いため、構造上の位置は不定形剥片系石器群で、瀬戸内系石器群消滅後も縦長剥片を使った主要狩猟具、背部加工尖頭形石器を補完する位置付けであったと考えられる。縦長剥片系石器群が盛行期を迎えた時期、縦長剥片を使用した背部加工尖頭形石器に少数ながら平坦剥離によって調整した一群が出現

する（第53図－10〜12）。平坦剥離によって打瘤を除去する例はよく見られるが、ここにあげた資料は、平坦剥離によって背部加工や先端形成を行った例である。10は形態分析が行われており（富樫2004）、背部加工角度が45度〜50度代前半であることがわかっている。11は筆者が報告（富樫1998）した石器で、これも縁辺の調整角度が45度前後になっている。背部加工尖頭形石器に見られる調整角度は通常60度以上だが、この2点は、明らかに低い角度になっている。12も形態分析が行われており（富樫2003b）、縁辺の加工角度は60度以上で、背部加工尖頭形石器に通常見られる加工であるが、先端側の主剥離面側に平坦剥離が入っており、この調整によって先端を尖らせている。この調整は両面体調整石器と同様で、筆者がこれを形態分析した際には、両面調整尖頭形石器の未完成品を「ナイフ形石器」に転用したと考えた。しかし、この石器は刃部角度が80度と高く、刃部として機能したとは思えないことから、もともと切創機能は求められていなかったと考えられる。

　10〜12は、60度以上の刃潰し加工ではなく、平坦剥離によって背部加工尖頭形石器の製作が可能なことを示している。これは単に剥離角度の問題ではない。急角度剥離と平坦剥離では調整時の動作、例えば石器の持ち方、もしくは置き方、ハンマーの当て方などが違っていた可能性が高い（Whittaker 1994）。したがって、急角度剥離による背部加工尖頭形石器と平坦剥離による背部加工尖頭形石器は、当初から作り方が異なっていたと考えられる。つまり、背部加工尖頭形石器とは別の器種として作られていた可能性が高い。

　6〜9と10〜12は、現状では同じ段階の石器と考えられることから、この段階では、剥片の縁辺を残さない背部加工尖頭形石器と、平坦剥離で作られた背部加工尖頭形石器の両方が存在したことになる。この現象は、背部加工尖頭形石器には、刃部に相当する部分と急角度剥離による調整が必須ではないことを示している。機能で言えば、切創機能の消滅と刺突機能の残存、衝撃に強いとされる凸レンズ状の断面が求めらるようになったと考えられる。最終的には、このような機能の追求が周縁調整尖頭形石器（第53図－13、14）に収斂していったと考えられる。

　周縁調整尖頭形石器は当初、主要狩猟具を補完する位置付けであったが、剥片の縁辺をすべて調整するため、縁辺角度が一定の部分を先端に持ってくると言う剥片使用上の制限がなくなり、剥片の形状を比較的自由に変形して尖頭状に仕上げることが可能になった。縁辺を残さないため、切創機能はなくなったが、不定形剥片と縦長剥片の両方を素材にすることが可能になったと考えられる。周縁調整尖頭形石器が、剥片の形状にとらわれず、不定形剥片と縦長剥片の両方から製作可能ということは、状況にとらわれず製作可能と言うことでもある。このような石器は、必要に応じて製作する補助的狩猟具としては恰好の存在であったが、素材になる剥片の形状や用い方に制限がないことは、剥片剥離技術の二極構造では、縦長剥片剥離、不定形剥片剥離のいずれにも代置できる。縦長剥片剥離技術は、打面と作業面、打面と作業面の角度に厳重な管理が必要である（Whitakker 1994）。言い換えれば、規格性の高い縦長剥片の連続剥離は、相当な制限のもとに可能だったことになる。

　これに対して不定形剥片剥離技術は、石核の状況に応じて打面と作業面を設定することができるため、規格性のある剥片は剥離できないが、石核管理上の制限は少ない。このように考えると、剥片剥離技術の二極構造は、剥片剥離上の制限の多寡のもとに成り立っていることになる。しかし、周縁調整尖頭形石器は、素材の形状を問わないため、剥片剥離の管理技術が不要になり、理

論上は、縦長剥片剥離技術は不要と言うことにもなる。

　これは、先に検討した両面調整尖頭形石器も同様で、剥片の形状を問わないどころか、礫素材の場合は剥片剥離の方法すら問わないことになる。

　このように、二極構造内に構造上の位置を問わない尖頭形石器が発生したことにより、縦長剥片剥離技術と不定形剥片剥離技術の対立からなる二極構造は揺らぎが生じ、縦長剥片剥離技術は衰退し始めたと考えられる。

2　二極構造の矛盾と終焉

　両面体調整石器は自らは管理石器でありながら、便宜的不定形剥片を剥離する「管理的不定形剥片石核」として機能し、二極構造のいずれの極にも属さない、構造的に矛盾した存在だったことは先に指摘した。しかし、両面体調整石器は、石核として機能している間は狩猟具としては使えない。逆に、狩猟具として完成した場合は、それ以上の剥片剥離ができないため、石核としての機能を失う。このような両面体調整石器の二面性は、主要狩猟具が縦長剥片製の背部加工尖頭形石器であった段階では、補完的な狩猟具として有効な機能であったが、両面体調整石器の出現によって剥片剥離技術の二極構造が揺らぎ、周縁調整・両面調整尖頭形石器の台頭によって、縦長剥片剥離技術が衰退の方向に向かうと、縦長剥片製の背部加工尖頭形石器から周縁調整・両面調整尖頭形石器へと、主要狩猟具の交代が進んだと考えられる。したがって、この段階になると、両面体調整石器を石核として機能させていると、必要な時に主要狩猟具が揃わない事態が想定される。そのため、石核としての両面体調整石器は消滅し、周縁調整・両面調整尖頭形石器を量産する段階への移行が想定される。ただ、両面調整尖頭形石器は、製作労力と製作時間がかかるうえに、石材消費量も多く、量産に限界があるため、完全に縦長剥片製の周縁調整尖頭形石器を置換することはなかったと考えられる。

　この段階の石器群は、周縁調整・両面調整尖頭形石器を集中製作した広野北遺跡と匂坂上6遺跡（佐口ほか2003）がある。これらの遺跡で出土した石器群は、主要狩猟具が縦長剥片製の背部加工尖頭形石器から、周縁調整・両面調整尖頭形石器に移行する段階の石器群と思われる、匂坂上6遺跡第5地点～第7地点の資料（第55図）を検討する。この石器群の主体は、両面調整尖頭形石器（1〜4）で、いずれも遺跡内で製作した痕跡がなく、搬入品の可能性が高い。特に1は、磐田原台地では僅少な黒曜石製で、搬入品と考えて間違いない。これに対して、背部加工尖頭形石器（5、6）は2点しか出土していない。7も背部加工尖頭形石器の可能性があるが、稜付の縦長剥片の可能性の方が高いと思われる。縦長剥片（8〜11）は多く見られ、石器群の主体となっているが、これを使った背部加工尖頭形石器が2点しか出土していないため、主要狩猟具とは言えない存在になっている。縦長剥片石核も出土しているが、縦長剥片剥離を示す接合資料は得られていない。接合資料では、円礫から石核を製作したことを示すものがあり、縦長剥片石核の製作を示す資料と報告されている。しかし、この接合資料は、円礫の自然面を除去した剥片が接合したもので、石核は搬出されているため、縦長剥片石核を製作したかどうかは不明と言わざるを得ない。全体的に石器製作は活発ではなく、最も分布が濃密なブロックS1（第55図の石器分布図）は、不定形剥片が主体で、自然面が残った不定形剥片も出土しているため、ここで不定形剥片石核を製作し、剥片を剥離したことは考えて良い。

第3章　石器群の構造変動と居住行動

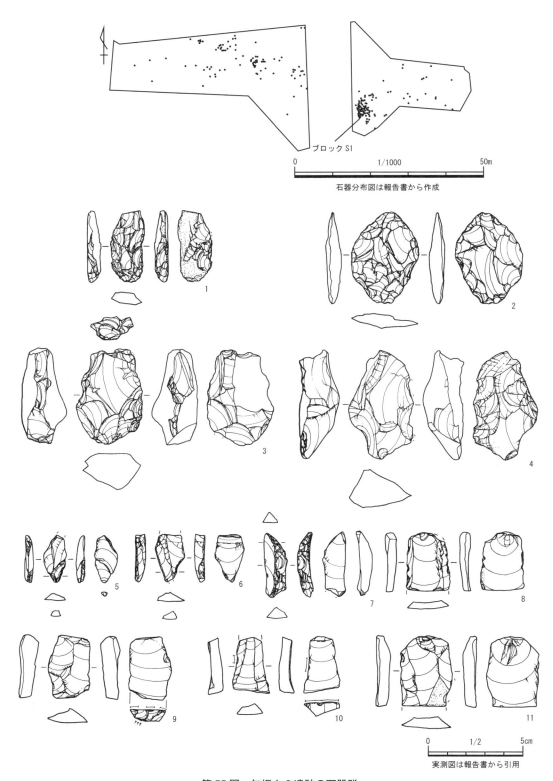

第55図　匂坂上6遺跡の石器群

両面調整尖頭形石器の未完成品とされた石器（3、4）は、長さが5cm程度であるのに対して、厚みが残っているため、この状態から両面調整尖頭形石器に仕上げることは不可能と思われる。したがって、3と4は両面体調整石器で、不定形剥片を供給する石核の可能性が考えられる。

以上のことから、匂坂上6遺跡の石器群は、縦長剥片を搬入した不定形剥片系石器群と考えられる。石器群の内容から、二極構造は維持していたと考えられるが、縦長剥片は狩猟具（背部加工尖頭形石器）の素材としての地位を失いつつあり、その主体は両面調整尖頭形石器に移行しつつあると考えられる。このように、この石器群は、縦長剥片剥離技術が石器群主体の地位を失い始めた段階と考えられ、これに呼応するように両面体調整石器と思われるものも認められることから、二極構造の崩壊が始まったことがうかがえる。

この後には、縦長剥片剥離技術の消滅と不定形剥片剥離技術への収斂、そして、二極構造の消滅と言った段階を想定できるが、現在のところ、この段階を示す石器群は存在しない。その理由は、周縁調整・両面調整尖頭形石器が製作労力、製作時間、石材消費と言った点で背部加工尖頭形石器に劣るため、量産に限界があり、縦長剥片製の背部加工尖頭形石器を駆逐するには至らなかったことがあげられる。

これまで検討してきたように、両面体調整石器の採用による「管理的不定形剥片石核」の出現、角錐状尖頭器と背部加工尖頭形石器の相似による周縁調整尖頭形石器の発生によって、管理的な縦長剥片剥離技術と、便宜的な不定形剥片剥離技術を両極とする二極構造のどちらの極にも代置しない器種が発生したことになり、二極構造は不安定な構造になったと考えられる。二極構造の原理は、極力二項対立に持ち込んで整理的理解を図ることにあるため、二極のいずれにも属さない、あるいは、いずれの極にも属する可能性のある項目が発生した場合は、安定しない構造である。当初は、このような石器はごく少ない存在で、主要狩猟具を補完する位置付けであったため、二極構造は不安定ながらも維持できたと考えられる。しかし、素材の形状を問わない、言い換えれば、剥片剥離技術が作る二極のいずれからも製作できる、さらには二極構造からは発生しない、礫から直接製作することも可能な両面調整尖頭形石器の台頭によって、縦長剥片剥離技術は衰退が始まったと考えられる。そして、主要狩猟具が背部加工尖頭形石器から周縁調整・両面調整尖頭形石器にがシフトするに至って、縦長剥片剥離技術の衰退は確実なものとなり、二極構造は確実に不安定な構造になったと考えられる。

第7節　構造変動のまとめ

本書では従来編年から脱却し、二極構造の変動に基づく段階を設定した。従来編年は、石器群を新旧順に並べることが目的で、石器群変遷の背景にある人間行動を読み取る視点が欠落していた。そこで本書では、石器群の変動から人間行動の変動を読み取るために、石器群の構造変動を検討した。その前提として、従来の「瀬戸内技法」から瀬戸内概念への発想転換を図り、段階の異なる石器群が、同一地点で重複してブロックを形成している状況、特に瀬戸内系石器群と縦長剥片系石器群の重複を指摘し、重複ブロックを解体した。そして、石器群を台形様石器群、瀬戸内系石器群、角錐状石器群、縦長剥片系石器群、不定形剥片系石器群、周縁調整・両面調整尖頭形石器石器群に再編成した。

第3章　石器群の構造変動と居住行動

　ここでまとめとして、構造変動に基づく石器群の系統と変遷を示す。（第56図）

1　年代観

　広野北遺跡、高見丘Ⅰ～Ⅳ遺跡で行われた放射性年代測定値を見ると、測定値で12,570 ± 180B.P.から25,460 ± 670 B.P.まで様々な年代が得られている（第6表、p51）。愛鷹ローム層でATを含んだ二セローム層から得られた年代値（第4表、p51）が、24,710 ± 90 B.P.～25,690 ± 130 B.P.であることから、高見丘Ⅲ遺跡で得られた25,460 ± 670 B.P.はAT降灰期前後の年代を表していると評価できる。したがって、磐田原台地で得られている放射性炭素年代は、いずれもAT降灰期前後とそれ以降と言うことができる。25,460 ± 670 B.P.の年代値は、高見丘Ⅲ遺跡のエリア3で検出した炭化物集中域で得られた年代で、このエリアは縦長剥片系石器群に伴う不定形剥片系石器群が主体と考えられる。このことから、今のところこの年代が、縦長剥片系石器群の上限を表していると考えられる。

　一方、高見丘Ⅳ遺跡のブロック5周辺では、暗色帯上半で採集した炭化物から17,020 ± 60 B.P.の年代が得られており、暗色帯の直上に堆積した黄褐色土層で採集した炭化物から 13,060 ± 60

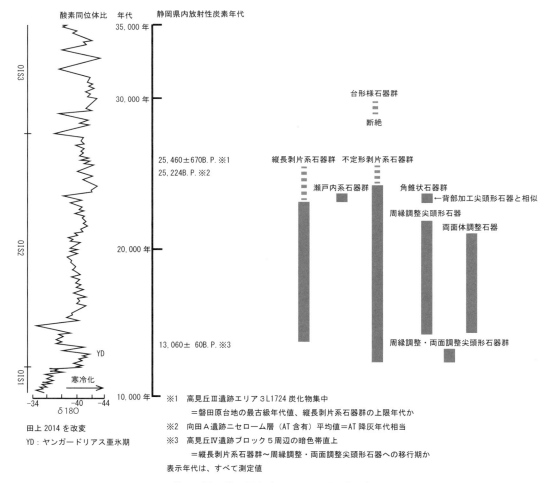

第56図　磐田原台地における石器群の変遷

B.P. の年代が得られている。ブロック5は暗色帯〜黄褐色土にまたがるブロックで、暗色帯直上に最も集中している。したがって、ここでは、ブロック5の遺物が最も集中していた暗色帯直上の炭化物から得られた 13,060 ± 60 B.P. がこのブロックの年代に近いと考えておく。

　このブロックは完成品（第57図-1）が少なく、原石、もしくは原石に近い礫を搬入して不定形剥片を剥離している。そして、同一の原石を搬入して不定形剥片を剥離したブロック8と接合関係がある（第57図-4）。ブロック8では、低い角度で縁辺を加工した背部加工尖頭形石器（第57図-2）が出土している。従来なら、縁辺の一部を残した尖頭器に分類されるであろう。また、ブロック8では稜付の縦長剥片（第57図-3）も出土している。ブロック5が、このようなブロック8と同一原石の接合関係を持つことから、ブロック5も縦長剥片系石器群に伴う不定形剥片系石器群と考えて良い。

　このように考えると、ブロック5周辺の炭化物から得られた 13,060 ± 60 B.P. と 17,020 ± 60 B.P. の年代は、縦長剥片系石器群の終焉に近い時期を表していると考えられる。また、時期が近接していると思われるブロック8で、周縁調整尖頭形石器に近い石器（第57図-2）が含まれていることも考えると、この年代は、周縁調整・両面調整尖頭形石器群の時期にも近いとも考えられる。したがって、ここでは、この年代を縦長剥片系石器群の終焉、周縁調整・両面調整尖頭形石器群の開始に近いと評価しておく。

　上記から、縦長剥片系石器群が栄えた時期、言い換えれば、磐田原台地における旧石器時代の最盛期は、放射性年代測定値で 25,460 ± 670 B.P.〜13,060 ± 60 B.P. が目安になるであろう。したがって、旧石器時代の中では比較的短い期間に多くの遺跡が形成されたことになる。

2　酸素同位体ステージとの関係

　磐田原台地では現在のところ、後期旧石器時代前半期（OIS3）に相当すると考えられる石器は、道東遺跡と匂坂中遺跡で台形様石器が3点出土しているだけである。AT下位の可能性がある石器群も、広野北遺跡の「ナイフ形石器文化（K3）」で報告されたブロック1、4、8しかない。これまでに得られている放射性年代測定値でも、異常値を除けば、AT降灰期前後とそれ以降の年代しか得られていない。したがって、磐田原台地で石器群が展開したのは、AT降灰以降で、酸素同位体ステージ（以下、OISとする）2に入ってからと考えられる（第56図）。一般には、OIS3からOIS2への移行に伴って、気温が低下し、OIS2は最終氷期の最寒冷期と考えられている（例えば Ono *et al.* 2002）。したがって、磐田原台地に石器群が本格的に展開した時期、すなわち、縦長剥片系石器群が栄えたのは、OIS2に入った直後から最寒冷期を経て、ヤンガードリアス亜氷期前の気温上昇期直前までと考えられる（第56図）。磐田原台地付近が、現在でも周辺地域に比べて年間気温が比較的高いこと（国土交通省中部地方整備局 2009）から、旧石器時代も同様だったと考えると、最寒冷期にこの地に多くの遺跡が形成された背景に、環境的な要因があったことが想定できる。

　さて、居住行動が環境変動と連動していたことは、今や疑いの余地がない。したがって、居住行動の原動力となった石器群の構造変動が環境変動と連動していたことも間違いない。むしろ、環境変動との関連を抜きにしては、居住行動、石器群の構造変動とも合理的な説明、解釈はできない。そこで、環境変動と絡めながら石器群の構造変動をまとめる。

第3章　石器群の構造変動と居住行動

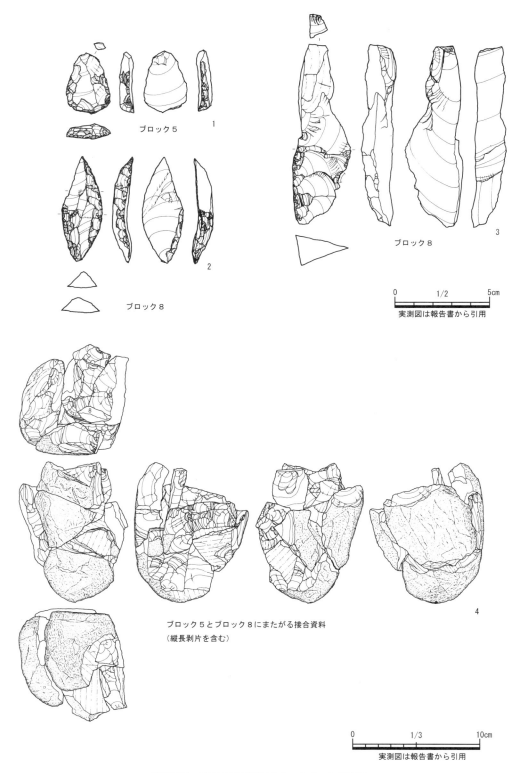

第57図　高見丘Ⅳ遺跡ブロック5、8の石器

3 環境変動と石器群の構造変動

　台形様石器は、現在のところ3点しか認められていないため、台形様石器群については、断片的な設定にとどまったが、同じ静岡県内、愛鷹山麓での調査成果を考え合わせて、この段階で剥片剥離技術の二極構造が成立していた可能性を指摘した。

　広野北遺跡で報告された「ナイフ形石器文化（K3）」の存在が極めて疑わしいため、AT下位、武蔵野ローム層第Ⅵ層段階の石器群の認定について改めて検討し、広野北遺跡K3-ブロック1、4、8にその可能性を認めた。そして、この段階で二極構造が成立していることを指摘した。ただし、これらの石器群が年代的にAT下位と判断できる訳ではない。磐田原台地で得られている放射性炭素年代のうち、信頼できる最古の値は、先述のようにAT降灰期前後を示していると考えられる。したがって、当地では、明確にAT下位を示す年代は得られていないことになる。

　本書では、広野北遺跡K3-ブロック1、4、8が、石器の内容と共に、旧石器時代の包含層下底付近から出土した可能性が高いことから、AT下位の可能性を指摘したに過ぎない。この考えが正しいとすると、磐田原台地で認められる石器群のうち、系譜をたどれる石器群はOIS3末期の比較的気温の高い時期に出現した可能性が考えられる。

　瀬戸内系石器群と角錐状石器群はAT降灰直後、気温が低下し始め、OIS2に入った段階で出現したと考えられる。しかし、瀬戸内概念を適用した横長剥片剥離技術は、発生当初から不定形剥片系石器群に取り込まれた存在であった。また、翼状剥片が剥離されることは少なかったと思われ、横長剥片を使った背部加工尖頭形石器もごく少数しか存在しなかった。このような状況から、瀬戸内概念を適用した横長剥片剥離技術は、短期間で不定形剥片剥離技術に吸収される形で消滅し、横長剥片剥離技術と不定形剥片剥離技術からなる二極構造も解消したと解釈した。

　瀬戸内系石器群が見られた時期、ごく一部の不定形剥片系石器群に「切出形石器」が発生した可能性がある。しかし、同じく不定形剥片を素材にした角錐状尖頭器と、刺突と言う同様の機能を持ったため、角錐状尖頭器との相似が発生し、旧石器時代のタイムスパンでは一瞬と言って良い短期間のうちに消滅したと考えられる。その後、角錐状尖頭器と不定形剥片素材の背部加工尖頭形石器が、横長剥片素材の背部加工尖頭形石器を補完する狩猟具体制が作られたと考えられる。この時、角錐状石器と不定形剥片素材の背部加工尖頭形石器は同じ不定形剥片を素材にした上に、刺突と言う同様の機能を持ったが、背部加工尖頭形石器は角錐状尖頭器と異なり、薄い不定形剥片を素材に選択したため、縁辺角度が一定の部分を先端に持ってくることが必ずしも容易ではなかった。そのため、切創機能を放棄し刺突具に特化させたことにより、角錐状尖頭器と背部加工尖頭形石器の相似が発生し、周縁調整尖頭形石器が出現したと考えられた。

　先述のように、浜松市引佐町の谷下裂罅堆積物からは多くの動物化石が産出しており、上部堆積層はOIS2に比定される可能性がある（野嶋2002）。これが正しければ、OIS2の段階では、磐田原台地とその周辺の動物資源は、比較的豊富だったと考えられる。周縁調整尖頭形石器の出現に至る構造変動は、このような動物環境への適応を図る動きだったと考えられる。ただ、周縁加工尖頭形石器は数は少なかったものの、この存在は、両面体調整石器と共に二極構造を変動させる原動力になったことは先述のとおりである。

　この後は、再び縦長剥片剥離技術と不定形剥片剥離技術による二極構造が復活し、磐田原台地

における旧石器時代石器群の展開期に入る。この段階では、二極構造が成立しているとは言え、石器群によって、縦長剥片剥離技術と不定形剥片剥離技術の出現地点に偏りが見られた。

原石、もしくは原石に近い状態の石材を多く搬入している石器群、山田原Ⅱ遺跡、寺谷遺跡、匂坂中遺跡ブロックB16、B18などでは、例外なく縦長剥片の集中剥離と縦長剥片製背部加工尖頭形石器の集中製作が見られ、極端に縦長剥片剥離に偏った内容になっていた。原石、もしくは原石に近い状態の石材を1点～数点程度搬入している石器群も同様で、極端に縦長剥片剥離に偏った内容になっていた。

これに対して、不定形剥片剥離が主体になる石器群では、縦長剥片の有無で二分できるが、縦長剥片があってもその生産は乏しく、搬入が主体になる。不定形剥片系石器群は多く見られるにもかかわらず、個別の石器が特定の形態を示さないため、縦長剥片中心の従来編年観ではほとんど認識不能の石器群だが、本来は剥片剥離技術の二極構造を構成し、旧石器時代を通じて存在する石器群と考えるのが正当な評価であろう。

動物化石を多産した谷下裂罅堆積物から産出したシカの化石から、測定値で18,040 ± 990B.P.の年代が得られている（河村・松橋 1989）。このことから、OIS2の段階でも、磐田原台地とその周辺では、動物資源が比較的豊富な時期が続いたと考えられる。縦長剥片系石器群が最盛期を迎え、二極構造が比較的安定した背景には、このような動物環境が想定できる。そして、縦長剥片の集中剥離や背部加工尖頭形石器の集中製作は、比較的豊富だったと想定される動物環境に適応したものだったと考えられる。

縦長剥片剥離技術の展開期、主として管理石器を製作する縦長剥片剥離技術と、便宜石器を製作する不定形剥片剥離技術による二極構造は安定期に入った。しかし、以前の段階から採用したと考えられる両面体調整石器は、不定形剥片石核と同様に便宜石器の材料を提供しながら、自らは両面調整尖頭器の未完成品として管理されながら遺跡間を移動していた。本書で設定している剥片剥離技術の二極構造を、石器運用の点で管理石器と便宜石器による二極構造と読み替えると、両面体調整石器は構造上、双極に位置する、あるいはどちらの極にも属さないことになる。二極構造は諸現象を二項対立に持ち込んで整理を図る理論であるため、中間項を認めると構造が成立しない。したがって、両面体調整石器は二極構造では構造上の位置を確保できないことになる。

角錐状尖頭器と背部加工尖頭形石器の相似によって出現した周縁調整尖頭形石器も同様で、当初は不定形剥片を使用していたが、周縁調整の特性上、素材の形態を問わないことから、不定形剥片と縦長剥片の両者から作られるようになり、主要狩猟具を補完する少数派の石器とは言え、剥片剥離技術の二項性を必要としない器種となった。このように構造上の位置が確定しない器種が出現し、背部加工尖頭形石器を補完する石器から主要狩猟具に台頭するに至って、二極構造は確実に不安定なものになったと考えられる。

OIS2の後半、最終氷期の最寒冷期の末期、大型哺乳類動物は徐々に絶滅していったと考えられている（河村 2010）。周縁調整・両面調整尖頭形石器が台頭したのは、この時期にあたると考えられ、減りゆく大型動物を効率的に捕獲するために刺突専用の尖頭形石器を量産したと考えられる。しかし、この時起こった構造変動によって二極構造は確実に不安定な構造となったため、長続きはせず、短期間で消滅し、全く構造の異なる細石器群に移行したと考えられる。

第4章　石器群の行動論的評価

　前章で台形様石器群、瀬戸内系石器群・角錐状石器群、縦長剥片系石器群、不定形剥片系石器群、周縁調整・両面調整尖頭形石器群の構造と石器群の運用を検討し、二極構造の変動に基づく石器群の変遷を検討した。石器群の構造を変動させる原動力が居住行動にあることは、先行研究が指摘してきたとおりである（国武 2005、田村 2006、森先 2010 など）。

　本書では、石器群は文化を構成する単位ではなく、集団が残した行動の単位で、行動の一側面の残存と考える。集団は、食料資源獲得のために様々なリスクを低減し、食料資源探索に要するエネルギーを最少にして、逆に食料資源から得られるエネルギーを最大にするように行動を計画する。これは人類共通の最適捕食行動の原理で、旧石器時代にも想定できると考えられる。そして、最適捕食行動を実現するために石材獲得〜石器製作の各工程、運用が計画され、状況に応じて様々な技術が選択される。これによって石器群に多様性が生じると考えられる。このように、石器群の多様性は行動の多様性の反映であり、同一集団が状況に応じた技術選択の結果、内容の異なる痕跡を残すことは民族例でよく知られるところである（Binford 1982、Yellen 1977 など）。

　本章では各石器群の運用から、リスクを低減して最適捕食行動を実現するために採用した戦略を読み取り、行動論の立場から石器群を評価・解釈する。

　戦略には、技術レベルで発現する個別戦略から行動を制御する包括的行動戦略までレベル差があると想定される。本書では、石器製作の際に採用される戦略によってリスクが低減され、リスクが低減されることによって最適捕食行動が実現すると考えるため、個別戦略の評価からリスク低減戦略を探り、最適捕食行動の実現に至る戦略の組み合わせを解明する。そこで、本章では下記の視点で行動戦略を評価・解釈する。

　①石器製作の各工程に現れる技術組織

　石器製作については、様々な技術が用意されており、状況に応じてリスクを低減するために最適な技術が選択されるとの考えから、技術が選択されたコンテクストを評価する。

　②石器製作技術のシステム評価

　資源の予測可能性によって、最も効率的な技術が選択されるとの観点から、選択された技術の効率性を評価する。その視点として、信頼性システムと保守性システムの観点（Bleed 1986）から評価を試みる。

　③石器の運用別分類に基づく道具組織

　器種の組み合わせから場の機能を考える従来の石器組成論は、残された道具と場の機能が一致しないという認識（Binford 1978）から、今では空論に近いと思われる。道具の組織化については先行研究（沢田 2007、鹿又 2007 など）があるが、本書では石器を運用別に分類することによって、各地点に残された石器の行動論上の意味を探る。

　④各戦略によるリスク低減効果

　生活上のリスクをできるだけ排除して快適な暮らしを実現することは、現代人も行っている自然な行動であり、時空を超えた人類共通の発想と考えられる。この考えを旧石器時代の行動に適

145

用し、石器製作で選択された技術のリスク低減効果を評価する。

　⑤最適捕食行動の評価・解釈

　リスクを低減することで、資源を最適に利用するための行動が実現される。この時の行動モデルはいくつか復元されている（Binford 1980、Kuhn 1992、Yellen 1977 など）。いずれも赤道付近や極北という両極端の環境に適応したモデルのため、温帯地域では複合モデル、あるいは独自のモデルが想定される。本書では、現在知られている対照的な行動として、フォレイジャーとコレクターの２つを基本モデルとして最適捕食行動を考える。

　各戦略の選択によってリスクを低減し、最適捕食行動を実現すると言う考えは、状況に応じた戦略の組み合わせ（デザイン）によって石器群の多様性が発現すると言うデザイン理論（田村 1998）を参考にした思考である。

　上記の視点で各石器群の運用を行動論的に評価し、磐田原台地とその周辺で展開された居住行動をモデル化して本書の結論を導く。なお、台形様石器群については、断片的な資料しか存在しないため、行動論的評価は不可能に近い。そこで以下では、瀬戸内系石器群・角錐状石器群以降の時期について検討する。

第1節　瀬戸内系石器群・角錐状石器群の運用評価

1　瀬戸内系石器群の石材運用

　搬入安山岩に瀬戸内概念を適用した石核は、現在のところ広野北遺跡で１点、広野遺跡で１点出土している。また、長者屋敷北遺跡で出土した瀬戸内概念を適用した石核１点も、風化のため石材鑑定が困難だが、搬入安山岩の可能性がある。搬入安山岩製の横長剥片製背部加工尖頭形石器は、匂坂中遺跡ブロックC32に１例ある。これら瀬戸内系石器群と、その関連資料に使われている搬入安山岩は僅少であることから、瀬戸内概念を持った集団の流入は想定できない。むしろ、集団の接触によって、搬入石材と共に瀬戸内概念に関する情報が伝達されたと考えた方が良い。そして、搬入安山岩の僅少さから、安山岩の入手機会は極めて限定されていたと考えられる。したがって、瀬戸内概念を持った集団の流入を想定するよりも、集団の接触によって安山岩を入手し、同時に瀬戸内概念に関する情報が伝わったと考えるのが妥当である。そこで、安山岩の入手が安定しなかったため、地元のシルト岩、細粒砂岩といった堆積岩を使って瀬戸内概念の在地適応を図ることになったと考えられる。しかし、瀬戸内概念は火山岩特有の流理構造を利用した技術だが、磐田原台地の主要石材はすべて堆積岩であるため、流理構造がないだけでなく、不規則な節理が入っていることもあって、瀬戸内概念の適用は困難だったと考えられる。このような原因により、磐田原台地に瀬戸内概念が定着することはなく、不定形剥片剥離の一工程に組み込むことで適用を図ったと考えられる。

　この段階における地元石材の運用については、現在のところ原石の集積は認められず、石材原産地遺跡のように、潤沢な石材消費をうかがわせる資料もないことから、目前を流れる天竜川の川原で石材を採集できるとは言え、石材の入手機会・量は限定されていたと考えられる。これまでは、磐田原台地で石器石材になっているシルト岩や細粒砂岩といった堆積岩は、目前を流れる

天竜川で採集できるため、石材に恵まれた地域と考えられてきた。現在でも天竜川の川原で、珪質のシルト岩や細粒砂岩といった石材は採集できるが、台地の西側は急崖になっており、天竜川平野に堆積した沖積層がなかった旧石器時代には、この急崖が現在よりも標高差があったことは、すでに旧地形を復元したとおりである。したがって、天竜川の川原で石材を採集したとすると、磐田原台地を降りるルートを考える必要がある。これについては、先に山田原Ⅱ遺跡の形成要因と絡めて検討したとおりで、台地北端に限定される。磐田原台地の西崖は、ルートを選べば天竜川に降りることも不可能ではないが、危険を伴う行為である。ここで留意したいことは、完全に定住して文明の中に暮らしている我々と、今でも移動生活を送っている民族では、危険や安全に対する観点や察知能力が異なることである。磐田原台地西側の急崖を降りることに生活上の必要性がない現代人は、多少の危険はあってもルートを選んだり、木を手掛かり、足掛かりにしたりすれば、降りることは可能と考えるが、多少であっても危険があり、転落による重大事故や、むき出しになった礫層の崩落が予測されるのであれば、そのルートを回避して、事故の可能性が最小になるルートを探索、選択するのが、移動生活を送る民族の発想と考えられる（Binford 1978b）。

　このような発想から、本書では台地北端を台地降下ルートと想定した。このように目前の石材採集地に行くにも地形的障害があり、ルートが限られていたことが石材採集機会・量限定の原因になっていたことは考慮すべきで、石材採集が台地を降りる行動に埋め込まれていたとしたら、なおさら石材採集機会・量が限定されていたことを考えなければならないであろう。

　さて、現在この段階で確認できる石材の搬入形態は、匂坂中遺跡ブロックA21と広野北遺跡K2-ブロック3で出土した分割礫で、これらがキャッシュの可能性が高いことはすでに指摘した。原石を台地上に運び上げて分割したのか、石材採集地で分割してから台地上に運び上げたのかは、現状では確認できないが、分割礫を搬入して、さらに輪切りにするように分割して石核素材を得ている。剥片や背部加工尖頭形石器といった特定器種の状態ではなく、石核素材や剥片剥離可能な石核の状態で出土したことから、これを廃棄と考えるのは適切ではない。石核素材や剥片剥離可能な石核は、石材の汎用性が高い状態（Kuhn 1992）で、様々な状況に対応可能であることから、これはキャッシュと考えるのが妥当であろう。

　石器のキャッシュとしては、石材の汎用性が高い状態でのキャッシュと、逆に汎用性が低い状態でのキャッシュが考えられる。前者は原石や石核でのキャッシュ、後者は特定器種に仕上げた状態でのキャッシュが考えられる。

　Kuhn（1992）によれば、資源の予測可能性が高く、安定して多様な資源開発が可能で、居住地の移動が少ない場合、居住地への原材料の搬入が増加する。そして、多様な資源開発のために、石器製作の潜在的可能性（tool making potential）が促進されて多様な石器が作られる。この場合、石材を多様な石器に変形できるよう石材の汎用性が高い状態、すなわち、原石に近い状態のキャッシュが形成されると言う。

　しかし、磐田原台地での石材搬入状況を検討すると、この段階で拠点居住地に多くの原石や分割礫を搬入した痕跡はない。石材の入手機会・量が限定されていたため、石材の汎用性が高い状態でキャッシュして、多様な対応が可能な状態にしておき、同時に石材入手機会・量に合わせて石材消費量を調整できる状態にしておいたと考えることができる。逆に、後述するように角錐状石器群の場合は、製作時の石材消費量が多いため、石材獲得時に一括製作し、石材の汎用性が低

第4章　石器群の行動論的評価

い状態ではあるが、常時使える状態でキャッシュしたと考えられる。したがって、原石に近い状態、すなわち、石材の汎用性が高い状態のキャッシュが形成された点では、クーンモデルを適用できるが、それによって、石器製作の潜在的可能性が促進されて多様な石器が製作されたとは言い難い。また、角錐状尖頭器は完成品でのキャッシュが形成されたと考えられる。したがって、原石の搬入、キャッシュの形成ともクーンモデルとは異なる要因が考えられる。後に検討するが、資源の予測可能性にその要因を求めることができる。

匂坂中遺跡ブロックA21では、搬入分割礫を輪切りにするように剥離して3点の板状剥片を剥離し、1点は板状剥片のまま、2点は剥片剥離途上の石核の状態で出土した。広野北遺跡K2-ブロック3では、搬入分割礫を輪切りにするように板状剥片を剥離し、板状剥片を横長剥片石核、残った分割礫を不定形剥片石核にし、いずれも剥片剥離途上の状態で出土した。

石材の汎用性が高い状態での出土状態をキャッシュと考えると、後述する角錐状石器群を除いて、特定器種のキャッシュと考えられる地点がないことから、この段階では、資源の予測可能性は低かったと考えられる。そして、資源の予測可能性が低かったために、予測困難な状況に対応可能なように、石材の汎用性が高い状態、また、石材消費量を調整できる状態でキャッシュしたと考えられる。

礫を輪切りにして板状剥片を剥離する方法は、瀬戸内概念を適用する石核素材を製作する一般的な方法で、磐田原台地では、この段階の方法である可能性が高い。瀬戸内概念が定着しなかったとは言え、入手機会・量が限定された環境下で、1点の礫から複数の石核を製作するこの方法は、石材消費効率の良い方法として採用されたと考えられる。さらに、石材消費効率の良い方法として不定形剥片剥離技術を採用し、打面と作業面を入れ替えながら不定形剥片を剥離する技術で対応可能な範囲で、瀬戸内概念の適用を図ったと考えられる。

主要石材が地元石材とは言え、入手機会・量が限定された環境下で、瀬戸内系石器群・角錐状石器群の段階では、下記の石材運用によって、石材消費の効率化を図っていたと考えられる。

・板状剥片、石核の状態でのキャッシュ
　石材の汎用性が高い状態でキャッシュすることによって、状況に応じた石材消費量の調整を可能にしたと考えられる。
・不定形剥片剥離技術の採用
　不要剥片を減らし、有用剥片を増やす剥片剥離方法である。
・調整剥片の多い瀬戸内概念を不定形剥片剥離技術の応用で省力化
　不定形剥片剥離の過程で横長剥片を剥離することで、瀬戸内概念に必須の打面形成を省略。

2　角錐状石器群の石材運用

これについては、角錐状石器群を製作した可能性のある京見塚遺跡が未報告のため、筆者が資料を実見した範囲でしか検討できない。しかも、資料全点を実見できた訳ではないので、検討できる範囲も限られる。京見塚遺跡では角錐状尖頭器が13点まとまっている。これらがすべて搬入品とは考えにくく、資料を実見した限りでも、遺跡内で角錐状尖頭器を集中製作した可能性は十分に考えられる。角錐状石器群は厚みがあり、加工量の多さを想定した十分な大きさの剥片が必要なため、石材消費量が多い石器群である。そのため、不定形剥片剥離技術とは言え、角錐状

石器群専用の剥片剥離技術が存在した可能性があり、石材入手時にこのような技術によって厚手の剥片を剥離し、角錐状石器群を製作していたと思われる。

3 不定形剥片系石器群の石材運用

不定形剥片系石器群は段階を通じて構造変化が少ないため、段階分けは必ずしも容易ではない。それでも、匂坂中遺跡ブロックB15で出土した板状剥片製作を示す接合資料が、この段階の不定形剥片系石器群の可能性があるものとして抽出できた。これは分割礫を搬入し、2点の板状剥片に分割し、それぞれを不定形剥片石核にしていた。瀬戸内概念を適用する不定形剥片石核の製作と同様に、分割礫を輪切りにするように剥離して板状の石核素材を獲得したと考えられる。この接合資料の場合は、板状剥片を製作しているため、この段階のものと推定できたが、そうでない場合は、段階の推定は非常に困難である。

4 瀬戸内系石器群の管理的運用

瀬戸内概念によって剥離される横長剥片は、接合資料から推定する限り石核1点あたり1点〜3点程度であったと考えられる。また、横長剥片に縦割れしているものが多いことから、剥離事故が頻発していたと考えられる。したがって、石核1点から作られる横長剥片製の背部加工尖頭形石器は1〜2点程度であったと考えられる。剥離事故の程度によっては1点も製作できないこともあり得る。横長剥片製の背部加工尖頭形石器は形態が類似することから、これを定形狩猟具と考えると、十分な数を製作していたとは考えられない。そこで、横長剥片製背部加工尖頭形石器を地点間移動させることで、石器の管理が発生したと考えられる。

広野遺跡や匂坂中遺跡ブロックB15やブロックB54、ブロックC32などで出土した搬入品の横長剥片製背部加工尖頭形石器は、管理品として地点間を移動したものと考えられる。

5 角錐状石器群の管理的運用

角錐状石器群は分厚い剥片を使うことから、石材消費が早い。そのため、石材入手時に特定地点で一括製作する石材運用が推定できた。角錐状石器を一括製作した可能性のある京見塚遺跡以外で出土した角錐状石器は、いずれも1〜2点の出土で、出土地点での製作痕跡はなく、搬入の可能性が高い。このことから、京見塚遺跡が角錐状石器群の一括製作地、完成品のキャッシュであったと考えられる。そして、ここから搬出した角錐状石器群が管理されながら各地点間を移動していたと考えられる。

6 不定形剥片系石器群の便宜的運用

この段階と推定できる不定形剥片系石器群が少ないため、石器の運用は不明のところが多いが、瀬戸内概念を適応した石核の運用を見ると、石核を地点間移動させながら、各地点で不定形剥片を剥離する状況が認められる。そして、これらの不定形剥片には、使用痕と思われる二次剥離が入っているものがあることから、これらの剥片は状況に応じて剥離され、その場限りの便宜石器に供されていたと考えられる。ただ、地点によっては、不定形剥片製石器の搬入も見られることから、不定形剥片製石器も石核同様に地点間移動するものがあったことは想定できる。

第 4 章　石器群の行動論的評価

第 2 節　瀬戸内系石器群・角錐状石器群の戦略束

　この段階で、磐田原台地の環境に適応するためにとられた諸戦略の内容と評価、諸戦略の相互関係を解明する。検討の視点は、先述のように、リスクを低減して最適捕食を実現するために、技術面と行動面でどのような戦略を採用していたのか、と言う点である。

1　技術組織

　この段階で最も特徴的な技術が、瀬戸内概念を適用した横長剥片剥離技術である。しかし、瀬戸内概念を正確に適用して打面調整を行ったのはごく一部であって、ほとんどの資料では、打面と作業面を入れ替える不定形剥片剥離技術によって、山形になった部分を打面にして横長剥片を剥離することで瀬戸内概念の適用を図っていた。横長剥片製の背部加工尖頭形石器を狩猟具と考えると、これは定形狩猟具として管理されながら地点間を移動していたと考えられる。このことから、横長剥片剥離技術は管理石器を製作する技術と言うことになる。これに対して、不定形剥片剥離技術には、打面を転移しながら不定形剥片を剥離する一般に見られる方法の他に、角錐状石器専用の厚みのある剥片を剥離する技術の存在が推定された。この厚みのある剥片を剥離する技術を除いて、不定形剥片剥離技術は、各地点でその場限りで使い捨てる便宜石器の製作に当てられていたと考えられる。ここに横長剥片剥離技術と不定形剥片剥離技術による二極構造を想定できる。しかし、瀬戸内概念を適用した横長剥片剥離技術が不定形剥片剥離技術に取り込まれたことから、瀬戸内概念を適用した石核では、2 つの技術が同一石核で実現されていたことになる。

　一方、角錐状石器群は、厚みがあって、加工による減量を見込んだ平面的な大きさのある剥片が必要で、石核の消費量が多いと見込まれる。したがって、専用の石核を使っていたと推定される。このことから、瀬戸内概念と不定形剥片剥離技術が同一石核で実現されていた状況とは異なり、角錐状石器群の技術組織は、角錐状石器群の素材生産用の剥片剥離技術と不定形剥片生産用の剥片剥離技術で構成されていたと考えられる。したがって、この段階では瀬戸内概念を適用した横長剥片剥離技術、角錐状石器群の素材生産技術、不定形剥片剥離技術の 3 つの技術が状況に応じて使い分けられていたことになる。

　状況に応じた使い分けは、この段階では瀬戸内概念を適用した横長剥片剥離技術と不定形剥片剥離技術の二極構造が成立しており、前者が、定型狩猟具として横長剥片製背部加工尖頭形石器を製作し、これが地点間を移動することで管理石器として位置付けられていた。後者は、各地点で不定形剥片を剥離して便宜石器に供され、一部は他の地点に搬出されていた。これらは同一石核で使い分けられており、通常は不定形剥片を剥離していたが、狩猟具が必要になった時に瀬戸内概念を適用して、背部加工尖頭形石器の製作に供していたと考えられる。しかし、1 点の石核から生産される背部加工尖頭形石器は 1 点〜 2 点程度と考えられることから、狩猟具不足が想定された。そこで、これを補完したのが角錐状尖頭器と考えられた。それでも、角錐状尖頭器は石材消費量が多いため、石材入手時に一括製作、キャッシュされ、必要に応じて搬出されていたと推定した。

　瀬戸内概念を適用した横長剥片剥離技術、不定形剥片剥離技術、角錐状石器群製作用の不定形剥片剥離技術からなる技術組織は、上記のように使い分けられていたと考えられる。

2 石器製作システム

　この段階における石器製作システムを評価する。石器製作では、石材採集〜石器完成にかかる時間コストと完成した石器の有用性、すなわち、石器の使用によって得られる利益のバランスが最適になるよう調整されていたと考えられる。例えば、主要狩猟具は製作に時間がかかるが、有効に機能した場合、捕獲した動物から多くのエネルギーを獲得できる。逆に製作に時間のかからない石器、不定形剥片をそのまま使うような作業は、軽作業が想定されるが、この場合は、石器が有効に機能したとしても得られる効果は高くないと考えられる。したがって、コストに対する効果が低い作業には製作コストのかからない石器を使用すると想定される。

　このようなシステムの評価にあたっては、Bleed（1986）による信頼性システムと保守性システムに基づく石器製作のコスト対効果の評価が有効と考えられる。そこで、筆者の解釈から、Bleed（1986）による評価項目ごとに石器群のシステムを評価する。

（1）石材消費効率

　石材消費効率は、1点の石材を消費し尽くすまでに剥離される有用剥片と不要剥片の量で評価できる。例えば、石材1kgあたりの有用剥片重量と不要剥片の重量比のように定量化して評価するのが望ましいが、現状では不可能なため、各剥片剥離技術の一般的傾向から評価する。

　瀬戸内概念を適用した横長剥片剥離技術は、本来は山形の打面を作らなければならないため、この時に不要剥片が生じる。打面調整で剥離される剥片は砕片と言っても良い大きさのため、有用剥片にはならない。したがって、瀬戸内概念を適用した横長剥片剥離は、石材消費効率は良くないと評価できる。しかし、磐田原台地の資料で、瀬戸内概念を正確に適用して打面を作った資料は極めて少なく、多くの場合は不定形剥片剥離によって山形になった部分を利用している。これは石材入手機会・量に制限があったと考えられることから、石材消費効率を上げながら瀬戸内概念を適用させる手段と評価できる。したがってこの場合、瀬戸内概念を適用した石核の石材消費効率は高いと評価できる。

　不定形剥片剥離技術は、石核製作段階で自然面を除去した剥片が不要剥片として出るが、これは他の技術でも同じことである。この技術の特徴は、石核の成形が簡単に済むことと、剥片剥離開始までの工程が短いことである。実際の資料では、円礫の一端を打ち欠いて平坦打面を作り、直ちに剥片剥離を開始した例はごく普通に認められる。このことから、不要剥片は少ないと考えられ、石材消費効率は良いと評価できる。

　角錐状石器群については、推定の域を出ないが、厚みがあり、加工による減量を見越した大きさのある剥片が必要なため、石核の消費が早いと考えられる。したがって、角錐状石器群の素材生産専用の石核の存在が想定できる。筆者が資料を実見した範囲では、京見塚遺跡の接合資料、分割礫を輪切りにした不定形剥片剥離の接合資料にその可能性を指摘できる。また、京見塚遺跡では、多量の不定形剥片が剥離された形跡があり、角錐状尖頭器や複刃厚形削器の素材になり得る剥片も多く認められることから、京見塚遺跡内で角錐状石器群が製作された可能性は十分に考えられる。今後、接合作業が進展すれば、角錐状石器群製作の実態も明らかになっていくと思われる。ただ、現状では、素材生産で石核消費が早いことまでは推定できるが、剥片剥離段階で出る有用剥片と不要剥片の量が不明のため、石材消費効率をこれ以上評価することは控える。

（2）システム強度

　これは、剥片剥離技術がどの程度システマティックになっているかという度合いである。定型の目的剥片を剥離するために、一定の工程があって特定の剥片剥離技術が認められる場合はシステム強度が強い、すなわち、強固なシステムと評価できる。逆に、石核の状況に応じて剥片剥離技術が変化する場合は、システム強度は弱い、すなわち、柔軟なシステムと評価できる。

　瀬戸内概念を適用した横長剥片剥離は、板状剥片の剥離、山形打面の作出と打面管理、打面と作業面の角度管理といった複雑なシステムを構成しており、少なくとも山形打面が完成しないと横長剥片剥離を開始できない。磐田原台地で最も瀬戸内概念を忠実に再現したと考えられる接合資料（第29図、p84）では、4点程度の横長剥片を剥離したと考えられることから、石核の形態が整えば、定型剥片を連続剥離できることがわかる。横長剥片を剥離したその他の石核でも、山形打面を作出したものはないが、不定形剥片剥離の過程で山形になった部分や、自然面でも山形に近い部分を打面にして横長剥片を剥離していることから、個々の石核でバリエーションはあるものの、山形になった部分を打面にすれば、定型剥片を剥離できることは周知されていたと考えられる。したがって、横長剥片剥離が不定形剥片剥離に取り込まれていたとは言え、定型剥片を剥離するための強いシステムが存在したと評価できる。

　不定形剥片剥離技術は、剥片剥離が可能な部分を選んで打面を適宜移動させることができる。打面と作業面を入れ替える方法がよく見られるが、これは板状の石核の両面を均等に剥離して、石核全体を均等に減量させて石核を長持ちさせ、剥片剥離量を増やすための自然な方法で、システムと呼べる程の規制ではなく、システムが存在したとしても単純なものと考えられる。むしろ、石核の状況に応じて打面と作業面を選択的に移動できる点で柔軟なシステムと評価した方が良いであろう。

　角錐状石器群のシステム強度は、現状ではほとんど不明である。ただ、角錐状尖頭器、複刃厚形削器とも剥片を大きく変形させて、一定の形態に仕上げていると考えられることから、素材剥片に一定の形態は求めていなかったと考えられる。したがって、不定形剥片が素材になっていると考えられるが、厚みと加工量を見込んだ大きさが必要なことから、専用の剥片を剥離するためのシステムが存在した可能性はある。

（3）構成属性

　システム強度と連動するが、システム強度が強い場合は、石核素材の形態、打面の形態、打面や作業面の管理といった、特定の属性がシステムを構成していると考えられる。逆にシステム強度が弱い柔軟なシステムの場合は、特定の属性が求められることは少ないと考えられる。

　瀬戸内概念を適用した横長剥片剥離では、板状の石核、山形の打面と打面管理、打面と作業面の角度管理といった属性が、システムを構成していると考えられる。

　板状石核の側面を切り落とすように横長剥片を剥離する。そのために山形の打面を用意する。横長剥片を連続剥離するために、剥片を剥離するごとに打面を作り直し、打面と作業面の角度も一定になるよう管理している。このようにシステムを構成する属性は、互いに連携を持っており、属性がすべて揃ったところで定型剥片の剥離が可能になっている。

　不定形剥片剥離では、石核素材に一定の形態は見られず、先行剥離面を打面にすることが多いため、打面と作業面の区別も明確ではない。石核の状況に応じて打面と作業面、打撃角度を自在

に変更できることから、石核形態、打面、作業面、打撃角度と言った状況に応じて変化する属性によってシステムが構成されていたと考えられる。

角錐状石器群の構成属性は、現状では素材剥片の厚みと大きさの確保程度しか推定できない。

(4) 難易度

剥片剥離にあたって、専門的な知識・技術が必要か、一般的な知識・技術で対応可能かといった観点で評価する。

瀬戸内概念を適用した横長剥片剥離は、磐田原台地で自生した技術ではなく、搬入安山岩と共に流入した外来技術の可能性が高い。横長の定型剥片を剥離するためには、板状剥片の獲得、打面の準備や打面と作業面の角度調整といった、専門の知識と技術が必要で、横長剥片の縦割れ事故の頻発が見られたことから、難易度は高いと考えられる。

不定形剥片剥離は、一般的な技術で対応可能で、この難易度が高いようでは石器製作に支障が出るため、この技術の難易度は低いと考えて間違いないであろう。

角錐状石器群については、製作工程が明らかでないが、厚みのある剥片を大きく変形して一定の形態に仕上げているため、専門の知識と技術が必要だったと考えられる。

(5) 障害対策・危機管理

石器製作には剥離事故が付き物で、剥離事故の回避や事故発生時の対応能力が評価の対象になる。システム強度が強く、難易度の高い石器製作を行う場合、構成属性がすべて整備されないとシステムが機能しないため、剥離事故が起こってシステムの一部に障害が生じた場合、システム全体が機能しなくなる恐れがある。したがって、障害対策が不可欠になる。逆にシステム強度が弱く、一般技術で対応可能な石器製作を行う場合、最低限の構成属性が整備されれば、システムが機能できるため、剥離事故が起こってシステムの一部に障害が生じた場合でも早期回復が可能である。したがって、障害対策は必要だが、必要最低限の構成属性に障害が及ばないよう配慮すれば良いことになる。

瀬戸内概念を適用した横長剥片剥離は、板状の石核、山形の打面と打面管理、打面と作業面の角度管理と言った構成属性が整備されて初めて横長剥片が剥離できるシステムになっている。剥片剥離開始までの段階では、板状剥片獲得時の剥離事故対策、山形打面作出時の打面形状の整備や、打面と作業面との角度調整によって剥離事故の予防に留意したと考えられる。剥片剥離開始後は、山形打面の管理、打面と作業面の角度管理を怠ると剥離事故の原因になるため、打面調整による打面復旧と、打面と作業面の角度調整による障害対策が必須になる。このように、剥離事故が起こると定型剥片の剥離が不可能になる点で障害に弱いシステムであるため、各工程で剥離事故対策が取られる多重予防策システムと評価できる。ただ、磐田原台地では、周到な打面調整・管理が行われた資料は少なく、多くの場合は不定形剥片剥離によって山形打面を作り出していることから、一部の資料を除いて後述する不定形剥片剥離における障害対策を講じていたのが実態と考えられる。不定形剥片剥離の障害対策は比較的簡易なもので、これも横長剥片剥離時の障害を軽減する一手段と評価できるであろう。

不定形剥片剥離は、打面と作業面の位置関係や角度に合わせて打撃角度を調整すれば剥片剥離が可能で、打面や作業面の状況が悪い部分を回避する、あるいは、大きく剥離して障害が生じている部分を除去して、打面と作業面を再生することもできる。このことから、システムの一部に

第 4 章　石器群の行動論的評価

障害が生じても、打面と作業面の位置関係や角度といった最低限の構成属性に障害が及ばなければ、機能するシステムになっていると考えられる。したがって、剥片剥離の障害になる部分を回避したり、除去したりすることで障害を回避・除去できるため、剥離事故に柔軟に対応できるシステムと評価できる。

　角錐状石器群の障害対策は不明な点が多いが、推定するなら、素材剥片の加工量が多いため、加工時の破損対策に重点が置かれていたと考えられる。

(6)　許容能力

　これは、石核容量のうちで、有用剥片が剥離可能な容量のことである。これも剥片剥離開始時の石核重量に対する、剥離された有用剥片の重量で定量評価できるが、現状では不可能である。一般にシステム強度の強い剥片剥離技術は、石核の容量に対する剥片剥離可能な容量は少ないと考えられる。例えば、翠鳥園遺跡では 1 点の石核から剥離される横長剥片は、多くて 10 点程度、多くの石核では 1 点〜2 点と報告されている（高橋 2001）。そして、剥片剥離が可能と思われる状態で出土しているものが多い。これは定型剥片を得るためのシステム規制が強く、石核容量の中で定型剥片が剥離できる部分が限られるためと考えられる。

　一方、不定形剥片剥離はシステム規制が弱いため、石核容量に対する剥片剥離可能な部分が多く、剥片剥離が不可能になるまで石核の機能を維持できると考えられる。したがって、定型剥片を得る場合は、石核の許容能力は低くなり、不定形剥片を得る場合は、許容能力は高くなると考えられる。このような観点から剥片剥離技術による石核の許容能力を評価する。

　磐田原台地では、1 点の石核から剥離された横長剥片は多くて 4 点程度のため、横長剥片剥離に限れば、石核の許容能力は低かったと評価できるが、許容能力の高い不定形剥片剥離の一環で発揮されているため、石核全体の許容能力は高くなっている。

　不定形剥片用石核の許容能力が高いことは上記のとおりである。角錐状石器群については、角錐状尖頭器、複刃厚形削器専用の不定形剥片剥離技術の存在が想定され、石核消費量の多い技術と推定されるが、該当資料を抽出できていないため、石核の許容能力は不明である。

(7)　部分的動作

　評価観点は次のとおりである。石器製作システムの全体が完成しないと石器製作が不可能だが、システムの一部に障害が生じても、残り部分のバックアップや修理によってシステムの機能が維持・回復できるか、システムが部分的に整えば、限定的であっても石器製作が可能だが、システムの一部に障害が生じるとシステム全体がダウンするかといった観点で評価する。

　定型剥片を剥離する場合は、石核を一定の形態に整える必要がある。石核が一定の形態をとると言うことは、打面と作業面の位置関係や角度などが一定の状態で整備されていると言うことで、この一定の状態を整備するために、石核素材の製作、打面作出と打面管理、作業面準備、打面と作業面の角度管理といった構成属性が整備される。構成属性は相互に連動しているため、すべての属性が整わないと定型剥片は剥離できないが、打面や作業面の一部に障害が生じても、常時メンテナンスによって障害を最小限に食い止め、簡易に復旧できる。また、剥離パターンが決まっていることから、剥離事故もパターン化でき、予測可能という特徴も考えられる。

　瀬戸内概念を適用した横長剥片剥離技術は、板状剥片の剥離、山形打面の作出、打面管理、打面と作業面の角度管理と言った主要属性がすべて連動しているが、いずれかに障害が起こっても、

打面再生や作業面再生と言ったパターン化された技術で復旧が可能である。また、剥離事故もパターンを予測できる。例えば、横長剥片の縦割れと言った事故は、頻発が想定されただけに、予測も可能だったと思われる。

　不定形剥片を剥離する場合は、石核の形態、打面と作業面の位置関係・角度、打撃角度が主要な構成属性と考えられる。打面形態と打面管理、打面と作業面の角度管理と言った属性も想定できるが、必ずしもこのような属性が整わなくても不定形剥片剥離は可能と考えられる。したがって、最低限の属性が整えば、剥片剥離は可能だが、最低限の属性に障害が生じた場合は、打面や作業面を転移させなければ、剥片剥離を続行できない。

　角錐状石器群の石器製作システムの部分的動作については、ほとんど不明である。

（8）メンテナンス

　剥片剥離作業を続行するための石核維持作業である。定型剥片を剥離する場合は、打面と作業面の管理が必要である。そのために、打面や作業面の再生や角度の補正を行って定型剥片が連続剥離できるよう、石核の状態を維持させることになる。不定形剥片を剥離する場合でも、打面と作業面の管理は必要だが、打面と作業面を必要に応じて入れ替えたり、転移したりすることによって、細かな調整による管理を不要にしている。場合によっては、剥片剥離の障害になる部分を除去して打面や作業面を再生することもできる。このような作業は、通常の剥片剥離の過程で行われることで、不定形剥片を剥離しながら、石核のメンテナンスも同時に行っていることになる。このように、石核の状態維持のメンテナンスはどの場合でも必要だが、精度や緻密さが異なると考えられる。

　瀬戸内概念を適用した横長剥片剥離は、打面調整による打面再生と作業面との角度補正、作業面補正（絹川1988a）などによって、横長剥片の連続剥離を可能にしている。しかし、磐田原台地の資料で、綿密な打面調整を行っている資料は僅少で、後述の不定形剥片剥離と同様のメンテナンスを行っているのが実態である。

　不定形剥片剥離では、上述のように、石核の状態を維持させる方向で剥片を剥離しているため、特別なメンテナンスは不要になっていると評価できる。

　角錐状石器群における石核のメンテナンスは、京見塚遺跡の資料検討に限界があり、該当資料を抽出できていないため、不明である。

（9）コスト

　石材消費効率やシステム強度、メンテナンスなどと連動する項目で、石材消費コストと製作時間コストがある。良好な接合資料があれば、石材消費コストを定量評価できるが、現状では不可能である。定型剥片を剥離する場合は、システム強度が強い分、石核準備段階やメンテナンス時に不要剥片が出るため、石材消費効率が劣り、石材消費コストも高くなる。また、石核準備やメンテナンスにかける時間が必要で、定型剥片を加工する時間も必要なため、製作時間コストも多くなると考えられる。

　瀬戸内概念を適用した横長剥片剥離は、山形打面作出・再生の時に不要剥片が出る。その割に1点の石核から剥離される横長剥片は、磐田原台地の場合は多くて4点程度で、石核を消費し尽くすような剥離は認められない。このことから、石核容量の中で、横長剥片剥離が可能な容量は限られていたと考えられ、この点で石材消費コストは高いと評価できる。また、横長剥片を剥離

第4章　石器群の行動論的評価

するためには打面準備が必要で、剥離した横長剥片から背部加工尖頭形石器を作る場合も、打面を大きく除去する加工が必要なため、時間コストもかかることになる。しかし実際には、横長剥片剥離を不定形剥片剥離に組み込むことで、山形打面作出を不定形剥片剥離の過程で行い、横長剥片剥離が終わった石核から、不定形剥片を剥離することで、石核を維持している。したがって、横長剥片剥離を不定形剥片剥離に組み込むことで、石材消費コストと製作時間コストの両方を抑えていると評価できる。

　不定形剥片を剥離する場合は、システム強度が弱い分、石核準備段階やメンテナンス時に出る不要剥片が少ないため、石材消費効率は高くなり、石材消費コストは低くなると考えられる。不定形剥片は未加工で使用することも多かったと思われ、加工する場合でも、角錐状尖頭器や複刃厚形削器を製作する場合を除いて軽微な加工で済ませているものが多いため、製作時間コストも低かったと評価できる。

　角錐状石器群では剥片剥離過程が不明のため、石材消費コストと時間コストを評価できないが、剥片加工量が多い点で、石材消費コストと時間コストは高いと推定できる。

（10）　採用基準と採用目的

　各剥片剥離技術は、状況に応じて使い分けられており、それぞれの目的も異なっていたと考えられる。石材入手の点では、石材が豊富にある時と石材が不足している時では、採用する剥片剥離技術が異なると想定される。石材が豊富にある時は、石材消費効率が落ちて、石材消費コストと製作時間コストがかかっても、システム強度が強く、難易度の高い剥片剥離技術を採用して、定型剥片が量産できる技術を採用すると考えられる。逆に石材不足が予想される場合は、システム強度が弱く、定型石器は量産できないが、石材消費効率が良く、製作消費コスト、製作時間コストがかからない技術を選択すると考えられる。

　また、大型獣の狩猟といった特定の目的を達成するためには、専用の石器を事前に準備する必要があるため、狩猟具製作用に特定の剥片剥離技術が選択されると考えられる。一方、通常の生活で不特定の目的に使用したり、臨機の目的を達成したりする場合には、その場の間に合わせで、消耗品に近い石器を製作するための剥片剥離技術が選択されると考えられる。

　瀬戸内概念を適用して剥離された横長剥片は、専ら背部加工尖頭形石器に加工されたと考えられるため、これが狩猟具であるなら、定型狩猟具が必要な時に採用された技術と考えられる。したがって、狩猟機会の想定が、瀬戸内概念の採用基準になっていたと考えられる。ただ、瀬戸内概念を採用するには板状剥片が必要で、板状剥片を得るには原石を輪切りにする技術が必要なため、原石入手時でないと採用困難な技術と考えられる。実際の資料では、分割礫入手時に板状剥片を剥離しており、不定形剥片剥離の一工程として瀬戸内概念を適用しているため、横長剥片の即時需要には応じにくいと考えられる。したがって、横長剥片と背部加工尖頭形石器の需要は事前に予測しており、必要が生じた時に製作したのではなく、必要な時に使用できるよう予め製作しておいて、地点間を移動させていたと思われる。

　不定形剥片剥離はシステム強度が弱いため、定型剥片は剥離できないが、石材消費効率が良く、石材消費コストも低いことと、専門的な知識と技術が不要なため、通常はこちらの技術を採用していたと想定される。この段階のものと想定される接合資料では、分割礫を輪切りにするように板状剥片を剥離していたことから、原石入手時に石核素材を製作していたことになる。原石入手

時に、石核素材をまとめて作っていたことから、その先に石材不足を想定しており、その想定が採用基準になっていたと考えられる。先に検討したように、目前に石材採集地がありながら、地形的障害によって、石材入手機会・量が限定されていたと考えられることから、通常の生活では石材を節約しながら、臨機の消耗石器を作るために不定形剥片剥離技術を採用したと考えられる。

　角錐状石器群の製作には、厚みと加工量を想定した大きさのある剥片が必要と考えられる。そして、剥片の加工量も多く、製作時の石材消費量も多いと考えられることから、石材獲得時でないと採用が困難だったと考えられる。角錐状尖頭器は狩猟具、複刃厚形削器は加工具と想定される。一方で、瀬戸内系石器群にも、狩猟具としては横長剥片製の背部加工尖頭形石器があり、不定形剥片とそれを加工したスクレイパーなどは加工具としての機能が想定される。先に検討したように、瀬戸内系石器群と角錐状石器群は出現と消滅の時期は異なるとしても、同時に存在した時期があると考えられることから、同時期に２種類の狩猟具、加工具が存在したことになる。先に指摘したように、瀬戸内系石器群と角錐状石器群は石材（個体）や出土地点が異なっていることから、角錐状石器群は、瀬戸内系石器群とは異なる基準と目的のもとに採用されたと考えられる。１つの可能性としては、横長剥片製背部加工尖頭形石器は点数が少なく、狩猟具不足が予想されるため、これを補完することが採用基準だったと想定できる。

（11）システム評価

　各項目の評価（第９表）に基づき、各石器製作技術のシステムを信頼性と保守性の観点から評価する。瀬戸内概念を適用した横長剥片剥離技術は評価項目をまとめると、下記の特徴があった。

・山形打面作出時に不要剥片が出る点で石材消費コストは高く、石材消費効率も良くない。
・横長剥片を剥離するためにシステマティックな技術がある点で、システム強度は強い。
・外来の技術で、専門的な知識と技術を要する。
・剥離事故が起きると横長剥片を剥離できなくなるため、多重の剥離事故対策が取られる。
・１点の石核から剥離できる横長剥片の点数は限られる。
・打面や作業面の管理、メンテナンスが必要。
・システムの一部に障害が生じても簡易な技術で復旧できる。
・主として背部加工尖頭形石器製作に用いられる。

　このように、横長剥片と言った特定の生産物を得るために高度に専門化が進んだシステムは、信頼性システムと評価できる。

　不定形剥片剥離技術の評価項目をまとめると下記の特徴があった。

・石核調整は原則として不要で、不要剥片は少ない。
・システマティックな技術はなく、単純なシステムで、その強度も弱い。
・在地の一般的な技術で対応可能。
・剥離事故に柔軟に対応でき、打面や作業面転移によって早期回復が可能。
・石核の剥離限界まで剥片を得ることができる。
・剥片剥離を進めながら、打面と作業面の管理、石核のメンテナンスが可能。
・最低限のシステムが整えば剥片剥離可能だが、一部に障害が生じると、打面・作業面を転移させて、新しい状況を作らないとシステムを復旧できない。
・不特定の便宜石器製作に供与したと考えられる。

第4章　石器群の行動論的評価

第9表　瀬戸内系石器群・角錐状石器群段階のシステム評価

項目＼石器群	横長剥片剥離	不定形剥片剥離	角錐状石器群
石材消費効率	打面作出時に不要剥片多い	石核調整原則不要、不要剥片少	厚い剥片必要→石核消費早い
システム強度	強固で複雑なシステム	単純で柔軟なシステム	（強固なシステムか）
構成属性	板状剥片、山形打面・管理、打面と作業面の角度管理	石核形態、打面、作業面、打撃角度等、状況によって変化	不明
難易度	専門知識・技術必要	一般知識・技術	（専門知識・技術必要）
障害対策	剥離事故に弱いため、多重の予防策	剥離事故に柔軟に対応	（剥片加工時の破損対策）
危機管理	剥離事故の予測・予防不可欠	不測の剥離事故でも早期回復可能	分厚い剥片剥離、分厚い剥片の加工→剥離事故対策は不可欠
許容能力	石核に剥片剥離の余裕があっても定型横長剥片剥離には限界あり	剥片生産能力限界まで剥離可能	不明
部分的動作	システムが複雑になるが、一部に障害が起こっても簡易に回復可能	システムは単純だが、一部に障害が生じるとシステム全体がダウン	不明
メンテナンス	打面・作業面管理が必要	剥片を剥離しながら石核維持	不明
コスト	多い	少ない	（少ない）
採用基準	原石獲得、板状剥片獲得時	石材不足予見時	原石獲得時、主要狩猟具補完
採用目的	狩猟時応需	随時応需	狩猟時応需
システム評価	信頼性システム	保守性システム	（信頼性システム）

　このように、不特定の便宜石器の製作に供与する汎用性の高いシステムは、保守性システムと評価できる。

　角錐状石器群については、製作工程で不明な点が多いため、評価が難しい。推定による部分が多いが、評価項目を列記すると下記のようになる。

　・厚みがあり、加工量を見込んだ剥片が必要なため、石核消費量は多いと推定される。

　・石材消費量は多いが、不定形剥片素材と考えられるため、石材消費コストは少ないと推定される。

　・専門的知識と技術が必要と考えられるため、複雑で強固なシステムが想定される。

　・剥片の加工量が多いため、加工途中の剥離事故対策がとられると推定される。

　推定部分が多いが、角錐状尖頭器、複刃厚形削器とも同じような形態に仕上げられていることと、京見塚遺跡で一括製作の可能性があることから、特定器種の製作を意図した信頼性システムと評価できるであろう。

　石器製作システムの評価では、瀬戸内系石器群と角錐状石器群が、特定器種を製作するための専門化したシステムを持っていることから、信頼性システムと評価できる。この石器群で製作される特定器種とは、狩猟具と想定される横長剥片製背部加工尖頭形石器と角錐状尖頭器、加工具と想定される複刃厚形削器で、いずれも製作機会は限定されていたと考えられる。その製作機会とは、横長剥片製背部加工尖頭形石器は不定形剥片石核に瀬戸内概念を適用させた時、角錐状尖頭器と複刃厚形削器は石材入手時で、素材剥片を一括生産した時と考えられる。

　横長剥片製背部加工尖頭形石器の製作地は明らかになっていないが、搬入品と考えられるものがほとんどであることから、製作地から地点間を移動する管理的な扱いを受けていたと考えられる。角錐状石器群は京見塚遺跡での一括製作の可能性が考えられ、他の地点では搬入品として出

土していることから、一括製作地からの搬出、地点間移動と言う管理石器としての扱いが考えられる。いずれも完成品を地点間移動させていることと、専門性の高い信頼性システムのもとで限定された機会に製作されていることから、狩猟具であれば狩猟対象、加工具であれば加工対象を予測、特定していた可能性が高い。

　不定形剥片系石器群は、角錐状石器群を除いて特定器種を製作せず、むしろ、簡易なシステムによって、便宜石器を生産していたと考えられることから、保守性システムと評価した。この石器群は瀬戸内概念を内包したものだが、瀬戸内概念適用時以外は通常の技術によって不定形剥片を剥離していたと考えられる。したがって、狩猟具以外の日用品的・消耗品的な石器は保守性システムに基づく不定形剥片剥離技術から生産されていたと考えられる。このような石器は臨機の目的、その場限りの目的達成に用いられる便宜石器と考えられる。

　上記のように、この段階の石器製作システムは信頼性システムと保守性システムを状況に応じて使い分けており、特に信頼性システムに基づく横長剥片剥離と保守性システムに基づく不定形剥片剥離が同一石核で行われていたことから、両者が状況に応じて使い分けられていたと考えられる。また、同時期に信頼性システムに基づいて製作されたと思われる角錐状石器群は、横長剥片製の背部加工尖頭形石器が量産できないことによる狩猟具不足を補完していたと考えられる。

　なお、角錐状石器群に伴う不定形剥片系石器群については、下記の理由により、抽出が不可能に近い。

　京見塚遺跡では縦長剥片系石器群も多量に製作されているため、縦長剥片系石器群段階の不定形剥片系石器群と区別しなければならない。しかし、筆者が資料を実見した限りでは、確かに不定形剥片系石器群は存在するが、これらを段階分けする手がかりがないため、不定形剥片系石器群を角錐状石器群段階と縦長剥片系石器群段階に分けることは、極めて困難と思われる。

　唯一、板状石核の側面を輪切りにするように、不定形剥片を連続剥離している接合資料があるが、先述のように、これには縦長剥片石核も接合しているため、この段階のものと考えるには、縦長剥片石核としての利用を、後の段階に行われた遺跡あさり（scavenge、Binforfd 1983）によることを証明しなければならない。

3　道具組織

　本書では、従来の石器組成に代えて道具組織の概念を用いる。石器ブロックは、行動が累積した結果であることが明らかになっているうえに、残された遺物とそこで展開された行動が一致しない民族例の報告（Binford 1978 など）から、石器ブロックに残された石器の組み合わせから遺跡の機能を検討することは、極めて困難と言わざるを得ない。石器の組み合わせと推定される石器の機能から、その場で展開された行動を合理的に説明できたとしても、実際には別の行動が行われていた可能性も合理的に説明可能である。石器ブロックから行動の単位を抽出して、行動単位ごとの石器の組み合わせが抽出できれば、まだ良い。例えば、筆者が報告した沼津市の的場遺跡（富樫 2010a）の第Ⅴ黒色帯で出土した石器群は、砕片を除けば半数近くの石器が接合したため、個体単位で行動を抽出して石器組成を検討できる例になるかもしれない。しかし、このような事例は非常に少ないと考えられることと、石器の機能がわかっていない以上、石器組成論を展開したところで、場の機能を検討することは、やはり難しいであろう。また、石器の機能がわかったと

しても、狩猟具が多く出土する場所が狩猟場でない、スクレイパーが出土する場所が加工場とは限らないといったことは容易に想像がつくように、石器の機能と場所の機能は、必ずしも一致しないうえに、拠点集落では、様々な行動が累積して多様な石器が残されると想定されるため、石器の機能から場所の機能を考えることは不可能に近いと考えられる。むしろ、場所の機能を明らかにするには、その場所で展開された行動を検討する方が有益である。行動は石器の運用から追跡できる。石器運用の組み合わせ、これが本書で採用する道具組織の概念である。技術が組織化されているのであるから、作られる石器も組織化され、その運用も組織化されていると考えるのは自然な発想であろう。

　一般に道具の運用には、下記のパターンが想定される。

　①製作の目的

　　・特定の目的を達成するために作る。

　　　例：対象を特定した専用狩猟具

　　・不意の必要に対処するために準備しておく。

　　　例：対象を特定しない汎用狩猟具

　②使用のタイミング

　　・作ってすぐに使う。

　　・作って準備しておき、必要が生じたときに使う。

　事前に作って準備しておく場合、キャッシュが形成されると想定されるが、その性格としては、将来の使用に備えた予備の道具（insurance gear）のキャッシュと、季節的に使わないもの（passive gear）を、次の使用機会まで置いておくキャッシュが想定されるが、実際の資料でこれらを区別することは困難である。

　③使用の回数

　　・1回限りの使い捨て。

　　　例：微細な剥離のある不定形剥片

　　・修理しながら繰り返し使う。

　　　例：刃部再生のあるスクレイパー、スクレイパーに転用された背部加工尖頭形石器

　上記が道具の運用を構成する要因で、これらの組み合わせで道具の運用が決まると考えられる。そして、状況に合わせて運用の異なる道具を揃えることで道具の組織が決まる。

　石器の場合、技術組織による技術選択の違いによって信頼性システムと保守性システムが発現し、運用の異なる石器が作られる。したがって、道具組織はこれまで検討してきた技術組織、石器製作システムと連動していることがわかる。

（1）瀬戸内系石器群の道具組織

　ヌナミウトの道具組織（Binford 1979）には、大分類として季節的常備品（seasonal gear）と予備品（insurance gear）の分類があった。同様に、石器にも常備品と予備品があったと想定されるが、実際の資料で区別することは不可能に近い。そこで、ここでは、すべての石器を常備品と仮定して道具組織を検討する。また、ここで言う常備品とは、Binford（1979）の言う季節的道具（seasonal gear）に相当する用語であるため、本来はその季節に使う道具（active gear）と他の季節に使う道具（passive gear）に分類しなければならないが、石器の季節的使い分けもほとんど不明のため、

ここでは active gear を実用に供された状態の石器と読み替え、passive gear をキャッシュと想定される状況にある石器と読み替えることにする。

匂坂中遺跡ブロック A21 で出土した、分割礫から剥離された板状剥片 1 点、横長剥片石核 1 点、不定形剥片石核 1 点は、いずれも十分使用可能な状態であるため、将来的な使用を見込んだ状態であると考え、これをキャッシュと解釈した。

横長剥片製の背部加工尖頭形石器は、1 点の石核から製作できた点数が 1〜2 点程度であったと考えられ、単独個体が多いことから、数少ない背部加工尖頭形石器が管理されながら地点間を移動していたと考えられる。

これに対して、瀬戸内概念を適用していない間は、石核は不定形剥片石核として、地点間を移動しながら、移動先で不定形剥片を剥離していたと考えられる。不定形剥片系石器群は段階差が乏しく、この段階の石器群を抽出することが難しい。そのため、推定部分が多くなってしまうが、この時剥離された不定形剥片は、スクレイパーなどの素材として用いる他、不定形剥片には微細な剥離が見られるものが多いことから、加工せずにそのまま使うことも多かったと考えられる。また、不定形剥片系石器群の搬入のみで構成される地点も多いことから、このような地点のうちいくつかは、瀬戸内系石器群・角錐状石器群段階のものと推定される。したがって、不定形剥片製石器でも製作地から移動するものがあったと考えられるが、不定形剥片製石器は簡易に製作できるものであるから、移動中の破損リスクを想定すると、完成品の状態で移動させるよりも、使用直前に製作する方が有利と考えられる。そう考えると、不定形剥片製石器を地点間で移動させることがあったとしても、背部加工尖頭形石器のような管理的な移動ではなかったと思われる。したがって、不定形剥片系石器群の主体は、その場で使い捨てる便宜石器であったと考えるのが妥当である。

なお、磐田原台地では通常のように出土する作業台のような配石は、その重量から地点間を移動したとは考えられないことから、このようなものは遠征先の備品として据え付けてあったと考えられる。また、叩石なども同様に、各地点に置かれていたと推定される。

上記のように、瀬戸内系石器群は、板状石材、もしくは石核の状態でキャッシュされる石器があり、これに対して日常的に使う石器として、管理石器と便宜石器があったと考えられる。管理石器としては、横長剥片製の背部加工尖頭形石器があり、便宜石器としては不定形剥片製の石器があったと考えられる。

(2) 角錐状石器群の道具組織

角錐状石器群の運用では、京見塚遺跡での一括製作と各地点への搬出が考えられた。他の地点での出土状況は、全点が単独搬入であったことから、京見塚遺跡から搬出した後、管理されながら地点間を移動する運用だったと想定される。したがって、道具の運用としては、京見塚遺跡での角錐状石器群のキャッシュと、各地点間での管理石器としての移動が考えられる。

角錐状石器群に伴う不定形剥片系石器群の存在も当然ながら想定できるが、現状では、純粋に角錐状石器群に伴う不定形剥片系石器群を抽出できないため、便宜石器としての存在を推定するしかない。作業台の機能が想定される配石や叩石と言った石器も各地点備え付けであったことは、瀬戸内系石器群と同様と考えられる。

以上の検討から、瀬戸内系石器群と角錐状石器群、不定形剥片系石器群の道具組織は第 58 図の

ように概念化できる。両石器群とも同様の道具組織で、キャッシュと実用品の対立があり、実用品には管理石器と便宜石器の対立があると考えられる。そして、キャッシュと管理石器の部分が入れ替わることによって、発現石器群が異なる組織になっていると考えられる。キャッシュと管理石器の部分が入れ替わる背景については、瀬戸内系石器群と角錐状石器群の関係がポイントになる。これまでの検討で、1点の石核から剥離される横長剥片が多くて4点程度で、縦割れ事故の頻発も推定されたことから、1点の石核から製作できる横長剥片製背部加工尖頭形石器は1点程度であったと考えられた。このことから、定型狩猟具の不足が想定され、これを補完したのが角錐状尖頭器だったと考えた。キャッシュと管理石器が入れ替わった時に道具の組織が変わるとすると、道具の運用が変わることになり、行動も変化することになる。行動は常に環境に適応しているため、道具の交代によって行動を変化させることは、環境への適応方法も変えることになる。そのため、石器製作以外の生活面にも影響が及ぶことが懸念される。そして、これによって生じるリスクは無視できないと思われる。したがって、道具組織の点で瀬戸内系石器群と角錐状石器群の関係は、行動を変化させることなく、キャッシュと管理石器の部分を相互に補完する関係にあったことは、行動上有利な選択であったと評価できる。また、両者は必ず石材（個体）が異なることと、出土状況も共伴関係にはないことから、補完し合いながらも互いに独立した石器群で、状況に応じて行動を変えることなく、どちらかを選択できる道具組織になっていたと評価できる。

ただし、管理石器の管理方法が異なっていた点に注意したい。瀬戸内系石器群では、石材の汎用性が高い状態でキャッシュが形成され、必要に応じて製作した横長剥片製の背部加工尖頭形石器を地点間移動させていた。これに対して角錐状石器群では、石材入手時に角錐状尖頭器を量産し、完成品、すなわち、石材の汎用性が低い状態でキャッシュが形成され、そこを拠点に角錐状尖頭器を地点間移動させていたと考えられた。角錐状尖頭器の場合、不足した時、すぐに製作できないため、必要に応じて持ち出せるように事前に準備しておいたと考えられる。このように、必要時に製作可能な横長剥片製の背部加工尖頭形石器とは、同じ管理石器であっても製作機会と管理の方法が異なっていたと考えられる。

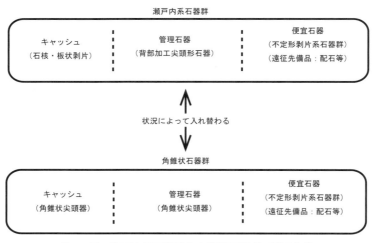

第58図　瀬戸内系石器群と角錐状石器群の道具組織

4 リスク低減戦略

　石器製作上の様々な戦略は、リスクを低減することによって最適捕食行動を実現して環境に適応するための手段と考えられる。そこで、これまで検討してきた石器製作上の戦略をリスク低減戦略の観点から検討する。

　石材運用の点では、匂坂中遺跡ブロック A21 とブロック B15、広野北遺跡 K2- ブロック 3 で、分割礫をさらに分割して板状剥片を剥離している状況が見られた。いずれも板状剥片を 2〜3 点得ており、これに接合する分割礫からも同様に板状剥片を剥離していたとすると、1 点の原石から板状剥片を 5〜6 点得ていたことになる。縦長剥片系石器群が盛行する段階では、1 点の原石から 1 点の縦長剥片石核を作ることが原則である点と比較すると、かなり多い点数で、これらの板状剥片が不定形剥片石核に使われていたことも考えると、石材消費効率としてはかなり高いと考えて良い。

　本書では、上記の出土状況を石材のキャッシュと考えた。このような状態は、石材の汎用性（flexibility、Kuhn 1992）が高い状態で、Kuhn（1992）によれば、資源の予測可能性が高く、安定して多様な資源開発が可能で、居住地の移動が少ない場合に想定される行動である。このような場合、居住地への原材料の搬入が増加し、多様な石器が作られる。キャッシュの状態としては、石材を多様な石器に変形できるよう、石材の汎用性が高い状態、すなわち、原石に近い状態でキャッシュされると言う。しかし、瀬戸内系石器群・角錐状石器群では、拠点ブロックに多くの原石や分割礫を搬入した痕跡がなく、石材の入手機会・量が限定されていたと考えられることから、石材の汎用性が高い状態でキャッシュして、多様な対応が可能な状態にしておき、同時に石材入手機会・量に合わせて石材消費量を調整できる状態にしたと考えた。つまり、石材入手機会・量が限定された環境への適応手段として、石材のキャッシュを形成し、1 点の石材から複数の石核を得る技術を採用したと考えられる。この点で、クーンモデルとは異なるモデルを想定できるが、磐田原台地の環境に適応するために独自の戦略をとった結果であろう。

　角錐状石器群では石核の製作方法を明らかにできていないが、角錐状尖頭器、複刃厚形削器共に厚みがあり、加工量を想定した大きさのある剥片を必要とすることから、専用の剥片剥離技術が存在した可能性を指摘した。そして、京見塚遺跡で角錐状尖頭器、複刃厚形削器が 13 点出土した背景として、石材入手機会・量に制限があったため、石材入手時に一括製作した可能性を考えた。特定器種に仕上げた状態でのキャッシュは、石材の汎用性が低い状態だが、石材消費の多い器種を一括製作して準備しておくことで、角錐状尖頭器や複刃厚形削器が必要な時に、石材不足でこれらの石器を製作できないリスクを回避するための戦略と評価できる。

　技術組織では、打面形成の際に石材消費量が多くなる瀬戸内概念を適用するにあたって、これを不定形剥片剥離に組み込み、打面と作業面を入れ替える通常の方法で不定形剥片を剥離しながら、瀬戸内概念に必須の山形打面を作り出して横長剥片を剥離することで、石材消費を抑えていたと評価できた。これも石材入手機会・量の限定に対するリスク低減戦略と考えられる。

　石器製作システムでは、角錐状石器群の製作システムで不明な点が多かったが、瀬戸内概念を適用した横長剥片剥離が信頼性システム、不定形剥片剥離が保守性システムのもとで製作されており、これが同一石核から作られていることから、瀬戸内概念を不定形剥片剥離の一環に組み込

むことで、信頼性システムを保守性システムに組み込み、信頼性システム発現の際に生じる石材消費量の増大を抑制していたと評価できる。

道具組織では、狩猟具不足を補完するために、瀬戸内系石器群と角錐状石器群共に同じ道具組織を作り、キャッシュと管理石器を入れ替えるだけで石器の運用を変更しない、したがって、行動を変更せずに済む道具組織を作り上げていたことも、リスク低減戦略の一環と評価できる。

5　最適捕食行動

本書では、食料資源から獲得できるエネルギー量から、その資源獲得に要したエネルギー量を差し引いたエネルギー量を、エネルギー収益量とした。そして、これが最大になる行動を最適捕食行動と考える。あらゆる行動は、このエネルギー収益量が最大になるように計画されると想定して行動評価をする。

エネルギー収益量を大きくするには、食料資源の予測可能性が鍵を握る。食料から得られるエネルギー量は経験上わかっていると考えられるため、食料獲得に要するエネルギー量が予測できれば、エネルギー収益量を計算できるが、獲得エネルギー量を予測するには、資源の分布や獲得機会が予測できなければならない。したがって、資源の予測可能性を高める必要がある。

瀬戸内系石器群の石材運用を見ると、板状剥片や石核の状態、すなわち、石材の汎用性が高い状態でのキャッシュが見られた。特定資源の獲得が事前に予測できていれば、石材の汎用性が低い状態、特定器種に仕上げた状態でのキャッシュが想定されるが、板状剥片や石核の状態でのキャッシュは、石材に汎用性を持たせた状態であることから、あらゆる資源獲得に柔軟に対応できる状態と言うことができる。しかし、その背景には、資源を予測できていなかったことが考えられる。この考えが正しければ、資源の探索時間は増大し、その分、石器製作に要する時間を短縮することになる。石核準備に時間を要する瀬戸内概念が、磐田原台地に定着しなかった1つの要因であろう。あるいは、横長剥片を量産してキャッシュする方法も考えられるが、これまで検討したように、地元石材の堆積岩には火成岩特有の流理構造がないため、瀬戸内概念を適用した横長剥片剥離の連続剥離、量産は不可能であった。そこで、不定形剥片で対応可能な角錐状石器群を量産して背部加工尖頭形石器の不足を補完する手段を選択したと考えられる。

京見塚遺跡における角錐状石器群の量産は、特定資源の獲得を予測した準備と考えることもできるが、その場合、角錐状尖頭器は狩猟具と想定されるだけに、特定資源獲得準備のための量産と考えることができ、集団移動する動物の一括捕獲といった行為を想定することになるが、京見塚遺跡以外では、角錐状尖頭器や複刃厚形削器が単体で搬出されていることから、石器の運用から考えると、角錐状石器群の一括使用という場面は想定できない。やはり、この段階では資源の予測可能性は低かったと考えた方が良い。

この段階に所属する石器群は、第7表と第8表に示したとおりである（p73）。匂坂中遺跡ブロックB15で出土した板状剥片を剥離して不定形剥片石核を製作した個体（第35図、第36図、p97、p98）もこの段階の可能性が高い。これらのうち原石、もしくは分割礫を搬入しているのが、匂坂中遺跡ブロック15と、角錐状石器群を製作したと想定される京見塚遺跡、匂坂中遺跡ブロックA21、広野北遺跡K3-ブロック3の4石器群、石核を搬入している石器群が、広野北遺跡K2-ブロック3の個体番号K2-3F①、匂坂中遺跡ブロックA21の個体番号N213、匂坂中遺跡ブロック

C81 の個体番号 E805、広野遺跡の 4 石器群がある。匂坂中遺跡ブロック B15 の個体番号 S111 は、角錐状尖頭器と複刃厚形削器を含む個体で、石核は出土していないが、不定形剥片の接合資料があるため、石核を搬入して剥片を剥離した可能性が高い。他は搬入の可能性が高い石器群である。

　第 7 表と第 8 表に示した石器群のうち半数近くの石器群で石器製作を行った可能性がある。割合としては高いであろう。このことは、石器群の数が少ないとは言え、集団の頻繁な移動を示していると考えられる。その背景としては、資源予測可能性が低いために集団を移動させて資源探索を行っていたことが考えられる。

　資源探索のために集団が頻繁に移動している点では、フォレイジャーに近い行動が想定できる。これに対して、背部加工尖頭形石器や角錐状尖頭器が単体で搬入された匂坂上 2 遺跡や長者屋敷北遺跡などは、石器製作地点から小規模な集団が派遣されて形成された地点と考えられる。この点では、コレクターに近い行動が想定できる。フォレイジャーは赤道付近、コレクターは極北付近と言う、対照的な環境で観察された行動（Yellen 1977、Binford 1980）で、温帯地域では両者の複合か、独自の行動が見られると想定していた。瀬戸内系石器群・角錐状石器群の場合、フォレイジャーとコレクターを複合した行動のように思えるが、磐田原台地は決して広い台地ではない。沖積層がなかった旧石器時代には、現在よりも台地が広かったことは間違いないが、それでも、全域が日帰り行動圏に入る程度の広さだったと考えられる。このように考えると、この台地内では、かなり小刻みな移動を繰り返していたことが想定され、これまでに知られていない形態の行動をとっていた可能性が出てくる。このことについては、縦長剥片系石器群段階での行動も含めて後述する。

第 3 節　縦長剥片系石器群・不定形剥片系石器群の戦略束

　先に縦長剥片系石器群・不定形剥片系石器群段階の石材・石器の運用を、原石採集〜完成品の搬入まで段階を追って検討した。そして、下記の点を指摘した。
・台地昇降ルートは台地西側の急崖には想定できず、台地北端に限定できる。
・山田原 II 遺跡は台地北端の水源地付近、台地昇降ルート付近といった条件のもとに形成されたと考えられる。
・台地北端から運び上げた原石は山田原 II 遺跡に集積されたと考えられる。
・山田原 II 遺跡に集積された原石は、原石のまま、あるいは分割礫や石核に加工されて搬出されたと想定される。
・破格の石器密度をもつ山田原 II 遺跡は、台地内外行動の拠点であったと評価できる。
・寺谷遺跡や長者屋敷北遺跡などに搬入された原石は、台地外から直接搬入されたのではなく、山田原 II 遺跡に集積された原石を搬入したと考えるのが妥当である。
・縦長剥片を剥離している地点は、縦長剥片剥離専用とも言える地点で、縦長剥片や縦長剥片製石器を量産している。
・縦長剥片剥離地点では、不定形剥片剥離は活発ではない。
・不定形剥片を剥離している地点では、縦長剥片はほとんど剥離されていない。
・不定形剥片剥離地点で出土する縦長剥片はほとんどが搬入である。

第4章　石器群の行動論的評価

・完成品を搬入した地点は200箇所以上あり、中には石核のキャッシュと思われる地点も認められる。

上記では、原石搬入地点、石核搬入地点、完成品搬入地点といった地点の存在を指摘した。各地点の概数は、現在のところ下記の通りである。

原石搬入、縦長剥片剥離地点　　　　　11箇所

原石搬入、不定形剥片剥離地点　　　　10箇所

石核搬入、縦長剥片剥離地点　　　　　36箇所

石核搬入、不定形剥片剥離地点　　　　24箇所

石器搬入地点　　　　　　　　　231箇所

上記のように、原石搬入地点、石核搬入・剥片剥離地点、石器搬入地点の順に地点数が増えている状況から、山田原Ⅱ遺跡を起点として、原石の搬出先、石核の搬出先、完成品の搬出先といった樹枝状の地点構成、地点展開を想定できる。また、縦長剥片と不定形剥片では製作地点が異なること、特に、縦長剥片の剥離地点が限定されていることや、不定形剥片剥離地点では、縦長剥片が剥離されずに、専ら搬入されていることから、縦長剥片の計画的な剥離と管理的な取扱いを指摘できる。同時に、不定形剥片剥離地点も計画的に配置されていたことが考えられる。これらの地点は、原石搬入拠点〜石核搬入地点〜石器搬入地点の往復行動が累積して形成されたものであるから、当然ながら、原石搬入地点にも、石核搬入や完成品搬入が行われていたこと、石核搬入地点にも完成品搬入が行われていたことは、想定する必要がある。

上記の各地点は、各種行動によって連結され、台地全体で行動ネットワークを形成していたと考えられる。そこで次の段階として、各地点が残された戦略的背景を検討する。この時、瀬戸内系石器群・角錐状石器群段階からの行動の継続性については、ブロック重複形成の視点から検討する。

1　縦長剥片系石器群の石材運用の評価

台地北端から台地を降りて天竜川の川原に行き、採集した原石を山田原Ⅱ遺跡に集積した可能性が高いことはすでに指摘した。山田原Ⅱ遺跡内でも、縦長剥片石核や縦長剥片が出土しているが、接合作業が行われていないため、資料を実見した範囲でしか判断できないが、山田原Ⅱ遺跡で縦長剥片石核を製作、縦長剥片を剥離している可能性は高い。したがって、山田原Ⅱ遺跡からの石器の搬出形態は、原石（もしくは分割礫）、石核、剥片、完成品の4種類が想定できる。むしろ、原石や分割礫だけを搬出していたと想定する方に無理があるため、理屈の上でも石核、剥片、完成品での搬出を想定するのが妥当である。

接合資料による限り、各地点に搬入された原石（もしくは分割礫）からは、1点の原石から1点ないし2点の縦長剥片石核を製作することが多い。円礫の一端を除去して打面形成の手がかりを作り、石核製作を始めているものが多い。瀬戸内系石器群段階のように、円礫を輪切りにして石核の素材を得る方法は見られない。1点の原石から1、2点の石核を作っている要因は、縦長剥片石核の場合、直方体あるいは円柱形に近い形状の石核を求めるため、板状石核に比べると、円礫と石核の形状が近いことが考えられる。

剥片剥離の点数は、1点の石核から数点〜10点程度の縦長剥片を剥離する場合が多いが、寺谷

遺跡では20点〜30点の縦長剥片を剥離した例が報告されているように、縦長剥片を剥離する地点では、縦長剥片を量産していると言って良い。そして、縦長剥片を剥離するだけではなく、縦長剥片製石器も製作しており、石核、剥片、完成品と言った形で各地点への搬出に備えていたと考えられる。当然、その地点での使用も念頭に置かれたと考えられるが、完成品搬入地点で出土する縦長剥片製石器よりも、格段に多い量が製作されているため、実際に使用する数を含めて搬出を見込んだ量を製作していると思われる。

このように、縦長剥片石核を搬入した地点では、縦長剥片の剥離を続行し、縦長剥片製石器を製作、縦長剥片、縦長剥片製石器の搬出に備える状況がうかがえた。

以上が、縦長剥片系石器群の石材運用の概要だが、最大の特徴は、特定地点での縦長剥片の量産である。縦長剥片を剥離する地点では、不定形剥片剥離の痕跡が乏しいことから、縦長剥片剥離に特化した地点が形成されていることになる。このことは、縦長剥片の剥離地点は予め限定されており、縦長剥片は特定の地点で計画的に生産されていたことになる。生産が計画的なら、そこからの搬出も計画的に行われていたと考えられる。このような計画性がなければ、縦長剥片の剥離は多くの地点でランダムに発生したと想定される。

2　縦長剥片系石器群の居住地選択

縦長剥片系石器群には、瀬戸内系石器群や角錐状石器群が混ざるものがある。従来は、このような石器群は縦長剥片系石器群の存在よりも、瀬戸内系石器群、角錐状石器群の存在を重視して、編年上の位置を決めてきた。これに対して筆者は、時期の異なるブロックが、同一地点に重複して形成されているという見解を示したことがある（富樫2012a）。これは、回帰行動の結果、同一地点に石器が累積していくという短期間でのブロック形成ではなく、編年上の時期が異なるブロックが、同一地点で重複して形成されたと言う考えである。これは突飛な発想ではなく、地層の堆積状況の良くない磐田原台地では、一度形成されたブロックが長期間埋まらずに地表に露出していたのが現実と考えられる。そして、このような地点は、後の時期にここを訪れた集団にとっては、居住地点選択の基準になったと考えられる。磐田原台地では、瀬戸内系石器群と角錐状石器群の純粋なブロックは存在せず、必ず縦長剥片系石器群を伴っていることから、これを従来通り、同一ブロック＝同時期と考えると、瀬戸内系石器群、角錐状石器群と縦長剥片系石器群が同一時期になる。関東地方の編年に当てはめると、武蔵野ローム層のⅤ層〜Ⅳ層下部の石器群とⅣ層上部の石器群が同一時期になるという矛盾が複数個所で発生する。この矛盾の原因は、同一ブロック＝同時期という前提にあると考えられ、ここに異時期ブロックの重複形成を想定した。

縦長剥片系石器群の視点で考えると、前段階に形成された瀬戸内系石器群、角錐状石器群のブロックが埋没せずに地表に露出していた場合、石器が散乱している状況を想定できる。後の段階に、ここを訪れた集団が居住地点を選択する場合、目の前に石器が散乱している場所を選んだことは容易に想定できる（Binford 1983）。むしろ、石器が散乱している場所を無視して他の場所を居住地に選ぶ方が不自然であろう。瀬戸内系石器群や角錐状石器群の石器を縦長剥片系石器群段階の集団が再利用した「遺跡あさり（scavenge、Binford 1983）」が実際に行われたかどうかの検討は今後の課題だが、瀬戸内系石器群・角錐状石器群のブロックが、例外なく縦長剥片系石器群を伴っている現状からは、縦長剥片系石器群段階の集団が、前段階に残されたブロックが地表面に

第4章　石器群の行動論的評価

露出している地点を居住地として選択したと考えるのが妥当であろう。

　なお、「遺跡あさり」が想定される実例としては、筆者が報告した向田A遺跡における文化層をまたいだ複数の接合と個体の共有をあげることができる（富樫2007）。

3　不定形剥片系石器群の石材運用の評価

　不定形剥片系石器群の石材運用も縦長剥片系石器群と同様で、原石は山田原Ⅱ遺跡に集積されたものを搬出していたと思われる。原石を搬入して不定形剥片を剥離している高見丘Ⅲ遺跡のエリア3では、接合資料から確認できる原石搬入数は3点程度だが、自然面が残る剥片の量などから、10点程度の原石が搬入されたと推定できる。高見丘Ⅰ遺跡エリアD3のブロックS1や広野北K3-ブロック2、ブロック11などに搬入された原石の数は、接合資料から確認できるのは1点である。当然、これ以外にも原石は搬入されたと思われるが、それでも数点程度と思われる。これに対して、山田原Ⅱ遺跡に搬入された原石数は数十点のレベルで、他の遺跡とは各段の差がある。山田原Ⅱ遺跡では、縦長剥片以外に不定形剥片も剥離しており、台地内では唯一、縦長剥片系石器群と不定形剥片系石器群の両者が同一地点で製作されている。両者は遺跡内でブロック単位で分かれるかもしれないが、整理作業が未完のため、実態の解明には相当な時間を要する。

　山田原Ⅱ遺跡以外では、搬入された原石が数点程度で、この程度の原石を天竜川から直接搬入することは非効率的である。このように考えると、やはり、不定形剥片系石器群でも、山田原Ⅱ遺跡に集積した原石を搬入したと考えるのが妥当である。原石や石核を搬入して不定形剥片を剥離した場所では、縦長剥片は剥離されず、専ら搬入であったことを考えると、不定形剥片の剥離地点も予め計画的に配置されていたと考えられる。

4　縦長剥片系石器群の石器運用の実態

　ここでは、縦長剥片と縦長剥片製の背部加工尖頭形石器に注目する。縦長剥片はしばしばブロック内に搬入されている場合があり、縦長剥片が地点間を移動していることを示すと考えられる。また、縦長剥片製の背部加工尖頭形石器は狩猟具と考えられるため、狩猟社会における石器運用の実態を最もよく表すと考えられる。

　縦長剥片が特定の地点で量産されていることは先に指摘した。この地点では、縦長剥片を剥離しているだけでなく、縦長剥片製の背部加工尖頭形石器も量産している。単独個体の場合は、縦長剥片量産地点とは言え、完成品での搬入を考えなければならないが、それでも縦長剥片を特定の地点で量産している実態に変わりはない。背部加工尖頭形石器を1回の狩猟でどの程度の数使用していたのかは不明だが、完成品搬入地点で出土する背部加工尖頭形石器は1〜2点程度であることから、5点〜10点と言った数の背部加工尖頭形石器を同時に使用する場面は想定し難い。

　したがって、縦長剥片剥離地点における背部加工尖頭形石器の量産は、通常の使用数を超えた数を製作していると考えられる。寺谷遺跡では、表面採集資料を除くと162点の「ナイフ形石器」が出土している。これらのうち、縦長剥片を斜めに切断した形態のものと、欠損のため形態分類が難しいものを除き、背部加工尖頭形石器に分類できる石器が70点程ある。寺谷遺跡で認識された個体別資料は126個体で、そのうち背部加工尖頭形石器を含む個体が30個体ある。当時の縦長剥片製石器の製作では、背部加工尖頭形石器の製作に主力が置かれていたと考えると、背部

加工尖頭形石器を含まない個体でも、背部加工尖頭形石器が製作されていたと考えられる。したがって、個体認識された126個体中、背部加工尖頭形石器を含まない96個体の多くの個体で、背部加工尖頭形石器が製作されていたと考えられる。このように考えると、数十点レベルの背部加工尖頭形石器が製作、搬出されたと推定される。これは縦長剥片や石核でも同様の状況が想定できるため、寺谷遺跡の縦長剥片とその石核の実数を推定して、搬出の実態を検討する。

　ⅰ　寺谷遺跡の石器数

　　石核　80点

　　剥片　2,962点（目的剥片273点、非目的2,689点）……石核1点あたり平均37点の剥片を剥離

　ⅱ　個体番号S62の接合資料から想定される石核1点あたりの剥片剥離数

　　最低35点（調整剥片を含む）←これを石核1点あたりの剥片剥離枚数の標準と仮定する。

　ⅲ　寺谷遺跡の剥片数から推定する石核数

　　（273+2689）÷ 35 ≒ 85点

　石核の出土数と剥片から推定した石核数が近似値を示している。石核と剥片がすべて搬入も搬出もされずに残っていれば、このようになるが、それはあり得ないため、単純に考えれば、石核と剥片の増加数と石核と剥片の搬出数がほぼ釣り合っていたことになる。しかし、石核調整剥片のような不要な剥片が搬出されたとは考えにくい。搬出されたのは縦長剥片、寺谷遺跡の報告書で言う「目的剥片」だったと考えられる。

　そこで、縦長剥片搬出の実態を検討する。接合資料から想定される石核1点あたりの縦長剥片剥離数は、平均で16.8点≒17点である。寺谷遺跡に残された縦長剥片（目的剥片）は273点、石核は80点出土しているから、273 ÷ 80 = 3.4点で、石核1点から17点の縦長剥片を剥離したとしても、13〜14点程度は遺跡内に残っていない、つまり、搬出されたことになる。この計算は、あくまでも寺谷遺跡における石器の搬出入が停止し、石器数が確定した後の結果論である。寺谷遺跡が居住地として機能していた頃は、石核、縦長剥片とも数量は常に変動していたため、搬出入数量を見積もることは容易ではない。ただ、少なくとも上記の計算から、剥離された縦長剥片の半分以上が搬出されたことは指摘して良いであろう。

　このように、原石搬入地点では多数の縦長剥片が剥離され、背部加工尖頭形石器が製作され、それらのうち相当数が、石核とともに搬出されていたと考えられる。そして、これらの最初の搬出先と考えられるのが縦長剥片搬入地点であり、その先の搬出先と考えられるのが、完成品の搬入地点である。

　縦長剥片石核を搬入した地点として、本書では高見丘Ⅲ遺跡のブロック4を取り上げた。このブロックでも石器搬出の実態を検討する。

　ⅰ　高見丘Ⅲ遺跡ブロック4の石器数

　　石核24点

　　剥片462点……石核1点あたり19.3点の剥片

　　縦長剥片49点（長さ／幅＝2.0以上を縦長剥片と仮定）

　ⅱ　搬入石核1点あたりの縦長剥片剥離数

　　5点（第46図、p119の接合資料2による）←これを標準剥離枚数と仮定する。

　ⅲ　高見丘Ⅲ遺跡ブロック4で剥離された縦長剥片数

第4章　石器群の行動論的評価

　　石核 24 点× 5 点＝ 120 点

　出土した石核から推定した縦長剥片数は 120 点、実際に出土した縦長剥片は 49 点であるから、半分以上の縦長剥片が搬出されたと想定される。

　縦長剥片搬出について、別の想定をすると、出土した縦長剥片数 49 点÷石核点数 24 点≒ 2.0 点で、搬入した石核 1 点あたり 2 点の縦長剥片しか剥離していないことになる。しかし、このブロックで得られた接合資料から、活発な縦長剥片剥離が想定されるため、1 点の石核からもっと多くの縦長剥片が剥離されたと考えた方が良い。

　このように、このブロックでも剥離された縦長剥片の半分以上は搬出されたと考えられる。縦長剥片石核についても、縦長剥片を示す接合資料に石核を欠くものがあることから、縦長剥片石核も搬出されていることは間違いない。

5　不定形剥片系石器群の石器運用

　不定形剥片系石器群の場合、縦長剥片系石器群に比べると接合が難しい場合が多いため、良好な接合資料が少ない。そのため、接合資料から石器の搬入と搬出を推定することが難しい。そこで、遺跡に残された石器点数の集計から、搬入と搬出の実態を検討する。

　原石を搬入して不定形剥片を剥離している例として、高見丘Ⅲ遺跡のエリア 3 を取り上げる。ここでは、石核 51 点、剥片 1,177 点が出土している。剥片に対する石核の割合は 4.3％で、石核 1 点あたりの剥片数は 23.1 点となる。この数字を評価するために、比較資料を検討する。

　原石 1 点から不定形剥片を剥離し、ほぼ全点が接合して原石に近い状態の戻った接合資料として、磐田原台地ではないが、静岡県愛鷹山麓にある的場遺跡の資料を取り上げる（第 59 図）。これは AT 下位の地層で出土した資料だが、不定形剥片剥離の方法は、時期を超えて変化が少ないと考えられるため、比較対象として取り上げても良いであろう。これは 3 点の石核（1〜3）と 32 点の不定形剥片（代表例として 4、5）、1 点のスクレイパーが接合して原石に近い状態まで戻った例である。図中にトーンで示したように欠落部分もあるが、自然面を除去した部分と考えられる。多くの剥片が接合した割には、加工した石器がスクレイパーの 1 点しかないが、微細な剥離のある剥片があることから、これらの不定形剥片が道具とするなら、そのまま使われたと考えられる。

　石核 3 点と剥片 32 点が接合しているのであるから、石核 1 点あたり 10.7 点の剥片が剥離されたことになる。これを 1 つの例として、高見丘Ⅲ遺跡エリア 3 に存在した石核数を推定する。

　ⅰ 高見丘Ⅲ遺跡エリア 3 の石器数

　　石核　51 点

　　剥片 1,177 点……石核 1 点あたり 23.1 点の剥片

　ⅱ 的場遺跡の接合資料（第 59 図）

　　石核 3 点

　　剥片 32 点……石核 1 点あたり 10.7 点←これを不定形剥片剥離枚数の標準例と仮定する。

　ⅲ 高見丘Ⅲ遺跡エリア 3 の剥片数から推定する石核数

　　1,177 ÷ 10.7 ≒ 110 点……残存剥片数から推定した石核数→実際に残っていたのは 51 点、その差 59 点の石核は搬出されたと想定できる。

第3節　縦長剥片系石器群・不定形剥片系石器群の戦略束

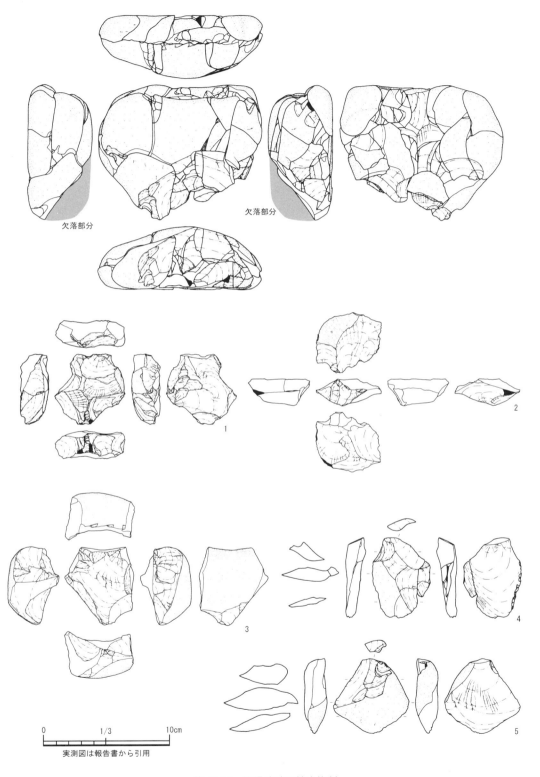

第59図　的場遺跡の接合資料

第4章　石器群の行動論的評価

　上記は、剥離された剥片がすべて残っていたと仮定した場合の計算で、現実には搬出された剥片も想定できることから、実際には 1,177 点以上の剥片が剥離されたと考えられる。仮に 1,200 点の剥片が剥離されていたと仮定すれば、1,200 ÷ 10.7 ≒ 112 点の石核が存在したことになり、実際に出土した石核 51 点の 2.2 倍の石核があったことになる。と言うことは、石核の半分が搬出されたことになる。石核の数が多い感があるが、この原因は、不定形剥片が搬出されたと言う想定と、不定形剥片石核から平均 10.7 点の剥片が剥離されたと言う仮定にある。実際には、不定形剥片はあまり搬出されていなかったのと、1 点の石核から 10.7 点以上の剥片が剥離されていたと思われる。エリア 3 の石核数と剥片数から算出した、石核 1 点あたり 23.1 点の不定形剥片を剥離したと考える方が実態に近いのであろう。このことはエリア 3 の中心部、最も石器が濃密で「ブロック 12」として報告した部分では、より顕著になる。

　「ブロック 12」では石核 7 点、剥片 434 点が出土しており、石核 1 点あたりの剥片数は 62 点になる。これは的場遺跡の約 5.7 倍の値である。単純に 5.7 倍の数の石核が存在したと言うことにはならないが、少なくとも「ブロック 12」に搬入された、もしくはここで製作された石核の多くは剥片剥離後に搬出されたことになる。剥片については、縦長剥片の場合は、剥離された縦長剥片のうち半分以上は搬出されていると見積もった。不定形剥片の場合は有用剥片と不要剥片の区別が難しいが、不要剥片は少ないと考えられるため、多くの剥片は何らかの目的で使用可能な有用剥片と考えられる。そこで、縦長剥片と同様に半分以上が搬出された場合を想定した場合の石核数を推定すると、不定形剥片系石器群の特徴的な一面が浮かび上がる。

　剥離された不定形剥片の半分が搬出されたと仮定すると、高見丘Ⅲ遺跡エリア 3 には実際に出土した剥片 1,177 点の 2 倍、2,354 点の剥片が本来存在したことになる。この場合、2,354 ÷ 10.7 ≒ 220 点の石核の存在が想定される。ブロック 12 の場合、実際に出土した剥片 434 点の 2 倍、868 点の剥片が剥離されたと推定すると、868 ÷ 10.7 ≒ 81 点の石核が存在したことになる。いずれの場合でも石核数が余りに多すぎる感がある。その原因は、不定形剥片の半分が搬出されたと言う前提が間違っているからであって、不定形剥片は縦長剥片ほどには搬出されていなかったと考えるのが妥当である。

　上記の検討から、不定形剥片系石器群の特徴は、石核が搬出されて剥片が残ることと考えられる。この点で、石核と剥片の両方が移動していた縦長剥片系石器群とは、石器の運用が大きく異なると考えられる。ここに、縦長剥片系石器群の管理的運用と不定形剥片系石器群の便宜的運用と言う対照的な特徴が浮かび上がる。

6　技術組織

　この段階では、縦長剥片剥離技術と不定形剥片剥離技術の二極構造が成立しており、この 2 つが技術組織を構成している。両者は製作場所と製作個体が分かれており、縦長剥片を剥離している地点では、不定形剥片はほとんど剥離されていない。逆に不定形剥片を剥離している地点では、縦長剥片は搬入されているものの剥離はされていない。先に検討したように、縦長剥片は特定の箇所で量産され、剥離された縦長剥片の半分以上が搬出されていたと推定された。地点の構成としては、縦長剥片剥離を限定的に行う地点、不定形剥片を剥離する地点、完成品を搬入した地点の 3 種類があり、地点数は、完成品搬入地点が圧倒的に多い。

172

技術の選択も地点構成に現れており、縦長剥片剥離地点では、専ら縦長剥片剥離技術が選択され、不定形剥片剥離地点では、専ら不定形剥片剥離技術が選択されている。両者が均等に選択される地点は、山田原Ⅱ遺跡を除くとほとんどない。また、縦長剥片石核の剥離が進んで不定形剥片石核に転用されることはあるが、不定形剥片石核が、縦長剥片石核に転用されることはない。このように、縦長剥片剥離技術と不定形剥片剥離技術の選択と発現地点は明確に分かれている。縦長剥片を剥離する地点、不定形剥片を剥離する地点、そして、完成品を搬入する地点が計画的に配置されていたと考えられる。

7　石器製作システム

瀬戸内系石器群・角錐状石器群と同様、Bleed（1986）による評価項目ごとに評価する。

（1）石材消費効率

一般に縦長剥片剥離技術の場合、石核の調整や打面再生の際に不要剥片が剥離されるため、そのような作業が不要な不定形剥片剥離技術に比べて、石材の消費効率が劣るとされている。

磐田原台地内で、原石に近い状態まで戻った接合資料はいくつかあるが、完全に原石に戻った資料はないため、原石ではなく、自然面を除去するなど調整した石核素材を搬入していると考えられる。この調整は、原石採集地の天竜川の川原か、最初に石材を搬入した山田原Ⅱ遺跡で行ったと考えるのが妥当である。このように、原石調整段階は、石材原産地か石材集積地で行ったと考えられ、石材消費地には調整済の石核を搬入していると考えれば、調整段階の石材消費効率は考慮せずに、調整後の石材消費を考えれば良いことになる。その結果、石材消費効率は向上すると想定される。

先に検討したように、縦長剥片の多くは搬出されたと考えられるため、縦長剥片剥離時の石材消費効率を具体的に検討できる資料は少ないが、ここでは２つの事例を紹介する。

事例１　高見丘Ⅰ遺跡　個体番号 D26（第 60 図上段）

　搬入形態：調整済の石核

　資料内訳：石核２点、縦長剥片４点、その他の剥片３点

事例２　寺谷遺跡の個体番号 S62（第 60 図下段）

　搬入形態：調整済の石核

　資料内訳：石核１点、稜付縦長剥片１点、縦長剥片約 30 点（想定）、打面再生剥片４点

いずれも不要剥片が少なく、石材の消費効率は良好と言える。先に原石の状態に戻った接合資料がないことを指摘したように、原石採集地か、石材を集積した山田原Ⅱ遺跡で不要部分を除去した後に石材消費地に搬入していると考えられるため、このような結果になっていると思われる。

しかし、接合資料が出土した地点で石核調整を行っていないから、不要剥片が少なく、石材の消費効率が良く見えるのであって、原石から石核を作る段階で不要な剥片が出たことは間違いない。その作業を石材採集地で行うか、石材消費地で行うかの違いであって、石核製作を石材採集地か石材集積地で行えば、剥離事故による石材損失のリスクを減らすことができると考えられる。したがって、縦長剥片剥離技術の石材消費効率を工程全体で考えると、接合資料からうかがえるほどに良好ではなく、不要部分の除去を石材採集地か石材集積地で行うことによって、剥離事故発生時の石材損失リスクを低減させていたのが実態と考えられる。

第 4 章 石器群の行動論的評価

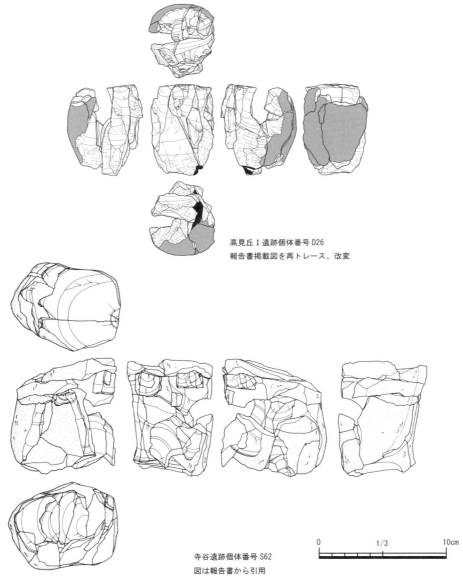

高見丘 I 遺跡個体番号 D26
報告書掲載図を再トレース、改変

寺谷遺跡個体番号 S62
図は報告書から引用

第 60 図　調整済石核の搬入を示す接合資料

　不定形剥片剥離の場合、有用剥片と不要剥片の区別が難しいが、一般には石核調整が簡易なため、不要剥片は少ないと考えられている。実例として、高見丘Ⅳ遺跡の不定形剥片石核を含む接合資料（第 61 図）を検討する。これは円礫を素材にしており、平坦な自然面を打面にして、打面を後退させながら不定形剥片を剥離している。1 点目の剥片（1）は、全く石核調整をせずに剥離されている。続く剥片（2、3）も、石核を調整しないま連続して剥離されている。この接合資料を見る限りでは、石核調整による不要剥片は剥離されていない。強いて言えば 1 点目の剥片（1）が自然面を大きく残しているため、これが自然面除去を目的とした剥片ならば、1 点目に剥離した剥片だけが不要剥片と言うことになる。

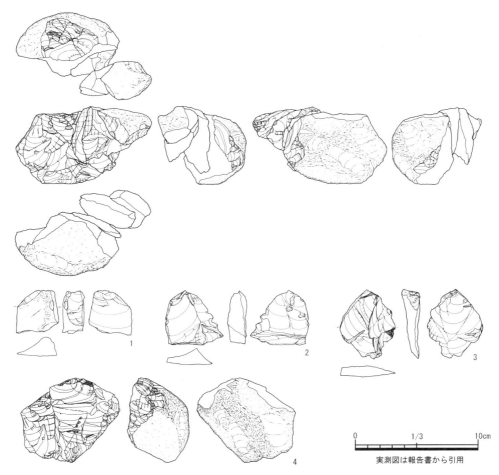

第 61 図　高見丘Ⅳ遺跡の不定形剥片剥離を示す接合資料

　匂坂中遺跡ブロック C79（第 49 図、p125）、ブロック C78（第 50 図、p127）に集積された不定形剥片石核は、すでに石核の形成を終えて剥片剥離を開始したものもあり、叩石も添えてあるため、いつでも剥片剥離を続行できる状態になっている。本書ではこれをキャッシュと考えたが、この考えが正しければ、すぐに剥片剥離を開始できる状態で置いてあることになる。

　これらの石核の製作段階では、多少の不要剥片は出たかもしれないが、多くの石核は自然面が多く残っていることから、やはり調整剥片は少なかったと推定される。したがって、不定形剥片剥離では、不要剥片は非常に少なかったと考えられる。

　的場遺跡の接合資料（第 59 図、p171）も、剥離された不定形剥片 1 点がスクレイパーに加工され、1 点に使用痕と思われる微細な剥離がある以外、ほとんどは使用の痕跡がない。白く風化する石材のため、微細な剥離が観察できないだけかもしれないが、30 点以上の不定形剥片を剥離して、2 点しか使わなかったはずはない。やはり、これだけの不定形剥片を剥離した目的は、便宜石器の供与と考えるのが妥当である。

　以上のように、不定形剥片剥離は不要剥片が少なく、多くは便宜石器として使われたと考えられる点で、石材消費効率は良好と考えられる。

第 4 章　石器群の行動論的評価

（2）システム強度

　縦長剥片剥離の場合、定型剥片を連続剥離するために、打面管理、打面と作業面のリッジ管理（Whittaker 1994）など、石核を管理するための技術がシステム化されている。剥離事故によるシステム停止を回避するために、打面再生、90度、180度の打面転移などの措置がとられることは、接合資料から容易に知ることができる。

　縦長剥片剥離のシステム強度を示す接合資料を紹介する（第62図、第63図）。これは高見丘Ⅰ遺跡で出土したもので、分割礫を素材にして縦長剥片を剥離したことを示す接合資料である。特に打面転移と再生に注目して工程を追う。この資料は剥離工程を前半と後半に分けることができ、前半と後半で打面管理の方法が大きく異なっている。

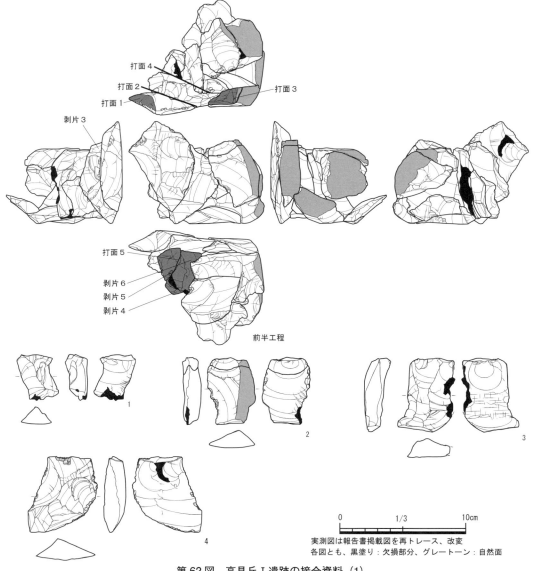

第 62 図　高見丘Ⅰ遺跡の接合資料（1）

図中の打面1、打面2と言った表記は使用した打面の順番になっている。
前半工程
　打面1で剥片剥離
　打面を90度転移して打面2で剥片剥離
　打面を90度転移して打面3で剥片剥離
　打面を90度転移して打面4で剥片剥離
　打面を90度転移して打面5で剥片剥離

前半工程では90度の打面転移を繰り返していることがわかる。この資料では180度の打面転移はないが、縦長剥片を剥離する場合は、打面転移を繰り返すにしても90度か180度以外に方法がないことを示している。この点でシステム強度の強さがうかがえる。

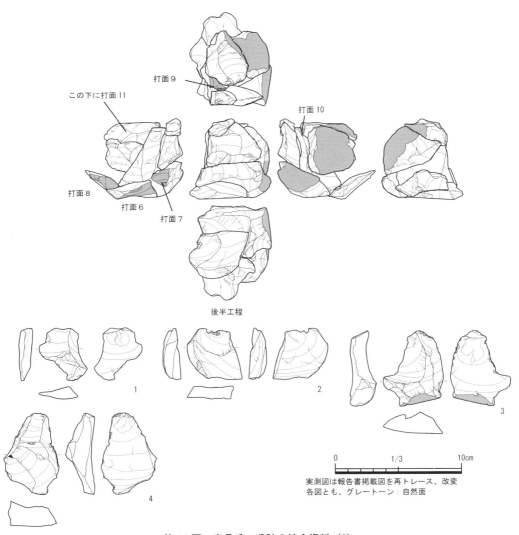

第63図　高見丘I遺跡の接合資料（2）

第4章　石器群の行動論的評価

　　後半工程

　　　　打面6で剥片剥離

　　　　打面再生で打面7を作成、剥片剥離

　　　　打面再生で打面8を作成、剥片剥離

　　　　打面を90度転移して打面3に戻って剥片剥離

　　　　打面再生で打面9を作成、剥片剥離

　　　　打面を90度転移して打面10で剥片剥離

　　　　打面10での剥片剥離によって打面11が作られ、打面11で剥片剥離

　後半工程では90度の打面転移も見られるが、主に打面再生によって打面を管理していることがわかる。打面転移を頻繁に繰り返した前半工程とは、剥片剥離の方法が大きく異なっているうえに、前半工程では縦長剥片（第62図-1～4）を剥離できているのに対して、後半工程では縦長剥片剥離を意図しているようだが、幅広の剥片（第63図-1～4）が剥離されている。これは打面再生によって、石核の高さが低くなり、縦長剥片を剥離しにくくなったためと思われる。

　このように、前半工程と後半工程では打面管理の方法と剥離された剥片の形状が大きく異なっていることから、工程によって製作者が異なる可能性が考えられる。そして、製作者が変わった場合でも、縦長剥片を剥離するためには、打面管理の方法は90度か180度の転移、もしくは再生のどちらかが選択されている。言い換えれば、打面管理においては、選択肢が転移か再生の2つしかないと言うこともできる。この点で縦長剥片剥離技術のシステムの強さがうかがえる。

　不定形剥片剥離のシステム強度は前段階と変わらないと考えられる。説明の重複を避けるため、要点を記すと、石核の状態に応じて打面と作業面の位置を選択できるため、剥片剥離方法を規制する条件が少ない分、システム強度は弱い、あるいは柔軟なシステムと評価することができる。

（3）構成属性

　縦長剥片剥離の場合は、第62図と第63図にあげた接合資料で、打面転移と打面再生を繰り返しながら縦長剥片、あるいは、縦長に近い幅広剥片を剥離していることから、打面管理の重要性がうかがえる。また、打面転移・再生の目的は打面の状況改善だけでなく、打面と作業面の角度調整（リッジ管理、Whittaker 1994）の目的もあると考えられることから、縦長剥片剥離では、打面の状態、打面と作業面の角度が重要な構成属性になると評価できる。

　不定形剥片剥離の構成属性は前段階と変わらないであろう。要点だけ記すと、打面と作業面の区別が明確ではなく、石核の状況に応じて打面と作業面、打撃角度を自在に変更できることから、石核形態、打面、作業面、打撃角度と言った状況に応じて変化する属性によってシステムが構成されていたと考えられる。

（4）難易度

　縦長剥片剥離技術はシステム強度が強く、構成属性が明確なため、熟練が必要で難易度が高いことは容易に考えられる。そこで、縦長剥片剥離の難易度の一例として、打面管理の状況を示す接合資料を検討する（第64図、第65図）。

　第64図の資料は広野北遺跡K2-ブロック19を中心に出土したもので、調整石核搬入の段階から作業が始まる。この接合資料では、打面再生後の石核高さの変化に注目する。上設打面の再生後に幅広の縦長剥片（1）を剥離し、その後、下設打面を再生している。この時、石核を水平

に輪切りにするように、打面再生剥片を剥離できれば良いが、この接合資料では、下設打面の再生剥片が石核を斜め切りするように剥離されている。そのため、石核の高さは当初は7cm程あったが、下設打面の再生後は、剥片剥離の進行に伴って石核の高さが低くなっていき、高さが4cm程に縮小したところで、剥片剥離をやめている。最後に残った石核の作業面の剥離痕を見ると、最終段階では縦長剥片は剥離されていない。剥離の進行に伴って石核の高さが低くなったため、縦長剥片が、次第に幅広の剥片に変化したことがうかがえる。図中のトーン部分を埋める剥片は搬出されており、その数は報告書の記載にある通り10点前後と見積もられる。おそらく、縦長剥片として有用だったために搬出したのであろう。

寺谷遺跡の個体番号S25（第65図）は、石核が搬出されているが、打面再生を含めた剥片剥離の工程を追跡できる。打面再生の際、石核を水平に輪切りにしているため、打面を再生した分だ

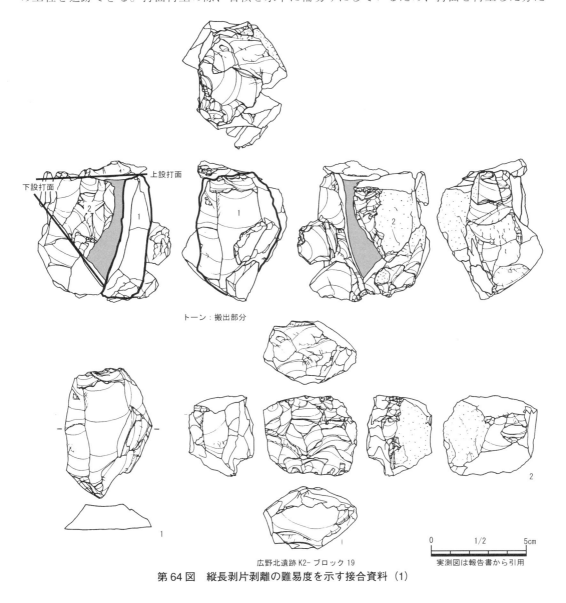

広野北遺跡 K2-ブロック 19

第64図　縦長剥片剥離の難易度を示す接合資料（1）

第4章　石器群の行動論的評価

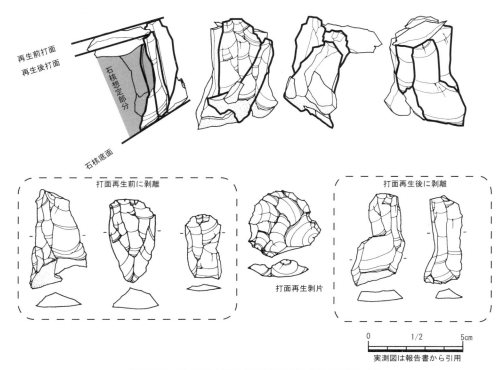

第65図　縦長剥片剥離の難易度を示す接合資料（2）

け石核の高さは減っているが、剥片剥離が進行しても石核の高さは減らないようになっている。このまま剥片剥離が進行したとすれば、石核が薄くなって縦長剥片剥離が不可能になるまで、剥片剥離を続けることができたと想定される。

　両接合資料の違いは、打面再生の方法にある。広野北遺跡の資料では、打面再生の際、石核を斜め切りにしているため、剥片剥離の進行に伴って石核の高さが減っていき、当初は縦長剥片を剥離できていたものが、次第に幅広の剥片に移行するようになっている。これに対して寺谷遺跡の資料では、石核を水平に輪切りにしているため、剥片剥離が進行しても石核の高さは減らないようになっている。この差は、縦長剥片の剥離枚数の違いとして表れており、広野北遺跡の例では、搬出された縦長剥片を含めて10点前後の剥片が剥離されたと推定されるのに対して、寺谷遺跡の例では25点以上の縦長剥片が剥離されたと推定されている。打面再生時の1点の剥離が、縦長剥片剥離の生産性を左右することを示す例である。これは縦長剥片剥離の難易度を示す一例だが、打面再生一つをとっても石核の状態が変化し、縦長剥片の生産性が変わってくることがわかる。縦長剥片の生産性を左右する条件は他にも、石材の質や石核の大きさ、打面と作業面の角度、作業面の状態など多くの条件が想定できる。

　これに対して、不定形剥片剥離は実例を示すまでもなく、打面再生と言う工程がなく、打面と作業面の区別も縦長剥片剥離に比べると厳密ではない。打面と作業面の角度が鈍角では剥片剥離が困難なため、できるだけ鋭角になるように管理すれば、あとは石核の状態に応じて打面と作業面を選択できるため、剥片剥離が容易という解釈は楽観的すぎるかもしれないが、状況に応じて剥片剥離の方法を変えられる点で、縦長剥片剥離よりも難易度は低いと言える。

（5）障害対策・危機管理

　縦長剥片剥離における障害対策と危機管理は2つの方法が考えられる。1つは剥片剥離時における剥離事故対策と事故が起こった場合の復旧、もう1つは予備石核によるバックアップである。打面転移と打面再生は剥離事故対策と復旧の一例だが、磐田原台地での特徴は、山田原II遺跡への石材の集積と、特定地点における縦長剥片石核と縦長剥片、縦長剥片製背部加工尖頭形石器の量産がある。石材の集積は二次原産地の形成であり、台地を降りることなく石材の補給が可能になる。縦長剥片の量産は寺谷遺跡や匂坂中遺跡ブロックB16、B18が典型例で、寺谷遺跡の接合資料から想定されるように、1つの個体で10点～30点といった縦長剥片を剥離し、多くの石核や縦長剥片を搬出する一方、縦長剥片の剥離が可能な石核や縦長剥片、縦長剥片製背部加工尖頭形石器が多数残されている。これらの地点は、拠点回帰地点であるために石器が蓄積されたことも考えられるが、石材の集積や縦長剥片石核、縦長剥片といった特定器種に偏った器種構成は、通常生活の痕跡と言うよりも、特定器種の量産・キャッシュの地点と考えた方が良い。集積やキャッシュの目的は欠乏対策と考えられ、目前の天竜川で石材を採集できるとは言え、地形的制約から、石材採集機会・量が限定されていた環境が背景に想定される。また、キャッシュが形成された背景には計画的回帰行動がうかがえる。

（6）許容能力

　石材重量に占める有用剥片の重量がわかれば、石材の許容能力を定量的に示すことができる。そのためには、石器の接合図と石器の属性表（個別重量、個体別分類、接合番号など）が必要である。しかし、石器の個別重量まで公表した遺跡が高見丘III・IV遺跡（富樫1998）しかないため、これを例にとって検討したいところだが、高見丘III・IV遺跡は、原石、もしくは分割礫を搬入した地点がないため、縦長剥片剥離における石材の許容能力は検討できない。したがって、現状では十分な資料が存在しながら、石材の許容能力の検討が非常に困難と言うことになる。

　そこで、縦長剥片剥離に関する良好な接合資料が報告されている寺谷遺跡の資料から、石材の許容能力の検討を試みる。石器の属性表は公表されているが、重量までは計測してないため、接合資料から推定される剥離された剥片の概数と、そのうちに占める縦長剥片の概数を列記する。これには接合資料に含まれる剥片以外に、搬出された剥片や原石からの調整段階で剥離された剥片も含んでいる。つまり、原石から各接合資料の状態になるまでに剥離された剥片の点数をできる限り推定した数字である。したがって、推定可能な最低剥片数と考えて良い。なお、細部調整に伴う砕片の数は推定不可能のため、記載していない。

　個体別資料S14　剥片12点（縦長剥片6点）
　個体別資料S24　剥片21点（縦長剥片10点）
　個体別資料S31　剥片30点（縦長剥片15点）
　個体別資料S46　剥片23点（縦長剥片8点）
　個体別資料S25　剥片30点（縦長剥片25点）
　個体別資料S17　剥片36点（縦長剥片25点）
　個体別資料S62　剥片42点（縦長剥片30点）

　個体別資料S46以外は、推定剥片数の半分から半分以上を縦長剥片が占めている。推定剥片数以外に、接合資料からは推定不可能な剥片もあるため、原石～縦長剥片剥離の段階で剥離された

剥片の半分弱が、縦長剥片と見積もっておけば大方間違いはないと思われる。

不定形剥片剥離では、わずかながら高見丘Ⅲ・Ⅳ遺跡のデータから検討可能である。一例として高見丘Ⅳ遺跡で出土した接合資料を示す（第66図）。これは剥片3点（1~3）と石核5点（4,5他）が接合したもので、原石に近い状態まで戻っている。これ以外に接合しない同一個体の剥片が4点ある。接合しない剥片も含めると総重量は623.17gである。内訳は石核が530.69g、剥片が92.48gである。残っているのは原石の3/4程度と推定されることから、原石の重さは623.17g×4/3=830.89gと推定される。残っていない部分（図中トーン）は自然面を除去した後、数点の剥片を剥離した部分と想定されることから、図中トーン部分の想定重量830.89g-623.17g=207.72gのうち、1/4が自然面を除去した剥片と仮定し、207.72g×1/4=51.93gが不要剥片で残りの155.79gを有用剥片と見積もっておく。接合資料に含まれる剥片（1~3）と接合しない同一個体の剥片のうち、最低重量1.45gの剥片が楔形石器に転用されていることから、それ以上の重量のある剥片は、すべて何らかの作業に使われた有用剥片と仮定すると、剥片総重量92.48gに、遺跡内に残っていない部分（図中トーン部分）のうち、有用剥片と仮定した155.79gを加えた248.27gが有用剥片と言うことになる。これは総剥片重量300.2gのうち82.7%を占める。すわなち、剥離された剥片のうち8割強が有用剥片と見積もることができる。

有用剥片の割合は、自然面除去の際に生じた不要剥片をどの程度見積もるかによって変わってくるのと、この接合資料では、石核数に対して剥片数が少ない特徴があり、有用剥片の割合を見積もりにくい。したがって、全剥片のうち82.7%が有用剥片を言う数字をそのまま信用することはできないが、不定形剥片剥離では不要剥片が少なく、多くの剥片が有用剥片になったことは指摘して良いであろう。

縦長剥片剥離では、剥離された剥片の半分弱が有用剥片であると推定し、不定形剥片剥離では、剥離された剥片の8割程度が有用剥片になったと推定した。これは個別資料に基づく見積もりで、どの程度一般化できるかは、さらなる検討が必要だが、縦長剥片剥離では石核の許容能力が低く、不定形剥片剥離では石核の許容能力が高いと言うことは指摘できるであろう。

(7) 部分的動作

縦長剥片剥離技術は、打面作出、打面管理、打面と作業面の角度管理と言った主要属性がすべて連動しているため、すべての属性が整備されないと縦長剥片を剥離できないが、いずれの属性に障害が起こっても、打面再生や打面転移と言ったパターン化された技術で復旧が可能である。剥離事故としては、衝撃が途中で急激に石核の外に抜けることによって生じる階段状剥離や、石核の下面を取り込んで剥離するウートラパッセなどがあるが、いずれもパターン化された事故のため、打面転移による階段状剥離部分の撤去や打面再生といった復旧パターンも確立していたと考えられる。

不定形剥片を剥離する場合は、石核の形態、打面と作業面の位置関係・角度、打撃角度が主要な構成属性と考えられる。打面形態と打面管理、打面と作業面の角度管理と言った属性も想定できるが、このような属性が整わなくても不定形剥片剥離は可能である。したがって、最低限の属性が整えば剥片剥離は可能だが、最低限の属性に障害が生じた場合は、打面や作業面を転移させなければ、剥片剥離を続行できないと言う特徴がある。

なお、不定形剥片剥離の部分的動作については、下記で可能性のある実例をあげる。

第3節　縦長剥片系石器群・不定形剥片系石器群の戦略束

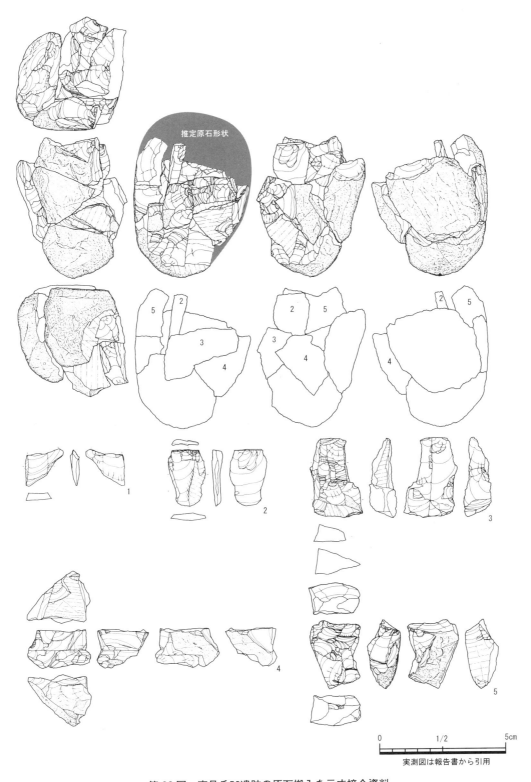

第66図　高見丘Ⅳ遺跡の原石搬入を示す接合資料

第 4 章　石器群の行動論的評価

（8）メンテナンス

　縦長剥片を剥離する場合は、打面と作業面の管理が重要で、打面や作業面の再生や角度の補正を行って縦長剥片が連続剥離できるよう、石核の状態維持を図ることになる。打面転移や打面再生の実例は、これまでにあげた接合資料に散見できる。ここで石核メンテナンスの実例を示す（第67図）。これは長者屋敷北遺跡で出土した接合資料で、1の石核だけを見ると縦長剥片石核には見えないが、これに縦長剥片（2〜6）が接合している。この接合資料からうかがえる工程を示す。

- ・「縦長剥片剥離以前の石核調整」と記した部分で、石核底面としての平坦面を作り、次の縦長剥片剥離の準備をする。
- ・縦長剥片剥離を開始する。
- ・2の縦長剥片を剥離したところで、「縦長剥片剥離途中での側面調整」と記した部分に剥離を入れる。これは、石核表面を薄く剥がす程度の剥離のため、側面調整と思われる。
- ・3、4の剥片を剥離したところで、上設打面からの縦長剥片剥離を終える。
- ・打面を90度転移して、剥片5を剥離して縦長剥片剥離を終える。
  　※剥片5は接合図と単体実測図で表現が異なっているため、注意されたい。接合図中の表現の方が正確である。
- ・縦長剥片終了後、石核には不定形剥片剥離を意図したような剥離を入れている。

　この接合資料は、石核だけを見ると縦長剥片石核には見えないが、縦長剥片が接合しているため、縦長剥片石核とわかる。縦長剥片を剥離する前、石核の準備段階で、石核底面としての平坦面作りを入念に行っていることもわかる。また、縦長剥片剥離の途中で、石核の側面に調整剥離を入れてメンテナンスを行っていることも観察できる。また、図中に「縦長剥片剥離後の不定形剥片剥離」と記した部分で不定形剥片を剥離している。石核の側面調整にも見えるが、それならば、縦長剥片剥離の前か途中で行うべきだが、この接合資料中で、最後に剥離された剥片5の剥離後に入った剥離のため、これは石核調整と言うよりも、縦長剥片石核の一部を利用して不定形剥片を剥離したと考えた方が良い。このように、縦長剥片石核として機能しながら、部分的に不定形剥片を剥離しているとしたら、これは石核の「部分的動作」と評価できる。縦長剥片は、打面と作業面に関する条件が揃わないと剥片を剥離できないが、不定形剥片剥離の場合は、打面と作業面に関する規制が弱いため、縦長剥片剥離に影響がない箇所で打面と作業面が用意できたために、便宜的に不定形剥片を剥離したと考えられる。これは不定形剥片剥離における石核の部分的動作の可能性がある。

　不定形剥片を剥離する場合でも打面と作業面の管理は必要だが、打面と作業面を必要に応じて入れ替えたり、転移したりすることで細かい調整による管理を不要にしている。このような作業を剥片剥離の過程で行うことで、不定形剥片を剥離しながら、石核のメンテナンスも同時に行っていると評価できる。したがって、不定形剥片剥離では、石核の状態を維持させる方向で剥片を剥離しているため、特別なメンテナンスが不要になっていると評価できる。

（9）コスト

　縦長剥片剥離における石材消費コストは、これまで取り上げてきた接合資料からうかがうことができる。いくつかの仮定に基づく見積もりではあったが、原石〜剥片剥離の過程で剥離された剥片のうち、縦長剥片が占める割合は半分弱と推定されること、これに対して不定形剥片剥離で

第3節 縦長剥片系石器群・不定形剥片系石器群の戦略束

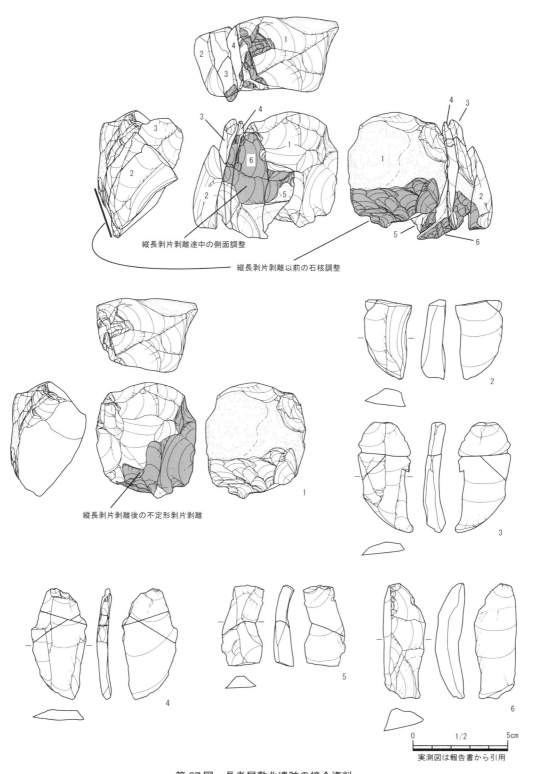

第67図 長者屋敷北遺跡の接合資料

は剥離された剥片の8割程が有用剥片になったと推定した。製作時間コストもこれに連動していることは間違いなく、縦長剥片を剥離するまでに石核を調整する時間がかかる縦長剥片剥離と、石核をあまり調整しないまま有用剥片を剥離できる不定形剥片剥離技術では、製作時間コストの差は明らかである。

　山田原Ⅱ遺跡には、原石を搬入していた可能性があるが、その他の地点で、石材を搬入している地点では、接合資料を見る限り原石をそのまま搬入している形跡はなく、原石に近い状態ではあっても、一部を剥離した状態で搬入していることがうかがえた。この一部とは、自然面や石の目が入っている部分といった不要部分と思われ、事前に不要部分を除去しておくことで、剥離事故による石材損失を予防し、石材消費コストを下げる手段と考えられる。これは縦長剥片剥離だけでなく、不定形剥片剥離でも同様に見られたことである。

　また、縦長剥片は地点を限定して量産している状況がうかがえた。縦長剥片を必要に応じて必要な分だけを剥離するのではなく、事前に必要量を超える縦長剥片を剥離して、その半分以上を搬出、残りをその場に置いて、キャッシュを形成したと考えられる状況が見られた。石材消費コストがかかると言うことは、剥離事故が起きた際の損失も大きい。石材獲得時であれば、剥離事故が起きた時に代替石材を用意できる。また、地点によっては調整済の石核を搬入している状況も見られた。このことから、代替石材が用意できる期間中、もしくは剥離事故のリスクが低い調整済の石核を入手した時に、石材消費コストがかかる縦長剥片を量産して必要時に備えたと考えられる。したがって、縦長剥片量産の背景には、高い石材消費コスト対策があったと想定できる。

　これに対して不定形剥片剥離では、石核のキャッシュと思われる地点は存在したが、特定地点での量産は見られなかった。高見丘Ⅲ遺跡のエリア3で出土した多量の不定形剥片をキャッシュと想定できないことはないが、不定形剥片を搬出したと考えにくいことは先述のとおりである。そして、剥離された剥片の多くは搬出されずに、その場に残された状況がうかがえた。これは石材消費コストがかからないために、必要時に必要な分だけを剥離した結果であろう。

（10）採用基準と採用目的

　石材消費コストがかかる縦長剥片剥離は石材入手時、もしくは調整済の石核搬入時でないと実現困難であることは、これまでに指摘したことで、縦長剥片剥離の採用基準の1つが石材、もしくは石核の確保であることは間違いないであろう。また、縦長剥片を量産しても、石器の消費地と考えられる地点に残された縦長剥片や縦長剥片製石器は数点であることが多く、量産した縦長剥片や縦長剥片製石器を一括で使った状況は見られない。このことから、縦長剥片量産地点では、必要量を超えた縦長剥片を剥離していると考えた。したがって、縦長剥片剥離技術の採用目的は一括使用ではなく、搬出とキャッシュの形成であったと考えられる。

　不定形剥片剥離は、地点を分散して必要量だけを剥離している状況がうかがえた。石核のキャッシュと考えられる地点は認められるが、縦長剥片のように、剥片を一括剥離してキャッシュしている状況は認められなかった。また、剥離した不定形剥片は搬出せずに、その場に残している状況がうかがえたことから、便宜石器としてその場で使われたと考えられる。不定形剥片系石器群では、製作コストのかかる縦長剥片は搬入に頼っていたことから、採用基準の1つとして石材欠乏が予測される場合が考えられる。採用目的は、便宜石器を必要に応じて必要な量だけを製作することにあると考えて間違いないであろう。

（11）システム評価

各項目の評価（第10表）に基づき、各石器製作技術のシステムを信頼性と保守性の観点から評価する。縦長剥片剥離技術の評価項目をまとめると下記の特徴があった。

・石核調整時に不要剥片が出る点で石材消費コストは高く、石材消費効率は高くない。
・定型縦長剥片を剥離するためにシステマティックな技術がある点でシステム強度は強い。
・専用の知識と技術を要する。
・剥離事故予防のため、打面転移、打面再生、石核側面調整と言った策が取られる。
・剥離された全剥片のうち半分弱が有用剥片と見積もられる。
・打面や作業面の管理、メンテナンスが必要。
・剥離事故が起きた場合でも、パターン化された復旧策があったと考えられる。
・主として背部加工尖頭形石器製作に用いられる。

このように縦長剥片と言った、特定の生産物を得るために高度に専門化が進んだシステムは信頼性システムに近いと評価できるであろう。

不定形剥片剥離技術の評価項目をまとめると下記の特徴があった。

・石核調整は原則として不要で不要剥片は少ない。
・システム強度は弱く、柔軟なシステムと評価できる。
・剥離事故に柔軟に対応でき、打面や作業面転移によって早期回復が可能。
・剥離された全剥片の8割程度が、有用剥片になったと見積もられる。
・剥片剥離を進めながら、打面と作業面の管理、石核のメンテナンスが可能
・最低限のシステムが整えば剥片剥離可能だが、一部に障害が生じると、打面・作業面を転移させて、新しい状況を作らないとシステムを復旧できない。
・不特定の便宜石器製作に供与したと考えられる。

このように、不特定の便宜石器の製作に供与する汎用性の高いシステムは保守性システムと評価できるであろう。

第10表　縦長剥片剥離技術と不定形剥片剥離技術のシステム評価

項目＼石器群	縦長剥片剥離	不定形剥片剥離
石材消費効率	石核調整時に不要剥片多い	不要剥片少ない
システム強度	強固なシステムで定型剥片連続剥離	システム強度は弱い（柔軟なシステム）
構成属性	管理打面、管理作業面、管理リッジ	石核形態、打面、作業面、打撃角度等、状況によって変化
難易度	難易度高い（熟練必要）	難易度低い（熟練不要）
障害対策	剥離事故に弱いが、パターン化された復旧策あり　余剰石核のバックアップ必要	剥離事故に柔軟に対応
許容能力	剥離した剥片のうち半分弱が有用剥片	剥離した剥片のうち8割程度が有用剥片
部分的動作	石核全体の形状が整わないと（システムが完成しないと）縦長剥片剥離は不可能	石核の剥離可能な部分を選択して剥片剥離可能（縦長剥片石核の一部を利用した不定形剥片剥離の例あり）
メンテナンス	打面・作業面、リッジ管理、石核側面調整が必要	剥片を剥離しながら石核維持
コスト	多い	少ない
採用基準	石材入手時	石材不足予見時
採用目的	縦長剥片のキャッシュ形成、搬出分の生産	必要に応じた随時応需
危機管理	剥離事故の予測・予防不可欠	不測の剥離事故でも早期回復可能
システム評価	信頼性システム	保守性システム

第4章　石器群の行動論的評価

　石器製作システムの評価では、縦長剥片剥離技術がキャッシュ用の縦長剥片と搬出用縦長剥片を製作するための専門化したシステムを作っていることから、信頼性システムに近いと評価した。この石器群で製作される器種は、狩猟具と想定される縦長剥片製背部加工尖頭形石器が主体で、縦長剥片剥離の機会が限定されていたことから、その製作機会も限定されていたと考えられる。そして、縦長剥片は半分以上が搬出されたと推定され、不定形剥片系石器群が残された地点に搬入されている状況がうかがえた。このことから、縦長剥片系石器群は管理的な扱いを受けたことが考えられる。

　不定形剥片系石器群は特定器種の製作に限定されず、簡易なシステムによって、便宜石器を生産していたと考えられることから、保守性システムと評価した。したがって、狩猟具以外の日用品的・消耗品的な石器は、保守性システムに基づく不定形剥片剥離技術から生産されていたと考えられる。このような石器は、臨機の目的、言い換えれば、その場限りの目的達成に用いられた便宜石器と考えられる。

　瀬戸内系石器群・角錐状石器群の石器製作システムは、信頼性システムと保守性システムを状況に応じて使い分けており、特に、信頼性システムに基づく横長剥片剥離と保守性システムに基づく不定形剥片剥離は、同一石核で行われており、状況に応じて使い分けていたと考えられた。これに対して、縦長剥片系石器群が出現した段階では、上記の検討のとおり、信頼性システムと保守性システムが地点を変えて出現する状況が見られた。

　このように、瀬戸内系石器群・角錐状石器群の段階では、両システムを同一地点での選択制にしていたのに対して、縦長剥片系石器群の段階では、両システムの発現地点を計画的に配置していたと考えられる。したがって、瀬戸内系石器群・角錐状石器群の段階では、資源の予測可能性が低かったため、その場の状況に応じて、どちらのシステムでも選択できるようにしていたのに対して、縦長剥片系石器群の段階では、資源の状況を予測した上で、システムの発現地点を計画的に配置していたと考えられる。この点で、時期を経るごとに、居住集団が磐田原台地の環境に適応していった状況がうかがえる。

8　道具組織

　瀬戸内系石器群・角錐状石器群の段階と同様に、実用に供された石器（active gear）とキャッシュの状態にある石器（passive gear）の対立を軸として、道具組織を検討する。

　寺谷遺跡や匂坂中遺跡ブロックB16、B18などでは、原石に近い状態の石材を搬入して、縦長剥片と縦長剥片製石器を量産していた。そして、剥離された縦長剥片の半分以上は搬出され、同時に、その場にも多くの縦長剥片が残されたと考えられた。縦長剥片製の背部加工尖頭形石器も製作場所に多くが残された一方、搬出されたものも多かったと考えられる。縦長剥片、縦長剥片製背部加工尖頭形石器ともに、石器消費地点での出土数と比較して理解できるように、製作地では通常の必要量を超えた数を製作した上に、通常の使用量を超える量の縦長剥片、縦長剥片製背部加工尖頭形石器が残されていることから、これをキャッシュと考えた。

　搬出された縦長剥片は、不定形剥片系石器群が残された地点に搬入されている状況が見られたため、管理石器として地点間を移動していたと考えられる。

　不定形剥片製石器は搬出分があったことは想定できるが、縦長剥片と同様に、半分以上が搬出

されたと考えると、剥片数から推定する石核の存在数が多くなりすぎることから、不定形剥片は剥離後、多くがその場に残され、便宜石器に供されたと想定した。また、不定形剥片は不特定の地点で剥離されており、縦長剥片のように量産された地点もないことから、不特定の地点で必要量を剥離していたと考えられる。この状況からも、不定形剥片は便宜石器に供されたと考えた。また、匂坂中遺跡のブロックC78、C79に、不定形剥片石核のキャッシュと想定される状態が認められた。石材消費効率が良く、消費コストも低い不定形剥片石核といえども欠乏が予測され、その対策としてキャッシュが形成されたと考えられる。

なお、瀬戸内系石器群・角錐状石器群の段階と同様、作業台のような配石は遠征先の備品として据え付けてあったと考え、叩石なども同様に各地点に置かれていたと推定しておく。

以上から第68図の道具組織が考えられる。

9　リスク低減戦略

石材運用では、山田原Ⅱ遺跡に原石、もしくは原石に近い状態の石材を搬入している状況がうかがえた。これは地形的制約から、台地を降りて石材を採集に行くことが困難であったことと、台地を安全に降りて天竜川に行くルートが台地北端に限定されていたことにより、台地を昇降するルートに近く、水源地にも近い山田原Ⅱ遺跡が台地内外行動の拠点に選択され、ここに石材が集積され、二次原産地が形成されたと考えられる。そして、二次原産地の形成により、石材入手機会・量の制限と言ったリスクを低減したと考えられる。

山田原Ⅱ遺跡に集積された石材は、不要部分を除去した後に、他の地点に搬出されたと考えられる。これは完全に原石に戻る接合資料が皆無に近く、表皮に近い部分が除去されたり、石の目で分割されたりした状態で搬入されたことを示す接合資料が多いことから想定される。これも、剥離事故を予防するリスク低減戦略の一環と考えられる。

縦長剥片や縦長剥片製背部加工尖頭形石器は、地点を限定して量産し、一部をキャッシュ、それ以外を搬出する状況が認められた。原石、もしくはそれに近い状態でのキャッシュは認められず、縦長剥片や背部加工尖頭形石器に加工された状態でキャッシュされていたことから、石材の汎用性が小さい状態でキャッシュされていたことになる。特定の道具を予め量産していたことになり、その背景には、資源の獲得予測ができていて、資源探索が精緻化されていた状況が想定できる。これによって資源探索時間が短縮され、その分、石器製作時間が増大する効果をもたらし、石器製作時間コストの高い縦長剥片の量産を可能にしたと考えられる。リスク低減の点では、この段階では、1点の原石から1点の縦長剥片石核を作ることが基本になっており、前段階のように1点の原石を輪切りにして複数の石核を作る技術は見られなくなっている。この後の工程では、

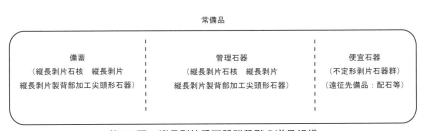

第68図　縦長剥片系石器群段階の道具組織

第 4 章　石器群の行動論的評価

縦長剥片石核を作る際に不要剥片が剥離される。この段階で剥離事故が起きると石核自体が製作できなくなるため、石材を搬出して搬出先で石核を作るよりも、石材搬入地点で石核を作り置きした方が有利である。この点は、瀬戸内系石器群・角錐状石器群では、石材の汎用性が高い状態、すなわち、石材、もしくは石核の状態でキャッシュしておき、多様な対応が可能な状態を保ち、不確定な資源獲得に対応していたのとは対照的な状況である。

　技術組織と道具組織、石器製作システムの点では、次のように評価できる。縦長剥片剥離技術と不定形剥片剥離技術は地点を変えて使い分け、管理石器を信頼性システムのもとに特定地点で量産、キャッシュを形成した上で余剰分を搬出する。一方、便宜石器を保守性システムのもとに、不特定地点で製作することで、石材消費コストに合わせた石器製作を採択し、石材消費に伴うリスクを低減させていた。石材消費に伴うリスク低減を具体的にあげると、縦長剥片系石器群のキャッシュ形成と不定形剥片剥離技術の採用、不定形剥片石核のキャッシュを指摘できる。いずれも石材をストックする行為で、石材不足というリスクを低減させるための戦略と評価できる。

10　最適捕食行動

　この段階では台地北端に石材集積地を形成し、そこから、不要部分を除去した石材を搬出し、その後、特定の地点で縦長剥片、縦長剥片製背部加工尖頭形石器を製作し、キャッシュを形成する一方で、搬出する状況が認められた。この特定の地点とは、寺谷遺跡や長者屋敷北遺跡、匂坂上 4 遺跡、匂坂中遺跡ブロック B16、B18、匂坂中下 4 遺跡、高見丘Ⅰ遺跡エリア D3 ブロック S09、S13 と言った地点が認められた。先に、台地北端の石材集積地の形成要因として水源地に近いことをあげた。磐田原台地上は湧水地点が限られているため、遺跡の立地には湧水が重要な条件になると考えられる。台地上に降った雨は地下に浸み込み、台地東側に流出していると考えられており、現在でも台地東側には鶴ヶ池や桶ヶ谷沼といった自然の湧水地点がある。湧水地点と現代に作られた人工の溜池は、区別が難しい地点もあるが、湧水地点と思われる場所と、台地上を流れる小河川の源流を湧水地点と想定した地点を地図上に示す（第 69 図）。水源地と思われる場所は、すべて現地を確認したが、やはり、人工の溜池と区別できない場所もあるため、現代に作られた溜池が混ざっている可能性はある。

　次に、原石に近い状態の石材を搬入して、縦長剥片を量産している地点も地図上に落とすと、広野遺跡と京見塚遺跡を除いて、水源地付近に立地していることがわかる。広野遺跡も近隣を小河川が流れているため、これも水辺に近いと言って良い。

　したがって、石材搬入地は山田原Ⅱ遺跡を含めて、いずれも水源地に近い地点にあると言って良い。水源地が限られる場所で、最適捕食に不可欠なエネルギー収益量が最大になる場所、すなわち、資源獲得に要するエネルギーと資源から得られるエネルギーの差が最大になる場所は、やはり動植物が集中する水源地付近と考えられる。したがって、石材を持った集団の移動は、砂漠でオアシスを巡るような行動に似ており、台地上の水源地間を移動していたと考えられる。この点ではフォレイジャーに近い行動が想定できる。

　石核を搬入して縦長剥片を集中剥離した地点は、小規模な石器群も含めて 36 地点ほど存在する。石材搬入地点に比べると格段に多いことから、石材搬入地点から石材が各地に拡散するような石核の移動が考えられる。

第3節　縦長剥片系石器群・不定形剥片系石器群の戦略束

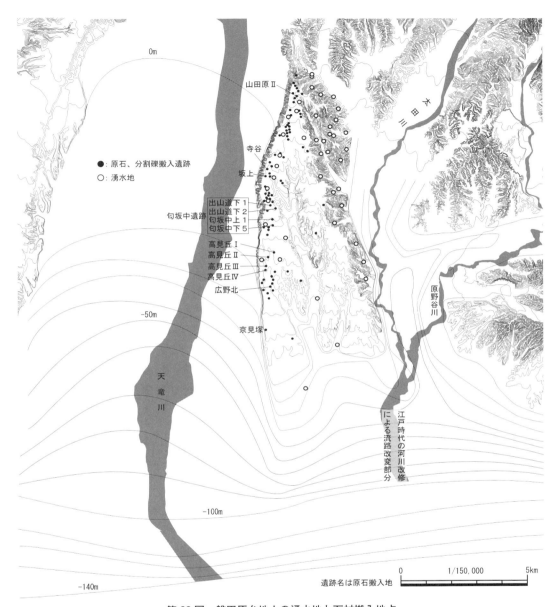

第69図　磐田原台地上の湧水地と石材搬入地点

　縦長剥片石核や縦長剥片、縦長剥片製背部加工尖頭形石器のもう１つの搬出先が、不定形剥片系石器群が残された地点である。不定形剥片を剥離した地点は、石材搬入地が10箇所、石核搬入地が24箇所程度確認できた。これらの多くの地点で、縦長剥片の搬入が見られることから、縦長剥片を剥離した地点から移動した集団が、石材欠乏を予防するために、不定形剥片剥離を必要最小限に留めて便宜石器を製作しながら、各地点を移動したと考えられる。

　縦長剥片剥離地点と不定形剥片剥離地点のいずれでも、石材搬入地を行動の拠点とすると、石核を搬入している地点は、その拠点から移動した集団の居住地と考えられる。剥片を剥離して生活道具を作っているため、規模の大小はあるが、資源探索・情報収集集団と言った特別に組織さ

れた集団ではなく、端的に言えば家族と言った単位の居住地と考えられる。石材を搬入した拠点に留まっているだけでは、資源獲得や資源探索に限界があるため、石核を始め生活用具一式を備えた集団が移動、あるいは予め生活用具一式を備え付けた地点に、集団が移動することで、資源獲得、資源探索精度を高めたと考えられる。

　以上が、集団が居住した主要な地点で、台地北端に台地内外行動の拠点を作り、そこから持ち出した石材を搬入した拠点が形成され、そこから石核や剥片、背部加工尖頭形石器などを搬出した集団が、さらに次の居住地を形成したと考えられる。

　拠点に居住地を構えた後は、資源探索や資源獲得、資源に関する情報収集のために特別に組織された集団、すなわち、コレクターが派遣されたと考えられる。このような集団が残した地点には、行動の目的によって様々な石器が残されると想定される（Binford 1978b）が、共通する特徴として、石器製作の痕跡が乏しいことが想定される。それはコレクターが居住した場所は作業をする場所であって、物を作る場所ではないからである（Binford 1978b）。このような地点は、考古学的コンテクストのもとでは、石器を搬入しただけで、製作の痕跡がない石器群として認識されると考えられる。石器の搬入地点は、磐田原台地上では200箇所以上認められる。これは先述したように、匂坂中遺跡の調査以降、小規模であっても視覚的に石器のまとまりがあれば、積極的にブロックとして認定して分析単位を設定してきたいきさつがある。このような積極的な姿勢がなければ、コレクターが残した地点は認識できなかったであろう。大まかな内訳は、縦長剥片系石器群と不定形剥片系石器群の両方を搬入している地点と、不定形剥片系石器群のみを搬入している地点が半分ずつ認められる。このような地点は、集落から資源探索や情報収集などを行うためコレクターが形成したと考えられる。したがって、この段階では、集落からコレクターが派遣されるロジスティックな行動がとられていたと想定できる。拠点間の移動は、石材の移動から、水源地間を移動するフォレイジャーに似た行動がうかがえたのに対して、資源開発については小規模な石器搬入地の形成から、コレクターと想定される行動が考えられる。

　先述のように、フォレイジャーは赤道付近、コレクターは極地付近と言う両極端の環境で観察された行動（Yellen 1977、Binford 1980）で、日本のような温帯地域では、両者が複合した行動、もしくは温帯地域特有の行動が想定される。その実態として磐田原台地では、水源地間で石材を移動させ、水源地付近に大規模な石器群を残して拠点を形成している点で、フォレイジャーと思われる行動を想定でき、拠点以外に多数の石器搬入地が形成されている点で、コレクターと思われる行動を想定できる。このように、フォレイジャーとコレクターが複合した行動が展開されことが想定される。しかし、先述のように、磐田原台地は広い台地ではない。現在では沖積層下に埋没した部分を入れたとしても、全域が日帰り行動圏になると思われる。この狭い範囲内に多くの地点が残されていることから、かなり小刻みな移動が想定できる。そうすると、フォレイジャー、コレクターのいずれとも異なる行動様式を想定した方が良いかもしれない。

　そこで、調査規模が特に大きい匂坂中遺跡の全貌を示すことで、台地上に地点が残された実態を示す（第70図）。礫群や配石も大量に出土しているが、図が煩雑になるため、石器の出土地点だけを明示してある。石器分布の粗密がありながら、台地上に連綿と石器群が残されていることがわかる。磐田原台地の西側丘陵上には、このように、様々な規模の石器群が連続して残されていると考えられる。特に、コレクターが形成したと思われる小規模な石器搬入地点が多く残され

第3節 縦長剥片系石器群・不定形剥片系石器群の戦略束

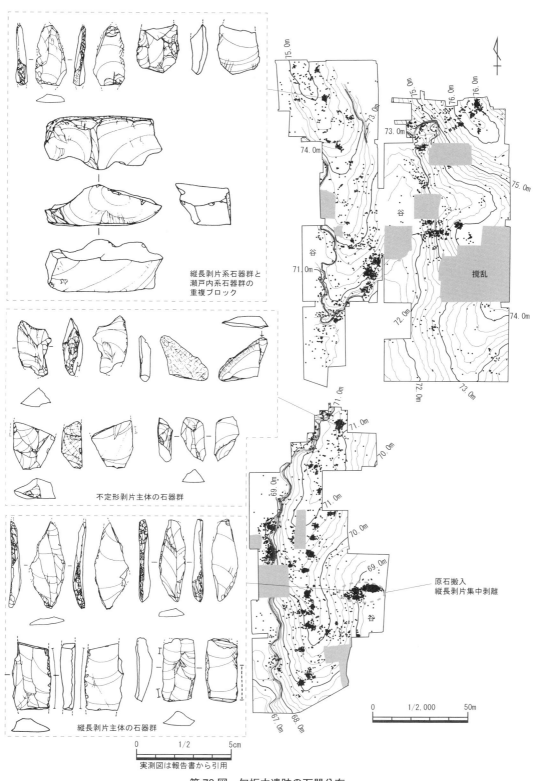

第70図 匂坂中遺跡の石器分布

ていることから、台地内をきめ細かに移動し、資源に関する情報収集と探索精度を高めたことが考えられる。移動頻度の上昇と資源探索精度の向上は連動することで、移動頻度が上昇したから資源探索精度が向上した、資源探索精度を向上させるために移動頻度を上昇させたと言うと循環論になってしまうが、移動頻度の上昇と資源探索精度の向上が相乗効果を上げていたと評価すれば良いであろう。このようにロジスティックな行動が精緻化することで、移動頻度は上がっても資源探索時間が短縮され、資源探索に要するエネルギーは減少し、これによってエネルギー収益量が増加すると言う最適捕食行動がとられたと考えられる。

　エネルギー収益量の増大は人口の増加をもたらし、これがこの段階の石器群増加の大きな要因であったと考えられる。しかし、開発可能な資源の量は無限ではなく、開発頻度と資源の回復速度が釣り合ったところで人口が維持されたと考えられる。そして、この状態が続くことで、台地内の各地点で石器群が蓄積されていったと考えられる。

第4節　両面体調整石器と尖頭器石器群の戦略束

　両面体調整石器の出現と台頭、尖頭器石器群の出現による縦長剥片系石器群の衰退、そして、縦長剥片剥離技術と不定形剥片剥離技術からなる二極構造の崩壊と言う構造変動はすでに説明した。二極構造の崩壊という大きな構造変動が起こった背景には、集団の行動に大きな変化が生じたことが考えられる。ここでは、両面体調整石器の台頭による構造変動をもたらした行動上の変化を検討する。この検討にあたってはこれまでと同様、両面体調整石器と尖頭器石器群の石材運用、石器運用、技術組織、道具組織、システム評価、そして、これらに基づくリスク低減戦略と諸戦略によって実現された最適捕食行動を検討する。

1　石材運用

　現在のところ、両面体調整石器と両面調整尖頭形石器を原石から製作した証拠はない。広野北遺跡の接合資料（第71図-1、2）を見ても、両面調整尖頭形石器に近くなった両面体調整石器を搬入して、後続の工程を行っていると考えられる。1は、ほぼ両面調整尖頭形石器の状態になっており、最終工程に近い平坦剥離を行っている。2は、やや大型の調整剥片が接合したもので、これも両面体調整石器が、両面調整尖頭形石器に近い状態になって剥離したものと考えられる。現在のところ、両面調整尖頭器石形製作が確認されているのは広野北遺跡のみだが、石材集積地になっていた山田原Ⅱ遺跡でも両面調整尖頭形石器（第71図-3、4）が報告されており、石核の中に両面体調整石器（第71図-5）が存在することから、石材を搬入した山田原Ⅱ遺跡で両面体調整石器を作ってから搬出した可能性は考えて良い。

　かつて筆者は、石材採集地で両面調整尖頭形石器の未完成品を作ってから台地上に運び上げ、広野北遺跡に搬入したと想定したことがある（富樫2005）。当時、山田原Ⅱ遺跡が石材集積地であったという認識がなかった訳ではないが、全貌が報告されていないこともあり、重視していなかったことは確かである。また、当時の筆者には、石材運用の行動論的視点がなかったため、山田原Ⅱ遺跡に石材を集積した後に、台地内各所に搬出したと言う発想が浮かばなかった。そのため、山田原Ⅱ遺跡で出土している両面調整尖頭形石器や両面体調整石器を評価できず、両面調整尖頭

第4節　両面体調整石器と尖頭器石器群の戦略束

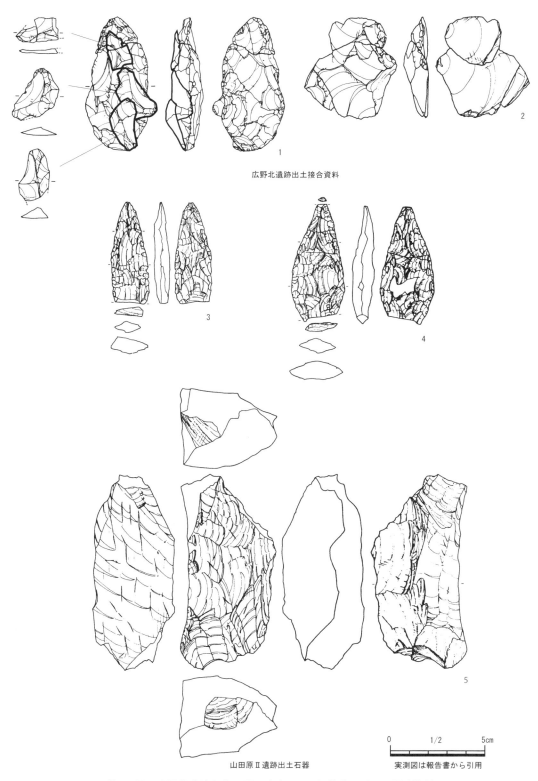

広野北遺跡出土接合資料

山田原Ⅱ遺跡出土石器　　実測図は報告書から引用

第71図　広野北遺跡と山田原Ⅱ遺跡の両面調整尖頭形石器関連資料

195

第 4 章　石器群の行動論的評価

形石器の未完成品を天竜川の川原で仕上げたと言う推定にとどまった。現在でもその可能性は否定しないが、ここでは、両面体調整石器が広野北遺跡に搬入された過程として、山田原Ⅱ遺跡内で両面体調整石器を作ってから広野北遺跡に搬入した可能性を指摘する。

2　石器運用

　両面体調整石器が、尖頭器の未完成品でありながら不定形剥片石核でもあったことは先行研究で明らかにされている（佐藤 1995、国武 2003 など）。そして、このことは磐田原台地でも同様だったことはすでに指摘した。両面体調整石器は、自らは管理石器として地点間を移動しながら、各地点で便宜石器用の不定形剥片を剥離し、最終的には両面調整尖頭形石器に仕上げられるものもあり、狩猟具として使われたと考えられる。

　両面体調整石器の運用として、もう一つ重要な点は特定地点での集中製作である。現状でこれが認められるのは広野北遺跡だけだが、ここでは、両面体調整石器を搬入して両面調整尖頭形石器を製作したと考えられることから、不定形剥片石核として地点間を移動するもの以外に、両面調整尖頭形石器に仕上げられるものも存在したことになる。広野北遺跡で出土した両面調整尖頭形石器は、相当形が出来上がってから搬入されたと考えられることから、両面体調整石器として各地点を巡ったものが、最終的に広野北遺跡に搬入されて、両面調整尖頭形石器に仕上げられたと考えられる。広野北遺跡では大量の尖頭形石器調整剥片が出土しており、尖頭形石器と調整剥片の接合資料以外に、調整剥片のみの接合資料（第 71 図 - 2）もあることから、遺跡内に残された尖頭形石器以外に、搬出された尖頭形石器も相当数あったことは間違いない。搬出されずに遺跡内に残った尖頭形石器が必ずしも失敗品ではないことと、尖頭形石器以外の石器はほとんど出土していないことから、通常の生活地点ではなく、尖頭形石器製作専用の地点だったと考えられる。したがって、ここに残された尖頭形石器は、キャッシュとして残されたことが考えられる。その背景には、計画的な回帰行動があり、再びここに戻ることが予測されていたことになる。尖頭形石器は製作時間、労力ともにかかるため、必要になってから作るのでは、使用に間に合わない。そこで、予め尖頭形石器を作り置きすることで使用時に備えたと考えられる。また、運搬すると破損リスクが増すため、キャッシュに置いておく方が有利である。このような背景から、広野北遺跡で尖頭形石器を量産し、搬出する一方で、キャッシュを形成したと考えられる。

　このように、この時期の石器運用には、2 つの方式が考えられる。1 つ目は、両面体調整石器として各地点を移動し、便宜石器用の不定形剥片を剥離しながら、あるものは両面調整尖頭形石器に仕上げられる運用である。2 つ目は、広野北遺跡と言った特定地点で量産し、一定量をキャッシュし、残りを搬出すると言った運用である。

3　技術組織

　両面体調整石器が搬入されているのは不定形剥片系石器群で、縦長剥片を量産した寺谷遺跡や匂坂中遺跡ブロック B16、B18 と言った地点では、1 点も出土していないことがこのことを象徴している。両面体調整石器と縦長剥片系石器群が、同一ブロックで出土しているのは広野遺跡だけである。もっとも、広野遺跡は瀬戸内系石器群と縦長剥片系石器群の重複ブロックである上に、搬入された 2 点の両面体調整石器は単独個体の可能性が高く、搬入されたのみで、不定形剥片石

核として機能した形跡がない。広野遺跡以外の地点でも、縦長剥片系石器群に完成した両面調整尖頭形石器が伴っている例はあるが、縦長剥片系石器群に両面体調整石器を搬入して、不定形剥片を剥離した地点はほとんどない。このことから、両面体調整石器と縦長剥片系石器群は排他的な関係にあり、便宜石器用の剥片を剥離しながら、自らは頑丈な狩猟具に仕上げられていく両面体調整石器は、縦長剥片系石器群を駆逐する存在であり、両面体調整石器の台頭に伴って縦長剥片系石器群は縮小の一途をたどったと考えられる。

　周縁調整・両面調整尖頭形石器が台頭し、縦長剥片系石器群が縮小していく移行期に位置付けられるのが、匂坂上6遺跡の石器群（第55図、p138）である。すでに検討したように、石器群の主体が縦長剥片系石器群から周縁調整・両面調整尖頭形石器群に移りつつある。ただ、両面体調整石器による不定形剥片剥離技術が普及した段階でも、縦長剥片剥離技術が消滅することはなかったことに注意したい。両面体調整石器は石核として機能している間は狩猟具としては使えず、両面調整尖頭形石器製作も石材消費コストの点では縦長剥片系石器群に劣る。このような状況から、両面体調整石器が普及してもそれを補完する立場で縦長剥片系石器群は残ったと考えられる。また、両面体調整石器が普及しても決してその数が多い訳ではなく、依然として両面体調整石器以外の不定形剥片剥離は続いていたことは間違いない。

4　道具組織

　両面体調整石器は不定形剥片剥離を繰り返しながら地点間を移動していること、最終的には両面調整尖頭形石器になるものがあると考えられることなどから、管理石器であったことは間違いない。しかし、剥離する剥片は管理石器用の剥片ではなく、専ら便宜石器用の不定形剥片である。したがって、同一個体で管理石器と便宜石器用の不定形剥片石核を兼用していることになる。これと併用して、通常の不定形剥片剥離も続いていたことから、この段階の道具組織は、縦長剥片系石器群主体の時期に比べて、両面体調整石器が管理石器と便宜石器用石核を兼用しているため、不定形剥片石核と運用が重複するようになり、その結果、管理石器と便宜石器の区別が不明確になる方向に移行したと考えられる（第72図）。

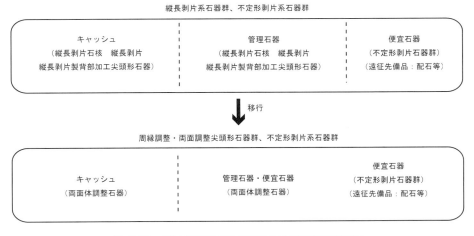

第72図　両面体調整石器台頭に伴う道具組織の移行

第4章　石器群の行動論的評価

5　石器製作システム

　両面体調整石器の原型を作る過程では、不要剥片が出ると思われるが、その後、石器の両面を薄く剥がすように不定形剥片を剥離していく方法は、石材消費効率の点では最良と考えられる。このような石器運用が、石器製作システムとしてどのように評価できるか検討する。

（1）システム強度

　両面体調整石器は不定形剥片を剥離する石核ではあるが、最終的に両面調整尖頭形石器に仕上げられるものがあるため、平面形が木葉形で、断面形が凸レンズ状になるように管理されている点でシステム強度は強いと考えられる。

（2）構成属性

　「尖頭器」製作実験の経験があれば容易に理解できることだが、表面を薄く剥離しながら、木葉形の平面形、凸レンズ状の断面形を維持していくためには、先を読んだ打面位置の選定、薄い縁辺での打面設定、両面体調整石器の固定の仕方と打撃角度の調節などが重要になる。失敗すると、意外と簡単に破損する。完成した「尖頭器」は狩猟具としては非常に有効な道具だが、完成するまでには打面設定と打面管理、打撃方法の調節が非常に重要になる。

（3）難易度

　これも「尖頭器」の製作経験があれば容易に理解できることだが、両面体調整石器の形態維持は、難易度が非常に高く、熟練が必要である。

（4）障害対策

　両面体調整石器製作の難易度が高い理由の1つに、先にあげた構成属性を厳密に守らないと破損リスクが高まることがある。わかりやすく言えば、製作途中で破損しやすいと言うことだが、両面体調整石器の場合は破損しても変形させることによって復旧することができる。この点で柔軟な障害対策が可能と言うことができる。

（5）許容能力

　両面体調整石器の原型を作る段階では、不要剥片が出ると思われるが、両面体調整石器が不定形剥片石核として機能し始めた後は、両面調整尖頭形石器として完成するまでは不定形剥片を剥離できるため、石核としての許容能力は高いと考えられる。

（6）部分的動作

　両面体調整石器の形態を維持する必要上、必要な部分を選んで剥片を剥離することになるため、部分的動作は可能と考えられるが、任意の場所を選ぶことはできない。あくまでも両面体調整石器を両面調整尖頭形石器に仕上げる目的のもとで、打面を準備した部分で剥片を剥離しなければならない。そのため、部分的動作が可能とは言え、全体形状の中で動作する部分が決まってくる。この点で通常の不定形剥片剥離とは大きく異なる。

（7）メンテナンス

　両面体調整石器の形態を維持しながら、両面調整尖頭形石器に仕上げていくためには、メンテナンスが不可欠である。具体的には下記のようなメンテナンスを想定できる。

　・表面を抉るような階段状剥離を入れないための打面設定と打角調整
　・階段状剥離が起こった場合、剥離方向を変えてステップ部分を除去すること。

・素材が反りのある剥片の場合、反った部分を除去する方向で剥離を進めること。

・素材の厚い部分を除去する方向で剥離を進めること。

いずれも先を読んだ打撃位置の選択と打面作出、打角調整が必要になる。

(8) コスト

製作労力と製作時間は他の石器に例を見ないほどかかるが、剥離された剥片は薄く鋭い刃部を持っているため、便宜石器としては非常に有用と考えられる。したがって、製作労力と製作時間をかける分、便宜石器を生産できることから、コストは低いと評価できる。

(9) 採用基準・採用目的

石材が潤沢にあれば、両面体調整石器を採用せずに、一気に両面調整尖頭形石器まで仕上げると考えられる。両面体調整石器は石材消費効率が良く、コストも低いと評価できることから、このような石器を採用した背景には、石材の欠乏を予防するための石材節約が考えられる。ただし、両面体調整石器自体は石材入手時にしか作れないため、採用基準としては、石材入手時と石材欠乏対策の2つがあると考えられる。採用の目的は、石材消費効率を上げながら便宜石器用の剥片を剥離することにあるが、その先には両面調整尖頭形石器、すなわち狩猟具の獲得がある。剥片を剥離している間は狩猟具としては使えないため、将来的な使用を見越して狩猟具を準備することが目的として考えられる。

(10) 危機管理

両面体調整石器や両面調整尖頭形石器製作は工程が多く、剥離事故による破損リスクも高いため、剥離事故を予測、回避するための打面設定や打角調節などが重要になる。

(11) システム評価

すでに先行研究での指摘（佐藤宏1995）があるとおり、明らかに信頼性システムに基づいた石器製作である。

6 リスク低減戦略

両面体調整石器の採用によるリスク低減効果については、先行研究による評価（佐藤宏1995、国武2003など）があり、磐田原台地内でも同様の効果を上げていたと考えられる。磐田原台地では、石材の入手機会・量に制限があったと考えられるため、石材不足を予防する策の一環として、両面体調整石器が採用されたと考えられる。ただ、その点数は決して多くはないため、通常の不定形剥片剥離を補完する位置付けであったと考えられる。通常の不定形剥片剥離自体が石材不足によるリスクを低減するために採用されたもので、両面体調整石器がこれを補完していたと考えると、石材欠乏対策は二重の策がとられたことになる。

7 最適捕食行動

縦長剥片系石器段階では、コレクター派遣によるロジスティックな行動が精緻化し、資源探索、獲得に要する時間が短縮され、これに伴って石器製作の時間が増大したと考えられる。そして、石器製作時間が増大したことで、縦長剥片剥離技術が発達する相乗効果をもたらしたが、同時に精緻な石器製作も可能になった。これによって両面体調整石器の製作、維持管理も可能になったと考えられる。しかし、便宜石器用の不定形剥片を剥離しながら、自らは管理石器として各地点

を移動し、最終的には狩猟具になる。剥離事故に対しては変形で対処可能と言うマルチ石器とも言える両面体調整石器の採用は、確実に縦長剥片剥離技術の衰退をもたらしたと考えられる。そして、二極構造を崩壊に導き、通常の不定形剥片剥離と両面体調整石器による二重の不定形剥片剥離体制に移行したと考えられる。ただ、両剥片剥離技術とも頻繁な移動に対応した技術であるため、資源探索の精緻化に変化はなく、最適捕食行動は変化しなかったと考えられる。

第5節　磐田原台地における居住行動のまとめ

　瀬戸内系石器群・角錐状石器群段階の居住行動と縦長剥片系石器群・不定形剥片系石器群段階の居住行動、これに周縁調整・両面調整尖頭形石器群台頭期の居住行動を検討してきた。ここで、一連の居住行動をまとめながら通観して磐田原台地内における居住行動の変動を探る。

1　瀬戸内系石器群・角錐状石器群段階の居住行動

　瀬戸内系石器群では、石核や板状剥片と言った、石材の汎用性が高い状態でキャッシュする状況が見られた。これはあらゆる資源獲得に柔軟に対応できる状況と評価できるが、その反面、獲得資源を事前に予測できていなかったことになる。したがって、資源探索時間が増大し、石器製作時間を短縮せざるを得なかったと考えられる。瀬戸内概念が定着しなかった一因もここにあると考えられる。京見塚遺跡では、角錐状尖頭器と複刃厚形削器を量産した状況が見られたが、これも特定資源の獲得を予測した準備ではなく、石材獲得時に量産したキャッシュと考えられる。

　この段階ではブロックの数が少ないが、半数近くのブロックで石器製作が認められたことから、石器製作地点の割合が高く、集団の移動頻度が高かったと考えた。その背景として、資源の予測可能性が低かったために、集団を移動させて資源探索を図るフォレイジャー型の行動がとられたと考えた。その一方で、石器を搬入したのみで石器製作が見られない小規模な石器群は、資源探索、情報収集のために派遣されたコレクターが残した石器群と考えられることから、小規模ながら、コレクターを派遣するロジスティックな行動もとられていたと考えた。

　このように、赤道付近で見られるフォレイジャー型の行動と、極地付近で見られるコレクター型の行動が複合した行動とも言えるパターンを想定した。ただ、磐田原台地は全域が日帰り行動圏に収まると考えられるため、かなり小刻みな移動を想定する必要があり、この点で、従来知られているフォレイジャー、コレクターと言った行動とは異なる行動を想定する必要がある。

2　縦長剥片系石器群・不定形剥片系石器群段階の居住行動

　この段階では、台地北端に形成された石材集積場（山田原II遺跡）から行動が始まると考えられる。ここから石材を搬出し、寺谷遺跡や匂坂中遺跡ブロックB16、B18と言った特定の地点に石材を搬入して、縦長剥片や縦長剥片製背部加工尖頭形石器を量産、キャッシュを形成すると共に搬出拠点ともなった。このような地点は、水源地付近に形成されていることから、石材を持った集団は、水源地間を移動するフォレイジャー型の行動をとったと考えられる。そして、石核の搬出先でも同様に、縦長剥片や縦長剥片製背部加工尖頭形石器を製作し、キャッシュを形成するとともに、不定形剥片系石器群に搬入された縦長剥片の搬出拠点になったと考えられる。縦長剥

片を剥離した地点は、縦長剥片剥離に特化した作業を行っていることから、縦長剥片は地点を特定して剥離されていたと考えられる。

不定形剥片系石器群は不特定の地点で便宜石器用の剥片を剥離していた。縦長剥片が伴う場合もあるが、搬入品がほとんどで、不定形剥片剥離地点内で縦長剥片も剥離した地点として、明確なものはない。

以上から、石材を搬入した拠点から、石核や剥片などを搬出して次位の拠点が作られたと考えられる。そして、石器を搬入しただけで石器製作の痕跡が見られない地点が多く存在することから、拠点集落からコレクターを派遣するロジスティックな行動がとられたと考えられる。このような状況から、この段階では、台地内での資源探索が精緻化し、資源探索時間の短縮、石器製作時間の増大と言った効果をもたらしたと考えられる。

石器製作時間が増大したことで縦長剥片剥離技術がより発達し、資源開発も発達すると言う相乗効果が考えられる。そして、資源の開発速度と資源の回復速度が均衡した状態で人口が維持され、その期間が継続する間に多くの石器群が残されたと考えられる。石器製作時間の増大は、精緻な石器作りを可能にし、両面体調整石器を発達させる要因にもなった。両面体調整石器は、便宜石器用の不定形剥片を剥離しながら、自らは管理石器として地点間を移動し、最終的には両面調整尖頭形石器として狩猟具になるものもある。破損に対しても変形で復旧可能というマルチ石器で、不定形剥片系石器群とともに可動性に優れた石のため、最適捕食行動に変化はなかったと考えられるが、縦長剥片系石器群の衰退と二極構造の崩壊をもたらすことになった。このような構造変動が起こったのは OIS2 の後半、気温が上昇し始めた時期にあたると考えられる。この頃になると大型哺乳類動物は絶滅が始まったとされている（河村・松橋 1989）。この時期に出現した周縁調整・両面調整尖頭形石器は、一括で使われた形成はなく、単体で管理されながら地点間を移動する運用が見られた。このことから、動物を一括捕獲するためではなく、数が減り始めた動物を効率良く、確実に捕獲するために採用されたと考えられる。

第6節　磐田原型居住行動の形成

磐田原台地で確実に石器群が認められるのは、瀬戸内系石器群・角錐状石器群の段階からである。これは AT 降灰後、OIS2 の段階に入り、最終氷期の最寒冷期に向かって気温が低下し始めた頃と考えられる。

現在の気候区分では、磐田原台地を含む静岡県の沿岸部は、「東海気候区」に属しており、1月の平均気温は、「中央日本山地性気候区」の長野県伊那谷よりも 4 度程高いことが知られている（国土交通省中部地方整備局 2009）。匂坂中遺跡での植物珪酸体分析（外山 1996）では、列島規模では寒冷な気候が復元されている中で、磐田原台地は、周辺地域に比べて温暖な気候だった可能性が指摘されている。また、浜松市引佐町の谷下裂罅堆積物から産出した哺乳類動物化石は、最終氷期最寒冷期の化石群だが、寒冷地の動物群が見られないことが指摘されている（河村、松橋 1989）。以上のことから、最寒冷期であっても、磐田原台地周辺は比較的温暖な気候だったと考えられる。したがって、最終氷期最寒冷期の開始に合わせるように、磐田原台地に居住の痕跡が見られるようになる要因としては、気温の低下による集団の南下と言ったことが想定できる。

第4章　石器群の行動論的評価

　瀬戸内系石器群・角錐状石器群の段階では、まだ資源の予測可能性が低く、資源探索のために、集団が移動するフォレイジャー型の行動をとりながら、小規模ではあるが拠点からコレクターを派遣するという、フォレイジャーとコレクターが複合した行動が想定される。フォレイジャーが熱帯地域、コレクターが極北地域で復元された行動（Yellen 1977、Binford 1980）のため、理論上、温帯地域では両者が複合した行動が想定される。しかし、先に指摘した通り、かなり短距離の移動を繰り返していたと想定されるため、行動パターンはフォレイジャー、コレクターに類似していたとしても、実態は相当に異なっていた可能性が高い。

　縦長剥片系石器群の段階になると、石材集積地から石材を搬出した集団が水源地間を移動するフォレイジャー型の行動をとりながら拠点を形成し、そこからコレクターを派遣してロジスティックな行動をとったと考えられる。そして、この行動の結果、搬入石器からなる小規模ブロックとして多数の地点が残されたと考えられる。この段階では、縦長剥片製の背部加工尖頭形石器と言った特定器種に仕上げた状態でのキャッシュが認められたことから、資源の予測可能性が高くなっており、ロジスティックな行動が精緻化したと考えられる。このことから、決して広いとはいえない磐田原台地内での資源開発は極限まで発達したと考えられる。そして、資源の回復速度との均衡を保ちながら、石器群が蓄積されていったと考えられる。

　縦長剥片系石器群が盛行したのは、最終氷期最寒冷期と思われる。この時期には、まだ大型哺乳類が生息していたと思われ、浜松市引佐町の石灰岩地帯からは、この時期と考えられる哺乳類化石が多く産出している。OIS2の気温低下に伴って、動物群が南下したことは想像に難くない。そして、このような動物群は磐田原台地にも生息していた可能性は十分に想定できる。縦長剥片製の背部加工尖頭形石器が盛行した背景には、このような大型哺乳類の捕獲があったことは間違いないであろう。

　このように、石材集積地を拠点にフォレイジャー型の行動で次位の拠点を残し、それらの拠点から、さらに次位の拠点を残し、その先には拠点から派遣されたコレクターの居住地が形成されたと考えられる。したがって、居住地が樹系図状に展開していく状況が想定できる。食料資源が台地内に偏在していた証拠はないため、ここでは、資源が均等に分布していたと仮定すると、水源地が限られているため、エネルギー収益量を最大にできる地点が限定され、これに石材獲得上の制限が加わるために、フォレイジャー型の行動を余儀なくされることになる。しかし、エネルギー収益量を最大にする場所を確保できれば、そこを拠点として、周辺に次位の拠点を形成し、その先には遠征隊を派遣するコレクター型の行動をとることで、集団を拠点に固定したまま資源を開発することができたと考えられる。

　これまでの検討で明らかになったように、丘陵上に連綿とブロックや礫群が残されていることから、全域が日帰り圏内になると思われる磐田原台地で、相当小刻みな移動を繰り返していたと考えられる。そこで、従来のフォレイジャー、コレクターとは異なる行動の存在を検討する。

　台地北端の山田原遺跡から台地南端までは、1日で往復可能な距離である。そうすると理論上、山田原II遺跡のような拠点居住地以外の地点は、完成品の搬入地点、遺跡の性格としてはハンティングスタンドやフォレイジャー型の行動で残される作業場（ロケーション）に近い地点だけが散在する遺跡分布が考えられる。しかし、実際には各所に、原石搬入拠点や縦長剥片の集中剥離地点、周縁調整・両面調整尖頭形石器の集中製作拠点と言った各種拠点が設けられていた。

202

第7節　黒曜石製石器に見る台地外行動とテリトリー

　そこで、理論上想定される遺跡分布と、実際の遺跡分布の違いを解明するために、旧地形を検討する。これまでの大規模な発掘調査によって、旧石器時代の地形は、丘陵と谷が入り組んだ複雑な地形だったことが明らかになっている。

　高見丘Ⅰ～Ⅳ遺跡の周辺の地形を示す（第73図）。南北方向の埋没谷が丘陵を分断し、その丘陵上に遺跡が存在していることがわかる。谷で分断された地形的単位が居住地の単位になっていたらしいことは、匂坂中遺跡の調査（鈴木忠1994、鈴木忠・竹内1996、第70図、p193）でも指摘されたことで、当地で採用した「エリア」を設定する際の重要な手がかりになっている。そして、谷で分断された地形単位ごとに石材の搬入地点や石核搬入・縦長剥片集中剥離地点といった拠点が設けられていることがわかる。

　埋没谷は渡るのが困難なほど深い訳ではないが、常時湿地に近い状態で、降雨時には流水があったと推定されている（村上1996、古環境研究所2013）。地形に沿って移動することを考えると、丘陵に沿った南北方向の経路が主流で、湿地状の谷を渡る東西方向の移動は少なかったと考えられる。このような行動の特性上、南北方向の地形単位ごとに拠点やキャッシュを設けておけば、石材や石器補給の際に湿地状の谷を渡る必要がなくなる。微地形単位と言った、小刻みな単位で拠点が設けられていた理由は、このような磐田原台地の微地形に適応した行動の結果であったと考えられる。

第7節　黒曜石製石器に見る台地外行動とテリトリー

　磐田原台地の石器はほとんどが地元石材のため、台地外行動を検討する手がかりは非常に少ない。それでも、わずかに出土する黒曜石製石器から台地外行動をさぐったことがある（富樫1999）。これは公表済みなので、要点を記し、長期的行動戦略としてのテリトリーに言及する。

　富樫（1999）では下記のことを指摘した。

・磐田原台地では黒曜石製石器は極めて少ない。
・直接採集と考えるにはあまりに量が少なすぎるため、集団間接触による入手と考えられる。
・黒曜石はほとんどが長野県産である。
・黒曜石製石核と黒曜石製石器の数が釣り合わないため、完成品での入手も考えられる。
・背部加工尖頭形石器の中には、基部を丸く仕上げると言う磐田原台地では見られない形態のものがあり、やはり、完成品の状態で入手したと考えられる。
・完成品入手の場合、背部加工尖頭形石器やスクレイパー、剥片などをセットで入手した。
・入手した黒曜石は短期間のうちに使い尽くしたと考えられる。そして、次の入手機会までは相当な長期間、黒曜石を持たない期間があったと考えられる。したがって、黒曜石の入手機会は極めて限定されていた。

　黒曜石の原産地が長野県と判明していること（富樫1998、竹内・渡邊2013）から、黒曜石の入手先は長野県の伊那谷遺跡群に居住した集団と考えるのが妥当である。伊那谷遺跡群の内容が明らかでないため、集団間接触の裏付けをとりにくいが、磐田原台地での最大の手がかりになる高見丘Ⅲ遺跡ブロック9、ブロック17の石器群と、伊那谷遺跡群の中で比較的静岡県に近い治部坂遺跡（宮沢1983）の石器群を検討する（第74図）。

第 4 章　石器群の行動論的評価

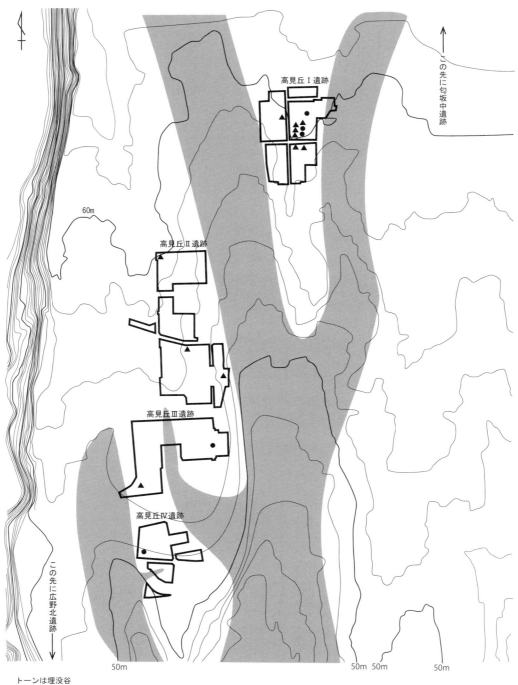

第 73 図　高見丘 I 〜 IV 遺跡周辺の地形

高見丘Ⅲ遺跡のブロック9は小規模なブロックで、石器を搬入しただけで石器を製作した痕跡はない。このブロックでは、黒曜石製の縦長剥片石核（第74図-1）が出土している。重さは104.35ｇあり、磐田原台地で最重量の黒曜石製石器である。作業面に自然面（古い剥離面）が残っており、縦長剥片を剥離し始めて間もない状態で、まだ、十分に縦長剥片を剥離できる状態にある。これは、石核が地点間を移動している途中の状態と考えられる。

　ブロック17（第74図-2～7）は黒曜石を主体とするブロックで、磐田原台地では極めて珍しい存在である。2、3、5は背部加工尖頭形石器、4は端部切断石器、6、7は剥片である。このブロックは、石器を搬入しただけで製作した痕跡はない。背部加工尖頭形石器（2）は基部を丸く仕上げてある。磐田原台地で出土する縦長剥片製背部加工尖頭形石器は、ほぼ例外なく基部を尖らせ

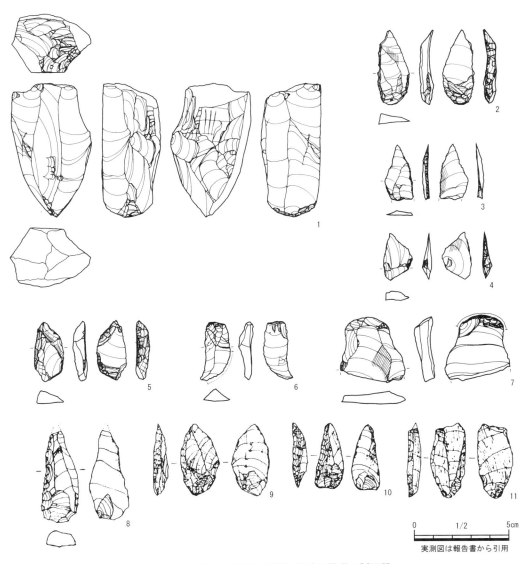

第74図　高見丘Ⅲ遺跡と治部坂遺跡の黒曜石製石器

ており、2のように基部を丸く仕上げることはない。また、2と5の背部加工尖頭形石器と7の剥片は、主剥離面に平坦剥離を入れて入念に調整しているが、磐田原台地の背部加工尖頭形石器でこれほど執拗に主剥離面を調整した例はない。したがって、この背部加工尖頭形石器は磐田原台地で作られたものではないと考えられる。ブロック17は、長野県方面の集団との接触で黒曜石製石器をセットで入手した直後の姿と考えられる（富樫1999）。

治部坂遺跡は、小規模ながら発掘調査されており、黒曜石を主体とする石器群が出土している。黒曜石の比率を数字で示すことはできないが、主要石材と認識できる程度に搬入されていることは確かである（宮沢1983）。ここで出土した背部加工尖頭形石器（8〜11）の特徴は、打瘤は除去していないが、基部は打面を残すか、打面を除去する程度に加工している。12のように、二側縁の下半を直線的に加工することで基部を尖らせているものもあるが、磐田原台地のように、基部を尖らせているものは少ない。

治部坂遺跡の資料と比較すると、高見丘III遺跡ブロック17で出土した背部加工尖頭形石器（2）は磐田原台地で出土するものよりも、治部坂遺跡の資料に類似点を見出すことができる。比較できる資料が限られるが、高見丘III遺跡ブロック17の石器が、磐田原台地内で作られたものではなく、長野県内の集団が作ったもので、完成品の状態で磐田原台地に搬入された可能性が非常に高い。また、磐田原台地では黒曜石の量が僅少のため、長野県方面から黒曜石を持った集団が流入した可能性は考えられない。集団間接触の際に入手したと考える方が妥当である。

このように、磐田原台地に居住した集団は、長野県方面の集団と接触する機会があり、その際に黒曜石を石核や完成品といった状態で入手したと考えられる。このことから、磐田原台地の居住集団にとって長野県方面は、少なくとも黒曜石に関する情報をもった地域として認識されていたと考えられる。接触の方法は、磐田原台地の居住集団が伊那谷方面に出掛けたと考えるのが妥当である。伊那谷の集団が磐田原台地に来たとすれば、まとまった量の黒曜石を持つブロックがあって良く、原石が搬入されても良いであろう。

磐田原台地から伊那谷に行く場合、天竜川をさかのぼっていくことになるが、途中50km程度、変成岩地帯を通過するため、その間は石材の補給が困難である。このような障害のために、磐田原台地〜伊那谷の往復が困難で、双方の集団が接触する機会も限定され、黒曜石の入手機会も限定されていたと考えられる。高見丘III遺跡ブロック17では、地元石材製の不定形剥片石核が1点伴っているが、ブロック17が黒曜石を入手した直後の状態だとすれば、この不定形剥片石核は、伊那谷方面への長距離移動の際に帯同した可能性がある。

愛知県岡崎市の西牧野遺跡（酒井2013）では、約4,400点の石器が出土し、そのうち322点の黒曜石製石器が産地推定されている。産地が判明したものは、すべて長野県和田峠産との結果が報告された。そして、10点以上の黒曜石製石核が報告されており、遺跡内に黒曜石の原石が搬入された証拠はないが、少なくとも黒曜石製石核を搬入して遺跡内で剥片剥離、石器製作をしていることは間違いないと考えられる。

また、愛知県と長野県境付近にある茶臼山遺跡では、1961年、1963年に発掘調査され、94点の石器が出土したとされている（鈴木忠1998）。中に「夾雑物を交えない漆黒の黒曜石製」の「尖頭器」、「漆黒透明の黒曜石製」の「ナイフ形石器」が報告されている。いずれも長野県産黒曜石と想定される表現である。石材構成は明らかでないが、発掘以前に黒曜石製石器が複数採集され

ていることも考え合わせると、黒曜石製石器がある程度含まれていると考えられる。

愛知県も、長野県の黒曜石原産地から直線距離で100km以上離れているため、距離的条件は磐田原台地と変わらないが、磐田原台地よりも明らかに多くの黒曜石を安定して入手している。静岡県愛鷹山麓や関東地方での長野県産黒曜石の安定的入手と比較すると、磐田原台地における長野県産黒曜石の少なさは異常と言って良い。これは、単なる原産地との距離の問題とは考えられない。また、磐田原台地の居住集団が、黒曜石の量からうかがえる程度しか、他集団との接触を持たなかったという状況も想定し難い。他地域の集団と同程度に長野県方面の集団との接触機会があったが、その痕跡が石器からうかがえないだけなのであろう。

いずれにしても磐田原台地の居住集団にとって、長野県方面は日常生活のテリトリーからは外れているが、黒曜石や他集団に関する情報を持った非日常テリトリーとして認識されていたことは確かであろう。

非日常テリトリーとしては、天竜川をはさんだ西側にある三方原台地も想定できる。ここでは、浜松市教育委員会による発掘調査がいくつか行われている。居住地と考えられる遺跡は発見されていないが、断片的ながら旧石器の報告例はある（第75図）。1は下滝遺跡（佐野・齊藤1997）の縦長剥片、2は瓦屋西Ⅱ遺跡（伊藤1992）の背部加工尖頭形石器、3、4は半田山Ⅲ遺跡（佐藤由・鈴木敏1984）の背部加工尖頭形石器、5～11は、梔池遺跡（久野1998）の資料で、5～7は背部加工尖頭形石器、8、9は縦長剥片、10はスクレイパー、11は石核である。いずれも層位的な保証はないが、三方原台地でも旧石器時代の石器があることを示している。現在のところ拠点居住地と認められる地点は発見されていないため、これらの石器を残した集団の主要な居住地は、磐田原台地以外には想定できない。したがって、三方原台地も、台地外での資源開発に関する情報を持った非日常テリトリーとして認識されていたと考えられる。

天竜川で石材を採集する行動は、上記のような台地外の非日常テリトリーに出掛ける行動に埋め込まれていたと考えられる。そして、山田原Ⅱ遺跡が石材集積地で二次原産地であるとするな

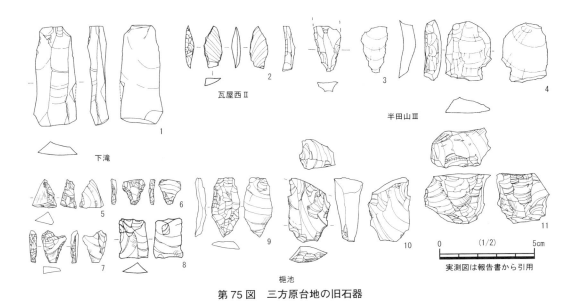

第75図　三方原台地の旧石器

ら、二次原産地には一定量の石材を備蓄しておくよう管理する必要があり、そのためには定期的
に台地を降りる必要がある。したがって、台地外に出る行動については、手がかりが少ないが、
定期的に石材を採集する行動を埋め込むことで、計画的に行われていたと考えられる。

　ここで、台地の東半部分での行動について触れておかなければならないが、そもそも遺跡が非常
に少ないため、手がかりがなく、台地東半部分での行動については、不明と言わざるを得ない。遺
跡がない要因として、旧石器時代包含層の未発達があげられている（加藤1980、山﨑1992）。しかし、
表面採集資料も僅少であることから、もともと遺跡が僅少であったと考えた方が良い。遺跡が僅少
と言うことは、日常的な行動範囲から外れていたことになる。1つの要因としては、地形の複雑さ
があげられる。まず、台地東端の樹枝状谷が発達した部分では、行動が制限されるため、資源開発
域から外されていたと思われる。次に、台地東半部分は西半部分よりも細かく浅い谷が発達してい
ることから、西半部分よりも地形の起伏が大きかったと思われる。台地東端の樹枝状谷と同様に、
地形の起伏は行動の制限につながるため、資源開発行動の障害にもなる。したがって、台地東半部
分が日常行動域から外された理由の1つとして、地形の起伏をあげることができるであろう。

第5章　結 論「磐田原型居住行動」

　最後に、これまでの検討してきた行動をまとめる形で、磐田原台地内外における旧石器時代の
行動を模式的にして、温帯地域における1つの行動モデルとして「磐田原型居住行動」を提示す
る（第76図）。この行動モデルは下記のようにまとめられる。

　台地昇降ルートと水源地に近い台地北端に石材集積地（山田原Ⅱ遺跡）を設け、ここを台地内
外の行動拠点とする。ここから原石を持ち出した集団は、台地内の水源地間を移動しながら、台
地内の行動拠点を設ける。この行動拠点から石核や完成品を持ち出した集団が次位の拠点を設け
る。ここまでが、母集団が形成した回帰拠点で、この先には、完成品を持ち出した小規模集団が、
台地内各地に作業場と想定される搬入石器を主体とする小規模ブロックを形成した。このように、
母集団が水源地間を移動するフォレイジャー型の行動と、拠点から小規模集団を派遣するコレク
ター型の行動が組み合わさった行動が復元される。

　このような行動圏が、主として南北方向の谷で仕切られた地形を単位として形成され、地形を
単位とした行動圏が、台地西半でモザイク状に組み合わさって居住集団の生態圏を形成していた
と考えられる。これは台地昇降ルートと石材入手機会の限定や、谷によって小区画された地形に
よる行動制限といったリスクを低減し、近距離とは言え、地形単位で行動拠点を設けることで、
精緻な資源開発を実現し、最適捕食の実現を図ると言う、磐田原台地特有の環境に適応した行動
だったのである。

　以上、現在知り得る知見を総合して、静岡県磐田原台地で起こった石器群の構造変動とその評
価、台地内外で展開された行動の復元を試みた。当地では、1980年代から大小の発掘調査が行
われ、詳細なデータのほぼ全容が報告、公開されてきた。8万㎡を発掘調査した匂坂中遺跡をとっ
ても、旧地形を復元し、複数の集落の全貌を露にしたと言って良い。今回の研究は、このような
資料の蓄積があって初めて可能になったことである。

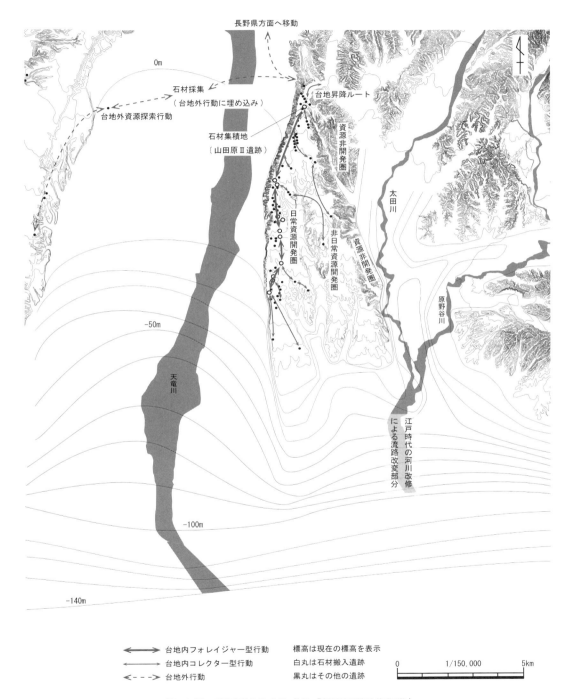

第76図 磐田原台地をめぐる「磐田原型居住行動」

参考文献

赤澤威・小田静夫・山中一郎 1980『日本の旧石器』立風書房

赤澤威 1983『狩猟採集民の考古学　その生態学的アプローチ』海鳴社

阿子島香 1995「ドゥフォール岩陰の彼方に―石器群の空間分布と人間活動―」『歴史』第84号：p1-p29

麻生優・小田静夫 1966「静岡県磐田市大藤池端前遺跡」『人類学雑誌』第74巻第2号：p85-p97

阿部敬・岩名建太郎 2010『富士石遺跡Ⅰ』財団法人静岡県埋蔵文化財調査研究所

安斎正人 1986a「先史学の方法と理論　渡辺仁著『ヒトはなぜ立ちあがったか』を読む(1)」『旧石器考古学』第32号：p1-p10

安斎正人 1986b「先史学の方法と理論　渡辺仁著『ヒトはなぜ立ちあがったか』を読む(2)」『旧石器考古学』第33号：p1-p16

安斎正人 1986c「先史学の方法と理論　渡辺仁著『ヒトはなぜ立ちあがったか』を読む(3)」『旧石器考古学』第34号：p1-p15

安斎正人 1986d「先史学の方法と理論　渡辺仁著『ヒトはなぜ立ちあがったか』を読む(4)」『旧石器考古学』第35号：p1-p16

安斎正人 1990『無文字社会の考古学』六興出版

安斎正人 1994『理論考古学―モノからコトへ―』柏書房

安斎正人 2007「『ナイフ形石器文化』批判―狩猟具の変異と編成（前編）」『考古学』第Ⅴ号：p1-p32

安斎正人 2008「『ナイフ形石器文化』批判―狩猟具の変異と編成（後編）」『考古学』第Ⅵ号：p119-p135

池田俊雄 1964「東海道における沖積層の研究」『東北大学理学部地質学古生物学教室研究邦文報告』第60号：p1-p85

池谷信之 1991『広合遺跡（e区）・二ツ洞遺跡（a区）発掘調査報告書』沼津市教育委員会

池谷信之 1995『土手上遺跡発掘調査報告書』沼津市教育委員会

伊藤和彦・高野穂多果・中村雄紀・杉山和徳・佐々木富士子 2009『桜畑上遺跡』財団法人静岡県埋蔵文化財調査研究所

伊藤通玄 1996「2. 石器および礫群礫の材質とその供給源」『匂坂中遺跡発掘調査報告書Ⅱ』磐田市教育委員会：p19-p25

伊藤幸雄 1992『有玉西土地区画整理事業に伴う埋蔵文化財発掘調査報告書　下巻』財団法人浜松市文化協会

稲田孝司 1995「日本旧石器時代研究における二、三の問題」『展望考古学』：p10-p16

岩淵洋・笹原昇・吉岡真一・近藤忠・浜本文隆 1991「遠州灘沖の変動地形」『地質学雑誌』第97号第8巻：p621-p629

大下明 1989『匂坂上4遺跡発掘調査報告Ⅱ』磐田市教育委員会

大村至広 2011『平成21年度　匂坂中下4遺跡発掘調査報告書』磐田市教育委員会

小野　昭 1975「先土器時代石材運搬論ノート」『考古学研究』第21巻第4号：p17-p19, p33

織笠昭 1987「殿山技法と国府型ナイフ形石器」『考古学雑誌』第72巻第4号：p1-p38

織笠昭 2000「茂呂系ナイフ形石器の形態学的一考察―茂呂遺跡の資料による石器器体角度研究―」
　　『石器に学ぶ』第3号：p145-p194

織笠昭 2002「先土器時代文化2002」『長野県考古学会誌』第99・100号：p3-p32

海上保安部水路部 1992「5－12　遠州灘沖の海底地形について」『地震予知連絡会会報』第45号：
　　p358-p361

海上保安部水路部 2003「5－14　御前崎沖の海底変動地形」『地震予知連絡会会報』第70号：
　　p345-p350

核燃料リサイクル開発機構 1999『わが国における高レベル放射性廃棄物地層処分の技術的信頼性
　　―地層処分研究開発第2次取りまとめ　分冊1　わが国の地層環境』

角張淳一 1991「黒曜石原産地と消費地遺跡のダイナミズム―後期旧石器時代石器群の行動論的理
　　解―」『先史考古学論集』第1集：p25-p82

加藤芳朗 1979「土地条件編」『磐田の自然』磐田市誌編纂委員会：p7-p86

加藤芳朗 1980「第1節　磐田原台地の地形・地質概説」「第2節　磐田原土層」『静岡県磐田市寺
　　谷遺跡発掘調査報告書』：p341-p346

門村浩 1971「Ⅱ　天竜川扇状地の微地形とその形成」『扇状地―地理的特性―』古今書院：
　　p67-p96

鹿又喜隆 2007「細石刃文化期の技術組織の一様相」『考古学ジャーナル』第560号　ニューサイ
　　エンス社：p18-p23

河村善也・亀井節夫・樽野博幸 1989「日本の中・後期更新世の哺乳動物相」『第四紀研究』第28
　　号第4巻：p317-p326

河村善也・松橋義隆 1989「静岡県引佐町谷下採石場第5地点の後期更新世烈鱗堆積物とその哺乳
　　動物相」『第四紀研究』第28号第2号：p95-p102

河村善也 2010「五　更新世の哺乳類」『講座日本の考古学1　旧石器時代（上）』青木書店：
　　p178-p195

北川恵一・石川治夫 1982『子ノ神・大谷津・山﨑Ⅱ・丸尾Ⅱ』沼津市教育委員会

絹川一徳 1988a「瀬戸内技法小考」『岡山大学構内遺跡調査研究年報5』岡山大学埋蔵文化財調査
　　研究センター：p51-p63

絹川一徳 1988b「国分台遺跡における石器製作技術構造―原産地遺跡間の比較を通して―（上）」
　　『考古学研究』第35巻第1号：p32-p60

絹川一徳 1988c「国分台遺跡における石器製作技術構造―原産地遺跡間の比較を通して―（下）」
　　『考古学研究』第35巻第2号：p68-p89

絹川一徳 2011「近畿地方における角錐状石器の展開について」『九州旧石器』第15号：
　　p113-p128

木村弘之 1992『道東古墳群』磐田市教育委員会

木村弘之 2000『平成11年度　大土居古墳群・匂坂上10遺跡発掘調査報告書』磐田市教育委員会

木山泰嗣 2009『究極の思考術』法学書院

口蔵幸雄 2000「最適採食戦略―食物獲得の生態行動学―」『国立民族学博物館研究報告』第24

巻第 4 号：p767-p872

工藤雄一郎 2014「後期旧石器時代の広域編年対比にむけて―^{14}C 年代測定の高精度化と較正年代による年代観の変化―」『旧石器研究』第 10 号：p11-p22

国武貞克 2002「旧石器時代の領域分析―特定共時における‘戦略束’―」『東京大学考古学研究室研究紀要』第 17 号：p1-p68

国武貞克 2003「両面体調整石器群の由来―関東地方Ⅴ層・Ⅳ層下部段階から砂川期にかけての石材消費戦略の連続性―」『考古学』第Ⅰ号：p52-p77

国武貞克 2005「後期旧石器時代前半期の居住行動の変遷と技術構造の変容」『物質文化』第 78 号：p1-p25

国武貞克 2007「第 7 章 石材と行動」『ゼミナール旧石器考古学』同成社：p129-p144

国武貞克 2008「回廊領域仮説の提唱」『旧石器研究』第 4 号：p83-p98

国武貞克 2011「石材開発領域から見たナイフ形石器」『石器文化研究』第 16 号：p83-p85

久野正博 1998『平成 9 年度浜北市埋蔵文化財発掘調査報告書―芝本遺跡D地点・栃池遺跡』浜北市教育委員会

株式会社古環境研究所 2013「第 1 節 高見丘遺跡群における自然科学分析」『高見丘遺跡群発掘調査報告書』下巻 磐田市教育委員会：p1029-p1050

国土交通省中部地方整備局 2009『天竜川・菊川 川の流れと歴史のあゆみ』

国土地理院地殻調査部 1977「4 - 12 東海地方の変動地形調査 (1)」『地震予知連絡会会報』第 17 号：p116-p125

国土地理院 1982『土地条件調査報告書（遠州地区）』

国立防災科学技術センター 1973『第四紀地殻変動図説説明書（概要）』

近藤錬三・佐瀬隆 1986「植物珪酸体、その特性と応用」『第四紀研究』第 25 巻第 1 号：p31-p63

酒井俊彦 2013『西牧野遺跡』公益法人愛知県教育・スポーツ振興財団 愛知県埋蔵文化財センター

佐口節司 1989『坂上遺跡・藤上原 3 遺跡』磐田市教育委員会

佐口節司・室内美香・竹内直文・角張淳一 1995『平成 6 年度 梵天古墳群・匂坂中下 4 遺跡発掘調査報告書』磐田市教育委員会

佐口節司・川口安曇 1996『平成 7 年度 匂坂下原古墳群・匂坂上 5 遺跡』磐田市教育委員会

佐口節司・竹内直文・室内美香・谷口安曇 2003『県道浜松袋井線緊急地方道道路改築工事に伴う埋蔵文化財発掘調査報告書』 磐田市教育委員会

佐口節司・大村至広 2009『遠州広域水道用水供給事業寺谷浄水場築造工事に伴う埋蔵文化財発掘調査報告書』磐田市教育委員会

佐々木憲一 2012「日本考古学の方法論」『考古学研究』第 59 巻第 3 号：p23-p31

笹原芳郎 1999『西洞遺跡（b区－1）発掘調査報告書』沼津市教育委員会

笹原千賀子・栗木崇 1999『生茨沢遺跡』財団法人静岡県埋蔵文化財調査研究所

笹原千賀子 2009『梅ノ木沢遺跡Ⅱ』財団法人静岡県埋蔵文化財調査研究所

笹原芳郎・柴田亮平・富樫孝志 2011「東海東部の角錐状石器」『九州旧石器』第 15 号：p135-p148

佐藤宏之 1988「台形様石器研究序論」『考古学雑誌』第 73 巻第 3 号：p1-p37

佐藤宏之 1992『日本旧石器文化の構造と進化』柏書房

佐藤宏之 1995「技術的組織・変形論・石材需給―下総台地後期旧石器時代の社会生態学的考察―」
　　『考古学研究』第 42 巻第 1 号：p27-p53

佐藤宏之 2007a「日本列島旧石器文化の課題」『季刊 考古学』第 100 号　雄山閣：p19-p22

佐藤宏之 2007b「第 1 章　分類と型式」『ゼミナール旧石器考古学』同成社：p15-p31

佐藤由紀男・鈴木敏則 1984『半田山古墳群 A 小支群・半田山Ⅲ遺跡』浜松市遺跡調査会

佐藤良二 1995「静岡県匂坂中遺跡における瀬戸内技法小考」『旧石器考古学』第 50 号：p16-p22

佐野一夫・齊藤香織 1997『下滝遺跡群』財団法人浜松市文化協会

沢田敦 2007「石刃石器群と技術組織研究」『考古学ジャーナル』第 560 号　ニューサイエンス社：
　　p11-p17

静岡県地震対策課 1984『静岡県地質断面図　中遠・西部地域』

静岡県統合基盤地図情報システム　http：/www.gis.pref.shizuoka.jp/　（2016 年 3 月現在）

柴田亮平 2010『細尾遺跡』財団法人静岡県埋蔵文化財調査研究所

芝野照夫・土屋義人・富谷雄・山本武司 1988「天竜川扇状地と遠州灘海岸の形成」『京都大学防
　　災研究所年報』第 31 号：p1-p17

清水尚 1996a『広野遺跡第 1 次』豊田町（現磐田市）教育委員会

清水尚 1996b『加茂東原Ⅰ遺跡　第 4 次』豊田町（現磐田市）教育委員会

清水尚 1997『加茂東原Ⅲ遺跡　第 1 次』豊田町（現磐田市）教育委員会

進藤貴和子 1996「磐田原台地の石器群編年をめぐって」『愛鷹・箱根山麓の旧石器時代編年』
　　静岡県考古学会シンポジウム実行委員会：p51-p52

杉山真二 2010「四　更新世の植生と環境」『講座日本の考古学 1　旧石器時代　上』青木書店：
　　p156-p177

鈴木香織 1993「磐田原台地における地形発達」『お茶の水地理』第 34 号：p97

鈴木忠司 1980『静岡県磐田市寺谷遺跡発掘調査報告書』平安博物館

鈴木忠司 1984『先土器時代の知識』東京美術

鈴木忠司 1994『静岡県磐田市匂坂中遺跡群発掘調査報告書』磐田市教育委員会

鈴木忠司・竹内直文 1996『静岡県磐田市匂坂中遺跡発掘調査報告書Ⅱ』磐田市教育委員会

鈴木忠司 1998「茶臼山　愛知県最初の岩宿時代の調査」『「野帳の会」考古学論集―久永春男先生
　　頌寿記念―』：p1-p18

鈴木尚 1962「1.　三ヶ日人骨」『人類学雑誌』第 70 巻第 1 号：p1-p20

鈴木裕篤・関野哲夫ほか 1990『清水柳北遺跡発掘調査報告書　その 2』沼津市教育委員会

石器文化研究会 2011「ナイフ形石器・ナイフ形石器文化とは何か―概念と実態を問い直す―」『石
　　器文化研究』第 16 号：p47-p136

芹沢長介 1986『旧石器の知識』東京美術

高井冬二 1962「5.　只木層の脊椎動物化石」『人類学雑誌』第 70 巻第 1 号：p36-p40

高井冬二・長谷川善和 1966「岩水寺層の脊椎動物化石」『人類学雑誌』第 74 巻第 3・4 号：
　　p55-p67

高尾好之 1989『中見代第Ⅰ遺跡発掘調査報告書』沼津市教育委員会

高尾好之 2006「東海地方の地域編年」『旧石器時代の地域編年的研究』同成社：p61-p102

高橋章司 2001「第6章 翠鳥園遺跡の技術と構造」『翠鳥園遺跡発掘調査報告書―旧石器編―』
　　羽曳野市教育委員会：p192-p221

田上高広 2014「年代測定と安定同位体から見る地球の気候変遷」『海洋化学研究』第27巻第2号：
　　p100-p105

竹内直文・渡邊武文 2013『高見丘遺跡群発掘調査報告書』磐田市教育委員会

田中二郎 1990『ブッシュマン』思索社

田村隆 1998「移行の論理―石器群のデザイン分析と文化＝社会理論」『先史考古学論集』第7集：
　　p1-p48

田村隆 2001「重層的二項性と交差変換―端部整形石器範疇の検出と東北日本後期旧石器石器群の
　　生成―」『先史考古学論集』第10集：p1-p50

田村隆 2006「関東地方の地域編年」『旧石器時代の地域編年的研究』同成社：p7-p60

田村隆 2011『旧石器社会と日本民俗の基層』同成社

田村隆 2012「ゴミ問題の発生」『物質文化』第92号：p1-p37

鎮西清高 1966「浜北市岩水寺根堅洞くつの堆積物とその地質年代」『人類学雑誌』第74巻第3・4
　　号：p37-p52

堤隆 1997『柏ヶ谷長ヲサ遺跡』柏ヶ谷長ヲサ遺跡調査団

東海地方第四紀研究グループ 1969「東海地方の第四紀」『日本の第四系』地学団体研究会：
　　p299-p318

富樫孝志 1995「尖頭器文化論」『考古学研究会40周年記念論集　展望　考古学』：p33-p38

富樫孝志 1997「磐田原台地における旧石器時代の石材採取活動」『研究紀要』第5号　財団法人
　　静岡県埋蔵文化財調査研究所：p1-p15

富樫孝志 1998『高見丘Ⅲ・Ⅳ遺跡』財団法人静岡県埋蔵文化財調査研究所

富樫孝志 1999「磐田原台地における旧石器時代の黒曜石搬入・消費活動」『静岡県考古学研究』
　　第31号：p1-p11

富樫孝志 2002「茂呂系ナイフ形石器と縦長剥片の形態学的考察―高見丘Ⅲ遺跡ブロック4出土
　　資料の検討―」『考古学論文集　東海の路―平野吾郎先生還暦記念―』「東海の路」刊行会：
　　p1-p22

富樫孝志 2003a「茂呂系ナイフ形石器の形態学的考察―高見丘Ⅲ遺跡内での比較―」『山口大学
　　考古学論集　近藤喬一先生退官記念論文集』：p1-18

富樫孝志 2003b「茂呂系ナイフ形石器の形態学的考察―静岡県寺谷遺跡出土資料の検討―」『石
　　器に学ぶ』第6号：p17-50

富樫孝志 2004「茂呂系ナイフ形石器の形態学的考察―静岡県広野北遺跡出土資料の検討―」『財
　　団法人静岡県埋蔵文化財調査研究所設立20周年記念論文集』：p53-p72

富樫孝志 2005「東海地方におけるナイフ形石器文化終末期石器群の変動」『石器文化研究』第12号：
　　p65-p90

富樫孝志 2007『向田Ａ遺跡』財団法人静岡県埋蔵文化財調査研究所

富樫孝志　2008「向田Ａ遺跡におけるブロック間工程連鎖」『静岡県埋蔵文化財調査研究所研究紀要』
　　第14号：p11-p26

富樫孝志　2010a『的場古墳群・的場遺跡』財団法人静岡県埋蔵文化財調査研究所

富樫孝志　2010b「高見丘Ⅲ遺跡出土石器群の石材消費行動」『静岡県考古学研究』第41・42号：
　　p11-p24

富樫孝志　2012「静岡県磐田原台地における石器ブロックの重複形成」『東京大学考古学研究室研
　　究紀要』第26号　東京大学大学院人文社会系研究科・文学部考古学研究室：p39-p62

富樫孝志　2015「静岡県広野北遺跡における旧石器時代文化層の再検討」『東京大学考古学研究室
　　研究紀要』第29号東京大学大学院人文社会系研究科・文学部考古学研究室：p1-p23

外山秀一　1996「第4節　プラントオパールからみた匂坂中遺跡の立地と環境」『匂坂中遺跡発掘
　　調査報告書Ⅱ』（下巻）　磐田市教育委員会：p840-848

長屋幸二　2011「東海西部地域の角錐状石器」『九州旧石器』第15号：p129-p134

新田浩三　1995「下総型石刃再生技法の提唱」『千葉県文化財センター研究紀要16―20周年記念論
　　集―』：p1-p40

日本旧石器学会　2010　『日本列島の旧石器時代遺跡』日本旧石器学会

野口淳　1995「武蔵野台地Ⅳ下・Ⅴ層上層段階の遺跡群―石器製作の工程配置と連鎖の体系―」
　　『旧石器考古学』第51号：p19-p36

野嶋宏二　2002「更新世谷下石灰岩裂罅堆積物（静岡県引佐町）の脊椎動物化石」『静岡大学地球
　　科学研究報告』第29号　p1-p11

橋爪大三郎　1988『はじめての構造主義』講談社

長谷川善和・奥村よほ子・立川裕康　2009「栃木県葛生地域の石灰岩洞窟堆積物より産出した
　　Bison化石」『群馬県立自然史博物館研究報告』第13号　p47-p52

パリノサーベイ・金子浩昌　1999「20. 吉岡遺跡群Ｃ区B2L層礫群出土歯牙について」『吉岡遺跡群Ⅸ』
　　財団法人かながわ考古学財団：p307

東村武信　1986『石器産地推定法』ニューサイエンス社

藤野次史　1989「中部高地における出現期槍先形尖頭器の製作技術に関する一考察」『旧石器考古学』
　　第39号：p31-p41

堀正人　1989『椿洞遺跡』岐阜市教育委員会

松井一明・高野由美子・進藤貴和子・加藤芳郎・山内文・田原豊・日本アイソトープ協会　1994『山
　　田原遺跡群Ⅰ』　袋井市教育委員会

松井一明・高野由美子　1994「第2節　山田原Ⅱ遺跡出土のナイフ形石器の編年的位置づけ」『山
　　田原遺跡群Ⅰ』　袋井市教育委員会：p110-p118

松藤和人　1998『西日本後期旧石器文化の研究』学生社

宮沢恒之　1983「治部坂遺跡」『長野県史　考古資料編』長野県史刊行会：p433-p437

武藤鉄司　1987「天竜川下流地方、三方が原・磐田原台地の地質―現在の開析扇状地からの解釈―」
　　『地質学雑誌』第93巻第4号：p259-p273

村上哲生　1996「第5節　匂坂中遺跡の流路状地形にみられた珪酸質生物遺骸」『匂坂中遺跡発掘
　　調査報告書Ⅱ』（下巻）　磐田市教育委員会：p849-p850

森先一貫 2007「角錐状石器の広域展開と地域間変異―西南日本後期旧石器時代後半期初頭の構造変動論的研究―」『旧石器研究』第 3 号：p85-p109

森先一貫 2010『旧石器社会の構造的変化と地域適応』六一書房

山﨑克巳 1992「九 京見塚遺跡」『磐田市史 史料編 1 考古・古代・中世』：p56-64

山﨑克巳 1993「第一章 旧石器の宝庫・磐田原台地」『磐田市史』通史編上巻：p51-p109

山﨑克巳 1997『匂坂上 2 遺跡発掘調査報告書』磐田市教育委員会

山下秀樹 1983『広野北遺跡発掘調査概報』豊田町（※現磐田市）教育委員会

山下秀樹 1985『静岡県豊田町広野北遺跡発掘調査報告書』平安博物館

養老孟司 1986『形を読む―生物の形態をめぐって―』培風館

吉田英敏 1987『寺田・日野Ⅰ』岐阜市教育委員会

渡辺仁 1985『ヒトはなぜ立ちあがったか』東京大学出版

渡辺仁・遠藤萬里・尾本恵一 1962「2. 三ヶ日只木遺跡と遺物埋没状況」『人類学雑誌』第70巻第 1 号：p21-p28

Bamforth, D. B. 1986 Technological efficiency and tool curation. *American Antiquity* Vol. 51 no. 1：p38-p50

Binford, L. R. 1977 Forty-seven trips: A case study in the character of archaeological formation processes. In *Stone tools as cultural makers*: Change, evolution, and complexity, R. V. S. Wright (ed.) Canberra: Australian institute of Aboriginal studies.：p24-p36

Binford, L. R. 1978a Cacheing and secondary field butchering. In *Nunamiut Ethnoarchaeology* Academic press New York：p55-p59

Binford, L. R, 1978b Evidence for differences between residential and special-purpose sites. In *Nunamiut Ethnoarchaeology* Academic press, New York：p488-p497

Binford, L. R. 1978c Dimensional analysis of behavior and structure. Learning from an Eskimo hunting stand. *American Antiquity* 43：p330-p361

Binford, L. R. 1979 Organization and formation processes：Looking at curated technologies. *Journal of Anthropological Research* 35：p255-p273

Binford, L. R. 1980 Willow smoke and dog's tails: Hunter-gatherer settlement system and archaeological site formation. *American Antiquity* Vol. 45 No. 1：p4-p20

Binford, L. R. 1982 The archaeology of place. *Journal of Anthoropological Archaeology* Vol. 1 No. 1：p5-p31

Binford, L, R. 1983 *In pursuit of the past*. University of Calofornia press

Bleed, P. 1986 The optimal design of hunting weapons: Maintainability or reliability. *American Antiquity* Vol. 51 No. 4：p737-p747

Bowers, P. M. , R. Bonnichsen, D. M. Hoch 1983 Flake Disposal Experiments：Noncultural Transformation of the Archaeological Record. *American Antiquity* Vol. 48：p553-p570

Dansgaard, W. Johnson, S. J. Clausen, H. B. Dahi-Jensen, D. Gundestrup, N. S. Hammer, C. U.

Hvidberg, C. S. J. P. Steffensen, J. P. Sveinbjörnsdottir, A. E. Jouzel, J. Bond, G. 1993 Evidence for general instability of past climate from a 250⁻kyr ice⁻core record. *Nature* Vol. 364:p218⁻p220

Fujita Masakatsu, Kawamura Yoshinari 2000 Middle Pleistocene wild boar remains from NT Cave, Niimi, Okayama Prefecture west Japan *Journal of Geoscience* Vol43. No. 4, Osaka city University:p57⁻p95

Frison, G. C. 1968 A functional analysis of certain chipped stone tools. *American Antiquity* Vol. 33 No. 2:p149⁻p155

Kobayashi, Kunio. 1963 Epitome of quaternary history of hamamatsu and its environs in central Japan. *Journal of faculty of liberal arts and science*, Shinshu university. part2, Natural science13:p21⁻p53

Kondo, Megumi. Matsu'ura, Shuji. 2005 Dating of Hamakita human remains from Japan. *Anthropological science* Vol. 113 No. 2:p155⁻p161

Kuhn, S. T. 1992 On planning and curated technologies in the Middle Palaeolithic. *Journal of Anthropological Research* Vol. 48 No. 3:p185⁻p214

Matsu'ura, Shuji. Kondo, Megumi. 2001 Dating of Mikkabi Human Remains from Japan. *Anthoropological science* Vol. 109 No. 4:p275⁻p288

Ono Akira. Sato Hiroyuki. Tsutsumi Takashi. Kudo Yuichiro. 2002 Radiocarobon dates and archaeology of the Late Pleistocene in the Japanese Islands. *Radiocarbon*, Vol. 44 No2. :p477⁻494.

Ralph, J. H. 1991 Experiments on Artifact Displacement in Canyonlands National park. *Utah Archaeology 1991*:p55⁻p68

Whittaker, J. C. 1994 *Flintnapping* University of Txas Press

Wiessner, P. 1982 Beyond willow smoke and dog's tails: A comment on Binford's analysis of hunter⁻gatherer settlement system. *American Antiquity* Vol. 47 No. 1:p171⁻p178

Wiessner, P. 1983 Style and social information in Kalahari San projectile point. *American Antiquity* Vol. 48 No. 2:p253⁻p276

Yellen, J. 1977 *Archaeological Approaches to the Present* Academic press New York

あとがき

　本書は 2014 年度、筆者が東京大学人文社会系研究科に提出した博士論文である。

　「仕事を続けながら、博士課程に在籍することができるでしょうか。」東京大学の佐藤宏之先生を訪ねて、こんな相談をしたのは 2009 年 8 月のことだった。「不可能ではない。」との言葉に意を決して、1 年後に受験した。時に 46 歳、無謀は承知の上だった。

　話しは 1985 年。私は山口大学の考古学研究室に入った。外書講読の時間、最初のテキストがビンフォードの「In pursuit of the past」で、ヌナミュットの民族誌に関する部分を読んだ。この本は後に読み直し、今は理解しているつもりだが、当時は理解できたと言う記憶がない。この頃、モデルとか構造、概念と言う言葉をよく聞いた。不思議な魅力を感じながらも、意味はわからなかった。その意味を自分勝手ながら解釈ができるようになるのに 30 年かかった。

　思えばこの 30 年、色々な人に出会い、刺激や教えを受けてきた。それらをすべて凝縮するつもりで本書を書いた。

　最初に学んだ山口大学では、近藤喬一先生から、この世界の厳しさと礼儀を徹底的に叩き込まれた。近藤先生の厳しさを超える人には、いまだ出会っていない。ビンフォードを読んだ外書購読は、中村友博先生の授業だった。卒論の中間発表で「お前の研究にはモデルがない。」と言われたことは今も鮮明に覚えている。私が本書を書くに至った最初のきっかけは中村先生だった。

　岡山大学に進学した後、稲田孝司先生のもとで学んだ。稲田先生は徹底した現場主義で、夏休みの発掘合宿やその後の整理作業を通じて、現場と遺物から情報を読み取る術を教わった。新納泉先生からは、外書講読の授業を通じて英文の読み方で強い影響を受けた。自信がない訳には百発百中で「今の部分は意味がわかりません。」の言葉が突き刺さった。助手にしていただいてからは、稲田先生、新納先生はもとより、絹川一徳さん、埋蔵文化財調査研究センターで机を並べた山本悦世さん、阿部芳郎さん、松木武彦さんから、容赦ないプロの洗礼を受けた。

　岡山大学に在学以来、東海大学の織笠昭先生からも大きな影響を受けた。織笠先生は徹底した遺物主義で、1 点の石器を徹底的に観察し、あらゆる情報を引き出す姿勢を教わった。その影響は本書の随所に現れている。

　1995 年、故郷の静岡県に転職後、最初の仕事が磐田原台地での発掘調査だった。今は東名高速道路の遠州豊田パーキングエリアになっている場所で高見丘III・IV遺跡を調査した。これが磐田原台地で旧石器時代の勉強をするきっかけになった。この時、京都文化博物館の鈴木忠司先生に出会った。鈴木先生は寺谷遺跡の調査以来、30 年以上の長きにわたって磐田原台地を研究フィールドにされてきた。当地で旧石器時代を学ぶにあたって、鈴木先生を避けては通れない。礫群多発地帯の磐田原台地では、石器と礫群の両方を研究しなければ、絶対に旧石器時代の歴史は復元できない。この言葉は、石器ばかり見ている私への警鐘として、常に頭の中に響いている。

　磐田原台地で勉強するようになって 20 年たとうとする頃、何の結論も出していないことに気付いた。このままでは、いつまでもずるずる行ってしまうと思うようになった。そんな 2009 年 7 月、稲田先生に学位取得の相談をした。「それなら、どっかの大学に行った方がいい。今は社会人でも受け入れてくれる所がある。」との言葉に 1 箇月後、佐藤先生を訪ねた。

あとがき

　『台形様石器研究序論』、『日本旧石器文化の構造と進化』など、佐藤先生の著作はほぼ読んだが、モデル、構造、概念と言ったことが自分一人では理解できなくなっていること、自分一人の勉強では限界に達していることを痛感した。この状況を打破するために、人生最後の学び舎として、佐藤先生のもとを選んだ。

　入学させていただいてからは、もう必死だった。佐藤先生の「不可能ではない。」が「可能である。」とは全く意味が違うことがわかった。「不可能ではない。」には、実は但し書きがいっぱい付いていて、それらを克服すれば「不可能ではない。」と言うことだった。覚悟はしていたが、考えるのとやるのでは大違いだった。東京大学考古学研究室では初の社会人学生とのことで、若い学生に白髪混じりの中年が1人混ざっているのは不思議な光景だったと思う。そんなオジサンを、教官、学生の皆様は明るく受け入れてくださり、ずいぶん助けられ、そして、エネルギーをもらった。

　4年かかってしまったが、実にエキサイティングな日々を過ごし、30年分の勉強を1つに凝縮することができたかと思う。それにしては稚拙な内容かもしれないが、30年間でお世話になってきた方々へ、今、私ができる精一杯の恩返しである。

　本書を執筆するにあたって、東京大学の佐藤宏之先生には、多大な御教示、御指導、そして、大いなる刺激をいただきました。感謝の念を伝えるに適当な言葉を、私は今、見出せません。

　ありきたりの言葉になってしまいますが、心から厚くお礼申し上げます。

　大貫静夫先生、設楽博己先生には、演習発表などを通じて、多くの御教示、御指導を頂きました。御指導を活かしきれていないところがあれば、私の浅学の責任です。

　西秋良宏先生、早稲田大学の長崎潤一先生には、論文審査にあたって、稚拙な点や至らぬ点を御指摘いただきました。これからの課題として、次のステップで活かしたいと思います。

　稲田孝司先生には、岡山大学時代以来、常に激励やアドバイスをいただきました。

　鈴木忠司先生には、磐田原台地での長年の研究から、多くの御教示、御指摘をいただきました。

　職場の皆様の支えも忘れることはできません。

　磐田市教育委員会、袋井市教育委員会には、資料の閲覧にあたって、様々な御配慮をいただきました。

　謝意を伝えたい方は尽きません。でも、まだ勉強は続きます。本書は若い頃に見定めた1つのゴールですが、同時に新しいスタートラインでもあります。

　では、次のゴールに向かって、歩みを進めるとしましょうか。

　本書は2012年度科学研究費補助金奨励研究（課題番号24904008）による成果を含んでいる。

2015年　冬　ある小春日和の日に

富樫　孝志

著者紹介 ─────────────────────────────

富樫孝志（とがし　たかし）

1964 年　愛知県生まれ
1988 年　山口大学人文学部人文学科卒業
　同　年　山口大学理学部地質学鉱物科学科　研究生入学
1989 年　岡山大学文学研究科修士課程入学
1991 年　同修士課程修了
　同　年　岡山大学文学部助手に採用
1995 年　静岡県職員に採用
2011 年　東京大学大学院人文社会系研究科博士課程入学
2015 年　同博士課程修了　博士（文学）取得
現　　在　静岡県教育委員会　主幹

〈主要編著書・論文〉
「山口県雨乞台遺跡におけるガラス質安山岩製石器群の再検討」『山口大学考古学論集　中村友
　　博先生退任記念論文集』山口大学考古学研究室　2012 年
共著「六　東海・北陸地方」『日本の考古学講座 1　旧石器時代　上』青木書店　2010 年
「高見丘Ⅲ遺跡におけるナイフ形石器の形態形成過程」『静岡県考古学研究』第 40 号　2008 年
「殿山遺跡出土ナイフ形石器の形態学的考察」『上尾市殿山遺跡シンポジウム―石器が語る 2 万
　　年―』埼玉考古学会・上尾市教育委員会　2005 年
「旧石器時代における遺跡形成過程―高見丘Ⅲ遺跡エリア 1 の解釈―」『静岡県考古学研究』第
　　30 号　1988 年

2016 年 5 月 25 日 初版発行　　　　　　　　　　　　　　　　《検印省略》

後期旧石器時代
石器群の構造変動と居住行動

著　者　　富樫孝志
発行者　　宮田哲男
発行所　　株式会社 雄山閣
　　　　　〒 102 - 0071　東京都千代田区富士見 2 - 6 - 9
　　　　　ＴＥＬ　03 - 3262 - 3231 ㈹／ FAX 03 - 3262 - 6938
　　　　　ＵＲＬ　http://www.yuzankaku.co.jp
　　　　　e - mail　info@yuzankaku.co.jp
　　　　　振替：00130 - 5 - 1685
印刷・製本　株式会社ティーケー出版印刷

©Takashi Togashi 2016　　　　　　　　ISBN978-4-639-02411-8 C3021
Printed in Japan　　　　　　　　　　　N.D.C.210 219p 27cm